Reflexiones Sobre Los Derechos Humanos Y El Control de Convencionalidad

Coordinadores:

Pedro Valdez Aguirre

José Luis Chacón Rodríguez

Colaboración Especial de:

Jaime A. Acevedo Balcorta

José Luis Chacón Rodríguez

Oscar Arámbula Hernández

Pedro Valdez Aguirre

Amalia Patricia Cobos Campos

Roberto Díaz Romero

Octavio Carrete Meza

ISBN: 1500524700
ISBN-13: 978-1500524708

CONTENIDO

INTRODUCCIÓN

La reforma constitucional de junio del 2011, en materia de Derechos Humanos, ha implicado una profunda transformación en todos los ámbitos del sistema jurídico mexicano; desde el "reconocimiento" que la Constitución hace de los derechos humanos adoptando la teoría iusnaturalista y el cambio en la denominación del capítulo I corrigiendo el yerro de confundir el mecanismo de protección con el derecho garantizado; hasta el establecimiento de la obligación a todas las autoridades de promover, respetar, proteger y garantizar los derechos humanos contenidos no sólo en el texto constitucional sino además en todos los tratados internacionales en que el Estado mexicano sea parte, los que al igual que la constitución tienen la máxima jerarquía en el ordenamiento jurídico nacional y forman parte del "bloque de constitucionalidad".

Así, todas las autoridades mexicanas y particularmente las jurisdiccionales están obligadas a proteger y garantizar los derechos humanos contenidos en la constitución y en los tratados internacionales. A raíz de la reforma y de la sentencia emitida por la Corte Interamericana de Derechos Humanos en el caso Radilla Pacheco vs. Estados Unidos Mexicanos surge un nuevo criterio interpretativo por la Suprema Corte de Justicia de la Nación en el que acepta que los tribunales ordinarios pueden ejercer el control difuso de la convencionalidad en materia de derechos humanos, y por ende, también el control difuso de la constitucionalidad en la materia. Luego entonces, los jueces mexicanos enfrentan el reto de realizar su labor bajo el esquema de la introducción del derecho internacional de los derechos humanos como eje rector de sus actividades.

Bajo este contexto, el Colegio San Felipe el Real de Doctores en Derecho A.C., se dio a la tarea de abordar diversas temáticas relacionadas con el control de la constitucionalidad y de la convencionalidad, que sin desdeñar la forma expositiva, ha privilegiado la reflexión y el análisis sobre los diferentes tópicos relacionados con la materia, con el objetivo de aportar elementos para que las autoridades mexicanas aborden de mejor manera el estudio y la capacitación necesarias para cumplir con la tarea que ahora tienen encomendada; y además sirva de herramienta a las personas dedicadas a la academia, el foro de abogados litigantes, y en general cualquier interesado, para iniciarse o penetrar en el tema.

Así, los dos primeros trabajos se refieren a la teoría de los derechos humanos, el Dr. Acevedo Balcorta abunda sobre el concepto, los antecedentes, la justificación filosófica, evolución, generaciones y principios de los derechos humanos; en tanto que el Dr. José Luis Chacón reflexiona sobre la relación de aquellos con otros derechos, con la procuración y administración de justicia, su violación por los particulares, su fundamentación en el sistema jurídico mexicano, la internacionalización y protección por organismos internacionales.

El Dr. Arámbula analiza la evolución del control constitucional en México a través de sus distintas etapas constitucionales. En el trabajo del Dr. Pedro Valdez se expone los sistema de control constitucional y su aplicación en México, igualmente el origen y desarrollo del control de la convencionalidad y los lineamientos que para su aplicación proponen tanto la doctrina como la Suprema Corte de Justicia, la forma de resolver los conflictos entre normas constitucionales y un esbozo del test de constitucionalidad.

La Dra. Patricia Cobos analiza la jurisprudencia de la Corte Interamericana de Derechos Humanos y reflexiona sobre la eficacia de dicha resoluciones en la construcción de los derechos humanos en Latinoamérica, examinando algunas jurisprudencias relevantes para deducir los alcances de la misma y los avances que en materia de derechos humanos han representado esas resoluciones.

El Dr. Roberto Díaz, analiza y reflexiona sobre la responsabilidad patrimonial del Estado en México, a la luz del nuevo paradigma constitucional en materia de derechos humanos, con un examen jurídico muy puntual y detallado sobre el tema.

Finalmente el Dr. Octavio Carrete somete al análisis la nueva figura jurídica de la Sala de Control Constitucional en el Estado de Chihuahua y su función respecto al control de la constitucionalidad y de la convencionalidad por los órganos jurisdiccionales esta entidad federativa, con reflexiones de gran interés.

Esperamos que los temas desarrollados sean de interés de la comunidad jurídica, que sirvan como una aportación para el conocimiento y comprensión de los derechos humanos, pero principalmente que puedan ser de utilidad como herramienta o guía para quienes nos vemos involucrados en los fines perseguidos por el constituyente permanente que es el de la promoción, defensa, protección y garantía de los derechos humanos, con especial énfasis en el control de la constitucionalidad y de la convencionalidad.

Confiamos que este esfuerzo conjunto contribuya a las labores que en mayor o menor medida han iniciado el Poder Judicial de la Federación, los Tribunales Superiores de Justicia de las entidades federativas, algunas otras entidades públicas, así como las universidades y la sociedad civil, para propiciar un cambio cultural a favor de un mayor conocimiento, difusión, comprensión y respeto por los derechos humanos, que ayude a modificar de manera sustancial las actividades de sociedad y autoridades a favor de los derechos humanos, acciones que constituyen un sólido cimiento sobre el cual se pueda construir una sociedad con un sentido del humanismo más acentuado y cada vez más justa.

Dr. Pedro Valdez Aguirre.
Coordinador General.
Septiembre del 2013.

Valdez - Chacón - Acevedo - Arámbula - Cobos - Díaz - Carrete

CAPÍTULO PRIMERO

INTRODUCCIÓN AL ESTUDIO DE LOS DERECHOS HUMANOS

Jaime A. Acevedo Balcorta[1]

Sumario:

*I.- Concepto. Una aproximación. II.- Antecedentes. III.-
Justificación Filosófica de los Derechos Humanos. IV.- Principios
rectores de los derechos humanos. V.- Obligaciones del Estado derivadas
del artículo 1° constitucional en materia de derechos humanos. VI.-
Generaciones. VII.- Consideraciones finales.*

I.- CONCEPTO. UNA APROXIMACIÓN

El tema de los derechos humanos ha venido cobrando en las últimas
décadas una mayor y profunda atención, no solo de los juristas o los
gobiernos, sino de la sociedad civil en general. Discusiones sobre su
contenido se desenvuelven en todos los ámbitos de la vida académica,

---

[1] Doctor en Derecho por el Instituto Internacional del Derecho y del Estado. Ca-
tedrático de la Facultad de Derecho en Licenciatura y Posgrado. Miembro del
Consejo Directivo del Colegio San Felipe el Real de Doctores en Derecho A.C.
Autor de las obras denominadas *"Derecho Mercantil", "Títulos-Valores y Operaciones de
Crédito"* y *"Sistema Bancario Mexicano, Sinópsis crítica".*

filosófica, social y religiosa.

No es que se trate de una nueva situación, de nuevos derechos propiamente, toda vez que al ser consubstanciales al ser humano, coexisten con él, sin importar el momento histórico que le haya tocado vivir a cada quien. Es simplemente una cuestión de reconocimiento de derechos previamente establecidos y que el estado de la cultura va agregando a la conciencia de los hombres. Por supuesto que su reconocimiento legal, su positivización es necesaria para su eficacia y debida protección, pero tal circunstancia no excluye su existencia inherente al ser humano.

Mucho se ha discutido sobre la nomenclatura que deben recibir éstos derechos y así, para algunos son derechos humanos, para otros, derechos naturales, derechos fundamentales, derechos públicos subjetivos, garantías individuales o libertades públicas entre otros.

Todas estas denominaciones finalmente desembocan en el mismo concepto: los derechos que tiene el ser humano a una vida digna partiendo, generalmente, de los preámbulos de diversos documentos internacionales que aluden a ella como fundamento de tales derechos

Así, este concepto, el de dignidad, constituye una concepción ambigua que no ha sido suficientemente desentrañada por los estudiosos del Derecho: ¿Qué es la dignidad humana?

El origen semántico de la expresión no sirve de mucho para arribar a la conceptualización o definición de lo que hemos de entender por dignidad, pues el concepto que expone la Real Academia Española[2] no arroja luz suficiente sobre el particular al decir: que es: "1. la cualidad de digno; 2. Excelencia, realce; 3. Gravedad y decoro de las personas en la manera de comportarse; 4. Cargo o empleo honorífico y de autoridad; 5. En las catedrales y colegiatas, prebenda que corresponde a un oficio honorífico o preeminente como el deanato, el arcedianato, etc. 6. Persona que posee una de estas prebendas; 7. Prebenda del Arzobispo u obispo; 8. En las órdenes militares de caballería, cargo de maestre, trece, comendador mayor, clavero, etc."

La generalidad de los autores aluden a ella y la dan como un concepto sobre entendido, como algo dado y se limitan a dar ejemplos y características de lo que debe entenderse por dignidad. Así, Martínez

---

[2] Real Academia Española. *Diccionario de la Lengua Española*. Vigésima Segunda Edición, España, Editorial Espasa, 2001. voz: Dignidad.

Buillé-Goyri[3], señala que el vocablo *dignidad*, deriva del latín *dignitas*, que a su vez deriva de *dignus*, cuyo sentido implica una posición de prestigio o decoro, "que merece" y corresponde en un sentido griego a *axios* o digno, valioso, apreciado, precioso, merecedor y afirma que la dignidad es ser tratado como lo que se es, como hombre en el sentido de ser humano. Añade que *el hombre tiene una naturaleza distinta de la de los demás seres: capaz de autogobernarse y además posee la cualidad de poder comprenderse a sí mismo como un ser individual y, a la vez, como parte de una sociedad en la que interactúa con sus semejantes.* Por ello, encuentra el autor difícil de definir el concepto de dignidad, y explica que hoy se emplea con carácter meramente instrumental haciendo referencia a la dignidad como el trato o debido respeto que se debe al hombre en cuanto ser humano.

Por su parte, el destacado jurista Javier Saldaña[4] reconoce que la dignidad es una cualidad sólo del sujeto humano y que por tanto se presenta como valor universal, y por tanto corresponde a todos los hombres, y advierte que el concepto en cita es trascendente y por tanto de difícil comprensión conceptual porque indica una cualidad indefinible y simple, pues la dignidad de la persona trasciende cualquier concepto legal o ético.

Ramírez García y Pallares Yabur,[5] señalan que *la dignidad hace referencia a una cualidad simple de cierto tipo de seres cuyo desarrollo existencial descansa en ellos mismos, es decir, con independencia interna,* de donde se sigue, al decir de éstos autores, que sólo el ser humano tiene la posibilidad de establecer por sí mismo los fines a los cuales abocar su propia existencia, de manera que es el individuo humano quien puede configurar el sentido de su vida de manera libre, como un fin en si mismo y nunca como un medio, de tal manera que la dignidad representa un principio axiomático, evidente en si mismo que no requiere demostración de su existencia en cuya virtud todos los individuos que comparten la misma naturaleza son igualmente dignos sin posibilidad de distinción, como lo son todos los seres humanos, que en ningún caso ni por motivo alguno pueden ser considerados como cosas.

---

[3] Martínez Bullé-Goyri, Víctor. *Reflexiones sobre la Dignidad Humana en la Actualidad.* Boletín Mexicano de Derecho Comparado, año XLVI, número 136, enero abril de 2013, pp 39-67.
http://biblio.juridicas.unam.mx/revista/pdf/DerechoComparado/136/art/art2.pd f Consultado el 27 de marzo del 2013.
[4] Saldaña, Javier. *La dignidad de la persona. Fundamento del Derecho a no ser discriminado injustamente.* http://biblio.juridicas.unam.mx/libros/5/2312/8.pdf Consultado el 20 de marzo de 2013.
[5] Ramírez García, Hugo Saúl y Pallares Yabur, Pedro de Jesús. *Derechos Humanos.* Oxford University Press México S.A. DE C.V., México, 2011, pp. 51-54

Según Prieto Díaz[6], en la temática de los derechos humanos la preeminencia de la dignidad humana no está a discusión, sino que se le acepta en las más diversas teorías y filosofías como un valor supremo respecto a los demás, razón por la cual son consustanciales al hombre, subsistirán siempre antológicamente y renacerán en la realidad de la existencia política, ya que la libertad no es susceptible de ser suprimida porque el hombre es esencialmente libre.

Magdalena Aguilar Cuevas[7], afirma que la dignidad humana exige que el hombre sea tratado como tal *por encima de cualquier consideración. El hombre siempre fue, es y será persona y por ello siempre le será debido el reconocimiento de los derechos que son propios de la persona por poseer naturaleza humana.* Lamentablemente la autora no indica cuales son los derechos que le son propios al ser humano, limitándose a enumerar los que considera como tales en su obra. Además, identifica a la persona con el ser humano, olvidando que aquella es una categoría jurídica, y éste un concepto biológico.

Humberto Nogueira Alcalá, citado por el doctor Jorge Carpizo[8], señala que *la dignidad de la persona es el rasgo distintivo de los seres humanos respecto de los seres vivos, la que constituye a la persona como un fin en sí mismo, impidiendo que sea considerada un instrumento o medio para otro fin, además de dotarlo de capacidad de autodeterminación y de realización del libre desarrollo de la personalidad,* definición que nos parece una de las mas acertadas.

En cuanto a la definición misma de lo que hemos de entender por derechos humanos, Rodríguez y Rodríguez[9], los define como el *conjunto de facultades, prerrogativas, libertades y pretensión, es de carácter civil, político, económico, social y cultural, incluidos los recursos y mecanismos de garantía de todas ellas, que se reconocen al ser humano considerado individual y colectivamente.* Como se advierte, el autor incluye en su definición las garantías, recursos o mecanismos de protección de los derechos humanos en sí mismos considerados, no ob-

---

[6] Prieto Díaz, Raúl Antonio. *Temas Selectos de Derechos Humanos.* Iure Editores, S.A. México 2010. p. 49.

[7] Aguilar Cuevas, Magdalena. *Manual de Capacitación. Derechos Humanos.* Comisión Nacional de los Derechos Humanos. Segunda Edición. México 1993. p.21

[8] Carpizo, Jorge. Los derechos humanos: naturaleza, denominación y características. *Revista Mexicana de Derecho Constitucional.* Número 25, julio-diciembre de 2011. p. 23. Consultada en línea http://biblio.juridicas.unam.mx/revista/CuestionesConstitucionales/indice.htm?n =25 el 4 de marzo de 2013.

[9] Rodríguez y Rodríguez, Jesús, *AA.V.V. Enciclopedia Jurídica Mexicana. Tomo III.* Editorial Porrúa, S.A y Universidad Nacional Autónoma de México. Segunda Edición, México 2004. p. 421.

stante que, al decir de Burgoa[10], cuyo criterio compartimos, *no es lo mismo el elemento que garantiza (garantía) que la materia garantizada (derecho humano)*. Asimismo, el eminente jurista mexicano sostiene que no existen los derechos humanos como tales hasta que son positivizados, pues entre tanto, serán meras potestades naturales del hombre[11]. Este criterio obedece, a nuestro parecer, a la ideología formal del doctor Burgoa, quien se opone a la existencia del derecho natural.

Asimismo, la doctora Monique Lions[12] define a los derechos humanos como *un conjunto de prerrogativas que permiten al individuo desarrollar su personalidad*.

Los autores Tarciso Navarrete, Salvador Abascal y Alejandro Laborie[13], citando a Rodolfo Piza, señalan que, los derechos humanos *son determinadas situaciones favorables para el ser humano como tal, que se suponen derivadas de su intrínseca dignidad y necesarias para el pleno desarrollo de la personalidad y que, por lo tanto, se reclaman como derechos fundamentales frente a todos los demás hombres y, de modo especial, frente al Estado y el poder*. Y, añadiendo su propia definición, los autores en cita consideran que los derechos humanos *son el conjunto de atributos y facultades inherentes a la naturaleza de la persona humana –reconocida o no por la ley-, que requiere para su pleno desarrollo personal y social*.

Para la Comisión Nacional de los Derechos Humanos, éstos, los Derechos Humanos, son el conjunto de prerrogativas inherentes a la naturaleza de la persona, cuya realización efectiva resulta indispensable para el desarrollo integral del individuo que vive en una sociedad jurídicamente organizada. Estos derechos, establecidos en la Constitución y en las leyes, deben ser reconocidos y garantizados por el Estado[14]. Siendo la prerrogativa, según el Diccionario de la Lengua Española[15] y en su primera acepción, el privilegio, gracia o exención que se concede a alguien para que goce de ello, anejo regularmente a una dignidad, empleo o cargo. Luego, se advierte que nuevamente la dignidad aparece como una constante en la definición propuesta por el organismo autónomo en cita.

---

[10] Burgoa Orhiuela, Ignacio. *Las garantías Individuales*. Décima Tercera Edición. Editorial Porrúa, S.A., México 1980. p. 163.

[11] *Ibídem*. P. 162-163

[12] Lions, Monique. *Los derechos humanos en la historia y en la doctrina*. http://biblio.juridicas.unam.mx/libros/2/848/22.pdf Consultada el 2 de abril del 2013.

[13] Navarrete, Tarciso, et. al. *Los derechos humanos al alcance de todos*. Editorial Diana. Tercera Edición. México 2000. pp. 18-19

[14] http://www.cndh.org.mx/Que_Son_Derechos_Humanos Consultada el 26 de Marzo del 2013.

[15] *Op. cit.* Voz "prerrogativa"

Por su parte el Doctor Jorge Carpizo[16] señala que los derechos humanos son aquellos que *se fundan en la esencia del hombre, necesarios para el cumplimiento de sus deberes morales e inalienables. Por lo que todo hombre, por el solo hecho de serlo, tiene el derecho de llevar una vida digna; es decir, una vida con satisfactores económicos, sociales y culturales suficientes que le permitan realizarse como ser humano y ser útil a su comunidad.*[17]

---

[16] Citado por Guerrero Verano, Martha Guadalupe. *La protección de los Derechos Humanos.*
http://www.uaeh.edu.mx/investigacion/icshu/LI_DerFunda/Gro_Martha/9_Martha_Gpe_Gro_Verano.pdf
Consultado el 4 de marzo de 2013

[17] PERSONAS JURÍDICAS. SON TITULARES DE LOS DERECHOS HUMANOS COMPATIBLES CON SU NATURALEZA. Del preámbulo y del contenido de la Convención Americana sobre Derechos Humanos se advierte, en principio, que los derechos que reconoce son sólo los inherentes a la persona humana, pues aquél hace referencia expresa a los "derechos esenciales del hombre", y el artículo 1, numeral 2, del propio ordenamiento, prevé que persona es todo ser humano. Por otra parte, la reforma al artículo 1o. de la Constitución Política de los Estados Unidos Mexicanos, publicada en el Diario Oficial de la Federación el 10 de junio de 2011, constituye un cambio de paradigma en el orden jurídico nacional, pues dicho precepto ahora dispone que todas las personas gozarán de los derechos humanos reconocidos en la propia Norma Fundamental y en los tratados interna-cionales de los que el Estado Mexicano sea parte, lo cual implica reconocer a los tratados referidos a derechos humanos un carácter particular, equiparable a las normas constitucionales, conformando un nuevo bloque de constitucionalidad, en la medida en que aquéllos pasan a formar parte del contenido de la Constitución, integrando una unidad exigible o imponible a todos los actos u omisiones que puedan ser lesivos de derechos fundamentales. En estas condiciones, si bien es cierto que el Órgano Reformador de la Constitución no dispuso expresamente como titulares de los derechos consagrados en ella a las personas jurídicas, como sí se hace en otras normas fundamentales e instrumentos internacionales como la Constitución Alemana o el Protocolo No. 1 a la Convención Europea de Derechos Humanos, también lo es que el texto constitucional citado alude lisa y llanamente al término "personas", por lo que de una interpretación extensiva, funcional y útil, debe entenderse que no sólo se orienta a la tutela de las personas físicas, sino tam-bién de las jurídicas, en aquellos derechos compatibles con su naturaleza, como los de acceso a la justicia, seguridad jurídica, legalidad, propiedad y los relativos a la materia tributaria, entre otros, máxime que la Corte Interamericana de Derechos Humanos ha reconocido explícitamente, en el caso Cantos vs. Argentina, que las personas jurídicas, en determinados supuestos, son titulares de los derechos consa-grados en el Pacto de San José, al reconocer el de constituir asociaciones o socieda-des para la consecución de un determinado fin y, en esta medida, son objeto de protección. Además, México ha suscrito un sinnúmero de pactos internacionales en los que ha refrendado el compromiso de respetar los derechos humanos en su connotación común o amplia, lo que incluye la relación y sentido que a la institu-ción se atribuye en el ámbito nacional, pero también el reconocido en otras latitu-

Vemos así que la generalidad de los autores elaboran conceptos de lo que ha de entenderse por derechos humanos partiendo en su abrumadora mayoría de la idea de la dignidad humana, pero pocos alcanzan a definirla; y las definiciones son convenientes porque nos enmarcan, nos encuadran de manera más precisa el objeto de estudio que desarrollamos.

Así, Zamora Grant[18] refiriendo a Cáceres Nieto, explica con meridiana claridad lo que la dignidad, como sustento de los derechos humanos significa, al decir: *el derecho a la dignidad y al trato digno por su definición significa el derecho a contar con las condiciones materiales y de trato acordes con las expectativas de un mínimo de bienestar generalmente aceptadas por los miembros de la especie humana.* Añade que la dignidad de los seres humanos se vincula con todos los derechos humanos reconocidos y consagrados, y, agregaríamos, con todos aquellos que aunque actualmente no estén reconocidos, consagrados o positivizados, sean consubstanciales a la naturaleza humana en función de la dignidad en que encuentra su fundamento.

En el derecho mexicano, los Tribunales de Amparo se han pronunciado indefectiblemente en la dignidad como sustento de los derechos del hombre, al estimar que aquella es el origen, la esencia y el fin de todos los derechos humanos[19], tal como se desprende de algunas tesis recientes entre las que destaca la sustentada por el Quinto Tribunal Colegiado en Materia Civil del Primer Circuito, que aparece publicada en la página 1529 del Libro

---

des, reforzando el corpus iuris aplicable que, como bloque de constitucionalidad, recoge la Constitución Mexicana y amplía o complementa a convenciones, en particular a la inicialmente mencionada. Refuerza lo anterior el hecho de que a partir de la nueva redacción del artículo 1o. constitucional y de la sentencia dictada por el Pleno de la Suprema Corte de Justicia de la Nación con motivo del acatamiento a lo ordenado en el caso Radilla Pacheco, registrada bajo el número varios 912/2010, que aparece publicada en el Semanario Judicial de la Federación y su Gaceta, Décima Época, Libro I, Tomo 1, octubre de 2011, página 313, las normas relativas a los derechos humanos deben interpretarse de la forma más benéfica para la persona, lo que implica que no necesariamente hay una jerarquía entre ellas, sino que se aplicará la que ofrezca una protección más amplia; en esta medida, si diversos instrumentos internacionales prevén como titulares de derechos humanos a las personas jurídicas, debe seguirse esta interpretación amplia y garantista en la jurisprudencia mexicana.
(Tesis I.4º.A2 K Semanario Judicial de la Federación y su Gaceta, Décima Época, libro XI, Agosto de 2012, p. 1875.)

[18] Zamora Grant, José. *Introducción al estudio de los Derechos Humanos.* Universidad Autónoma de Tlaxcala. México, 2007. p.45
[19] Tesis I.5º.C.J/30 Semanario Judicial de la Federación y su Gaceta, Décima Época, Libro I, Octubre de 2011, tomo III, p. 1528

I, Octubre de 2011, Tomo 3, Décima Época del Semanario Judicial de la Federación y su Gaceta, del rubro y texto siguientes:

"DIGNIDAD HUMANA. SU NATURALEZA Y CONCEPTO.

La dignidad humana es un valor supremo establecido en el artículo 1o. de la Constitución Política de los Estados Unidos Mexicanos, en virtud del cual se reconoce una calidad única y excepcional a todo ser humano por el simple hecho de serlo, cuya plena eficacia debe ser respetada y protegida integralmente sin excepción alguna".

Asimismo, cobra relevancia la tesis sustentada por el Pleno de la Suprema Corte de Justicia de la Nación, localizable en el Tomo XXX, Diciembre de 2009, página 8, Novena Época del Semanario Judicial de la Federación y su Gaceta, que dice:

"DIGNIDAD HUMANA. EL ORDEN JURÍDICO MEXICANO LA RECONOCE COMO CONDICIÓN Y BASE DE LOS DEMÁS DERECHOS FUNDAMENTALES.
El artículo 1o. de la Constitución Política de los Estados Unidos Mexicanos establece que todas las personas son iguales ante la ley, sin que pueda prevalecer discriminación alguna por razones étnicas o de nacionalidad, raza, sexo, religión o cualquier otra condición o circunstancia personal o social que atente contra la dignidad humana y que, junto con los instrumentos internacionales en materia de derechos humanos suscritos por México, reconocen el valor superior de la dignidad humana, es decir, que en el ser humano hay una dignidad que debe ser respetada en todo caso, constituyéndose como un derecho absolutamente fundamental, base y condición de todos los demás, el derecho a ser reconocido y a vivir en y con la dignidad de la persona humana, y del cual se desprenden todos los demás derechos, en cuanto son necesarios para que los individuos desarrollen integralmente su personalidad, dentro de los que se encuentran, entre otros, el derecho a la vida, a la integridad física y psíquica, al honor, a la privacidad, al nombre, a la propia imagen, al libre desarrollo de la personalidad, al estado civil y el propio derecho a la dignidad personal. Además, aun cuando estos derechos personalísimos no se enuncian expresamente en la Constitución General de la República, están implícitos en los tratados internacionales suscritos por México y, en todo caso, deben entenderse como derechos derivados del reconocimiento al derecho a la dignidad humana, pues sólo a través de su pleno respeto podrá hablarse de un ser humano en toda su dignidad."

El mismo autor señala[20] refiriendo de nuevo a Cáceres Nieto que, *el*

---

[20] Zamora Grant. *op. cit.* pp. 43-44

derecho a la vida constituye la piedra angular sobre la que se erigen los demás derechos, concluyendo que la vida debe ser respetada durante todo el ciclo natural que inicia con la concepción y termina con la muerte, sin que este sea interrumpido por algún agente externo, entendido como tal la conducta de otro ser humano. En éste sentido coincidimos totalmente con el autor, y no solo consideramos que la vida del hombre es la piedra angular del resto de los derechos humanos, sino el presupuesto indispensable para su existencia, que no puede concebirse siquiera si existe la posibilidad de eliminarla, sea durante la concepción o en cualquier otra etapa del desarrollo del ser humano.

II.- ANTECEDENTES

Los derechos humanos, en cuanto consubstanciales al hombre, son eternos, históricamente surgen con el ser humano, no con la persona, concepto que es producto de la cultura jurídica, y aunque hasta hace relativamente poco tiempo el hombre y las sociedades no hayan adquirido conciencia de su existencia o no los hayan reconocido, no por eso puede afirmarse válidamente que históricamente surgen en determinada época del desarrollo de la cultura, sino que en realidad son anteriores a ésta y se reconocen y positivizan a partir de cierto momento histórico.

En semejante sentido se pronuncia el jurista Rodríguez y Rodríguez[21] al señalar que, *aunque los derechos humanos en su problemática filosófica, religiosa, política y social, han sido una preocupación desde tiempos remotos, su reconocimiento jurídico constituye un fenómeno relativamente más reciente, producto de un lento y penoso proceso de formulación normativa que ha atravesado por diversas etapas.*

Naturalmente, existen estudiosos de la materia que parten de la idea formal en el sentido de que los derechos humanos no preexisten, sino que son producto de un otorgamiento o gracia estatal. Así, el doctor Ignacio Burgoa[22] afirma que *los derechos subjetivos no son anteriores al derecho objetivo, a la norma jurídica general, impersonal y abstracta; antes bien, son creados por ésta al proyectarse o referirse ella misma a los sujetos.*

Sobre estas premisas, habremos de hacer un breve recorrido a través de la historia para conocer en forma meramente introductoria, el desarrollo que han tenido, no los derechos en sí, que ya dijimos que son eternos en cuanto inherentes a la naturaleza humana, sino su reconocimiento por los

---

[21] *Op. Cit.* p. 421
[22] *Ibídem* p. 189

diversos órdenes jurídicos y filosóficos.

1. *Antecedentes generales.*
A. *La antigüedad.*

En la antigüedad ni los derechos humanos ni la dignidad del hombre eran reconocidos como tales. Si bien los individuos tendían a unirse en sociedades primitivas, lo hacían por mera necesidad de supervivencia y por ese mismo imperativo respetaban la vida y la propiedad de los demás miembros del grupo, de suerte que su concepto jurídico surgió hasta épocas relativamente recientes, como se verá más adelante.

Como sabemos, en la Grecia de la antigüedad floreció la filosofía de una manera muy destacada. Al parecer, según afirmación de Rodrigo Labardini[23] *Sócrates parece haber tenido un concepto optimista y muy elevado de la dignidad del hombre, como un ser privilegiado entre todos los demás seres.* Sin embargo, en la filosofía de Platón y de Aristóteles tal apreciación no era precisamente compartida, pues el primero, en busca de una sociedad perfecta pugnaba porque se prescribiera dar muerte a los niños que nacieran deformes, en tanto que el segundo justificaba plenamente la esclavitud y relegaba a la calidad de no ciudadanos a los artesanos, mercaderes labradores y a las mujeres; posturas ambas que son evidentemente atentatorias contra los mas elementales derechos humanos a la vida, la libertad y la igualdad esenciales para el desenvolvimiento de la dignidad del hombre.

Sigue diciendo el autor en cita que son los estoicos[24] quienes sobre bases religiosas el mundo está sujeto al gobierno divino de un dios y que por ese motivo existen algunas normas que son obligatorias para todos los hombres, con independencia de que sean reconocidas o no por el derecho positivo, y valen por sí porque son intrínsecamente justas y merecedores de respeto. Por tales razones es que para diversos autores es en esta escuela filosófica donde se puede encontrar el germen del conocimiento y reconocimiento de los derechos humanos.

Roma por su parte, a pesar del enorme bagaje jurídico-cultural que logró acumular y heredar a la posteridad, aportó pocos elementos al desarrollo de los derechos humanos. Quizá entre lo más destacado está el

---

[23] Labardini, Rodrigo. *Orígenes y antecedentes de derechos humanos hasta el siglo XV.* *http://www.juridicas.unam.mx/publica/librev/rev/jurid/cont/19/pr/pr19.pdf* Consultada el 2 de marzo del 2013.

[24] Escuela fundada por Zenon de Citio, en Chipre, en el año 308 a. de C.

pensamiento de Cicerón quien dio lugar a las ideas del derecho natural considerado como anterior y superior a las leyes civiles. La ley natural se fundamenta en la naturaleza humana que ha sido dotada por Dios de razón y por tanto es universal para todos los hombres, de suerte que el derecho positivo es únicamente una aproximación a la justicia y al derecho perfecto[25].

B. *La edad media.*

Con el advenimiento de la edad media, surge el pensamiento de pensadores de gran envergadura como San Agustín y Santo Tomás de Aquino, quienes comienzan a reflexionar sistemáticamente sobre la dignidad humana en cuanto el hombre posee filiación divina. En éste momento y a raíz del surgimiento y desarrollo del cristianismo, se considera que la dignidad del hombre no depende de las características particulares de las personas, de su riqueza o posición social, sino en el hecho de que todos los hombres somos hijos de Dios, creados a su imagen y semejanza, idea que también se encuentra en otras religiones como la judía, adoptando una postura iusnaturalista.

Es en ésta misma etapa histórica cuando diversos concilios plasmaron los primeros pasos firmes en relación con los derechos humanos, al prescribir, por ejemplo que nadie pude ser condenado si no existe alguien que lo acuse de la comisión de un hecho penado por la ley, o que nadie puede ser privado injustamente de sus propiedades. También surgió de esas asambleas de obispos el principio *nullum crimen sine lege, nulla poena sine lege,* derechos los indicados, que subsisten en la actualidad en prácticamente todas las naciones del mundo.

Aún en la baja edad media, encontramos la famosa Carta Magna de Juan Sin Tierra, Rey de Inglaterra, datada el 15 de junio de 1215, concedió merced a una negociación con el clero y barones del reino, una serie de derechos, enlistados en 63 párrafos, y de los cuales se pueden destacar: la declaración de la libertad de la Iglesia de Inglaterra, de todos sus derechos y libertades; la regulación de las herencias en protección principal a las viudas y a los hijos; la prohibición de pagar intereses al prestador judío si falleciere el deudor; el establecimiento de la proporcionalidad de las multas en función de la gravedad de la falta; la prohibición a los comisarios y alguaciles de tomar granos u otras provisiones, caballos o carros de ningún hombre libre, contra la voluntad de éste; la prohibición de arrestar o detener a un hombre libre en prisión o desposeerlo de sus bienes, proscribirlo o

---

[25] Cfr. Rodrigo Labardini. Op. Cit.

desterrarlo o molestarlo de alguna manera, sino en virtud de juicio legal de sus pares; la prohibición de vender o negar el servicio de administración de justicia, y la libertad de tránsito. Luego, aquí ya advertimos la presencia de algunos derechos que podemos calificar de humanos, aunque su fuente no haya sido el reconocimiento de la dignidad del hombre, sino una negociación de naturaleza política.

Por lo que atañe a España, en el siglo XIII, Alfonso X el Sabio expide las Siete Partidas, documento donde declara intrínsecamente aborrecible la servidumbre, y en el que algunos pensadores pretenden ver implícito el concepto de dignidad humana, como lo hace Rodrigo Labardini, criterio con el cual estamos en desacuerdo, pues se trata de una legislación sumamente discriminatoria para los judíos, las mujeres; admitía la tortura en forma expresa para fines de investigación, se permitía la pena de muerte en la hoguera, entre otras verdaderas aberraciones atentatorias contra los más elementales principios de los derechos humanos, más aún, contra la piedad o la más básicos sentimientos de misericordia.[26]

C. *Épocas moderna y contemporánea.*

El arribo de la época moderna trajo consigo en forma cada vez más amplia y sistemática, el reconocimiento de los derechos humanos.

a) La declaración de Virginia.

Es en el siglo XVIII cuando surgen los primeros documentos relacionados con los derechos humanos, con el carácter y fuerza de la ley. Así, *La Declaración de Derechos del Buen Pueblo de Virginia*, del 12 de junio de 1776, constituye el antecedente más claro del reconocimiento de los derechos humanos, pues recoge una serie de principios que habrán de constituirse en piedra angular para el desarrollo de los mismos en el mundo. Esta declaración, previa a la Constitución de Estados Unidos de América, establece en su proemio que *todos los hombres son por naturaleza igualmente libres e independientes y tienen ciertos derechos innatos, de los que, cuando entran en estado de sociedad, no pueden privar o desposeer a su posteridad por ningún pacto, a saber: el goce de la vida y de la libertad, con los medios de adquirir y poseer la propiedad y de buscar y obtener la felicidad y la seguridad.* Se advierte entonces que en ésta Declaración se reconoce, no se otorga, la existencia de derechos anteriores y superiores al Estado, así como el principio de progresividad o irretroactividad de los

---

[26]Véase   http://majfud.org/2011/03/17/lecturas-alfonso-el-sabio-las-siete-partidas-ii/Consultada el 24 de marzo del 2013.

derechos humanos, de los cuales reconoce evidentemente como básicos, la vida, la libertad, la propiedad y la búsqueda de la felicidad.

b) Declaración de Independencia de Estados Unidos.

El 4 de julio de 1776, los colonos de lo que sería después Estados Unidos de América, declararon la independencia de la nación respecto de Inglaterra, y plasmaron en el documento que la contiene, las bases de los derechos del hombre al decir:

> *Sostenemos como evidentes estas verdades: que todos los hombres son creados iguales; que son dotados por su Creador de ciertos derechos inalienables; que entre éstos están la vida, la libertad y la búsqueda de la felicidad; que para garantizar estos derechos se instituyen entre los hombres los gobiernos, que derivan sus poderes legítimos del consentimiento de los gobernados...*

Se advierten desde luego importantes semejanzas con su antecedente inmediato: la declaración de derechos de Virginia, y se destacan como derechos inherentes al ser humano, la igualdad, la vida, la libertad y la búsqueda de la felicidad.

c) Declaración de los Derechos del Hombre y del Ciudadano.

Es en Francia donde encuentra su máxima expresión, por vez primera, una declaración del pueblo que reconoce la existencia de los derechos humanos en forma directa e inmediata, sin perjuicio de las declaraciones de Virginia y la de Independencia de Estados Unidos.

La Declaración Francesa del 26 de agosto de 1789, establece en 17 artículos, los que en su momento histórico se consideraron derechos del hombre dignos de protección inmediata, destacando los principios de libertad e igualdad; la conservación imperativa de los derechos naturales e imprescriptibles del hombre, que son la libertad, la propiedad, la seguridad y la resistencia a la opresión, el principio de presunción de inocencia, la libertad de expresión y opinión, y la prohibición de ser privado de la propiedad salvo causas de necesidad pública y previa indemnización. En el documento se señala que los derechos del hombre son naturales, inalienables y sagrados.

d) Enmiendas a la Constitución de Estados Unidos de América.

La Constitución original de Estados Unidos no contempló una parte dogmática en su articulado, limitándose a la organización política de la nueva nación. Es hasta diciembre del año de 1791 cuando se comienzan a incorporar las 17 enmiendas que habrán de contemplar los derechos humanos consagrados por dicho cuerpo constitucional, comprendidas hasta el año de 1992.

e) La declaración universal de los derechos humanos.

Como consecuencia de las dos guerras mundiales acaecidas en la primera mitad del siglo veinte, las naciones del orbe, preocupadas por procurar la paz en las naciones y la protección de los derechos del hombre, violentados en forma grotesca durante los conflictos bélicos, la Asamblea General de la Organización de las Naciones Unidas adoptó el 10 de diciembre de 1948, la Declaración Universal de los Derechos Humanos, al considerar que la libertad, la justicia y la paz en el mundo tienen por base el reconocimiento de la dignidad intrínseca y de los derechos iguales e inalienables de todos los miembros de la familia humana; y que el desconocimiento y el menosprecio de los derechos humanos han originado actos de barbarie ultrajantes para la conciencia de la humanidad, y que se ha proclamado, como la aspiración más elevada del hombre, el advenimiento de un mundo en que los seres humanos, liberados del temor y de la miseria, disfruten de la libertad de palabra y de creencias, derechos que deben ser protegidos por un régimen de derecho para que cuente con recursos de rebelión contra la tiranía y la opresión.

Este documento consagra entre otros, los principios de que todos los seres humanos nacen libres e iguales en dignidad y derechos; proclama la no discriminación y el derecho a la vida, la libertad y la seguridad; proscribe la esclavitud y la servidumbre; prohíbe la tortura y las penas o tratos crueles, inhumanos o degradantes; pregona la igualdad ante la ley; consagra el principio del debido proceso legal y el principio de presunción de inocencia; protege la libertad de tránsito y de residencia; sostiene el derecho de asilo, el derecho a la personalidad jurídica y sus atributos; el derecho a la propiedad y su protección; a la libertad de conciencia y de religión, de opinión, de expresión, de reunión y asociación, a la educación, al trabajo, a participar en la vida cultural; y establece que toda persona tiene deberes respecto a la comunidad, puesto que solo en ella puede desarrollar libre y plenamente su personalidad.

f) Otros instrumentos internacionales

En épocas relativamente recientes han surgido nuevos documentos, tratados o convenciones internacionales que consagran derechos humanos, algunos de carácter general, aplicable a todo ser humano, y otros de carácter sectorial, aplicable a una parte de la población en razón de sus características especiales[27]. De los primeros destacan a nuestro juicio:

- La Convención Americana sobre Derechos Humanos (Pacto de San José de Costa Rica), adoptado por México en 1981;
- El Pacto Internacional de Derechos Civiles y Políticos; adoptado por México en 1981;
- El Pacto de derechos económicos, sociales y culturales, adoptado por México en 1966;
- El Protocolo Adicional A La Convención Americana Sobre Derechos Humanos En Materia De Derechos Económicos, Sociales Y Culturales "Protocolo De San Salvador", adoptado por México en 1998;
- El Protocolo Facultativo Del Pacto Internacional De Derechos Civiles y Políticos, adoptado por México en el año 2002.

De los segundos se distinguen:

- La Convención Sobre La Eliminación De Todas Las Formas De Discriminación Contra La Mujer, adoptado por México en 1981;
- La Convención Sobre Los Derechos Del Niño, adoptado por nuestro país en 1991;
- La Convención Interamericana Para Prevenir, Sancionar Y Erradicar La Violencia Contra La Mujer. "Convención De Belém Do Pará" adoptado por México en el año 1999;
- Convención Interamericana para la Eliminación de Todas las Formas de Discriminación contra las Personas con Discapacidad, firmada en Guatemala, del 7 de junio de 1999.
- Protocolo Facultativo de la Convención sobre la Eliminación de Todas las Formas de Discriminación contra la Mujer, firmado en Nueva York del 6 de octubre de 1999.

---

[27] Cfr. Carbonell, Miguel, *Las Obligaciones del Estado en el artículo 1° de la Constitución Mexicana* en Carbonell, Miguel y Salazar Pedro, coordinadores. *LA REFORMA CONSTITUCIONAL DE LOS DERECHOS HUMANOS. Un nuevo paradigma.* Editorial Porrúa, S.A. y Universidad Nacional Autónoma de México. México 2012. pp. 70-71.

- Protocolo Facultativo de la Convención sobre los Derechos del Niño relativo a la Venta de Niños, la Prostitución Infantil y la Utilización de Niños en la Pornografía, firmado en Nueva York, del 25 de mayo del 2000.
- Convención sobre los Derechos de las Personas con Discapacidad, firmado en Nueva York, el 13 de diciembre del 2006.

Sin duda existe una amplia gama adicional de tratados internacionales que consagran muchos otros derechos humanos de las diversas generaciones en que la doctrina los clasifica, no obstante, su estudio excede el propósito de éste trabajo, en el que nos limitamos a enunciar aquellos que nos han parecido más relevantes.[28]

2. Antecedentes en México

Conocer los antecedentes del desarrollo de los derechos humanos en México, aunque sea en forma introductoria, nos permite entender con mayor claridad los fenómenos que hoy acontecen en el país en función de la exigencia de la sociedad por el respeto a tales derechos básicos.

A. Época Precortesiana

Existen muy pocos documentos que hacen referencia a las normas jurídicas vigentes en el territorio que hoy ocupa nuestra Patria durante la etapa previa a la conquista, debido sustancialmente a que en su gran mayoría fueron destruidos en el proceso.

No obstante, Cruz Barney[29] señala que entre los aztecas, cultura precortesiana más conocida, *existía una conciencia de respeto al orden jurídico y a la moral. Las penas eran muy graves y la muerte se imponía al ciudadano que atentaba contra los derechos colectivos.* Esta breve semblanza refleja que en el derecho azteca no existía la noción de derechos humanos, pues *el derecho era reflejo de la religión de Huitzilopochtli y descansaba en el orden cósmico.*

El doctor Ignacio Burgoa[30] enseña que no es posible descubrir en la

---

[28] Para consultar los tratados vigentes suscritos por México en materia de derechos humanos, se puede acceder a la página http://www.ordenjuridico.gob.mx/derechos_humanos.php consultada el 24 de marzo del 2013.

[29] Cruz Barney, Oscar. *Historia del derecho en México*. Oxford University Press México, S.A. de C.V. Segunda Edición, México 2011, p. 21.

[30] *Op. Cit. pp.* 111-112

época precolombina ninguna institución consuetudinaria o escrita, que de los derechos humanos, pues en aquellos regímenes el gobernado no tenía derechos frente al gobernante.

B. *Época Colonial*

Consumada la conquista, como era natural, se trasladaron el derecho y las instituciones jurídicas españolas al mundo novohispano; de suerte que si en un régimen político como el de España la autoridad del rey descansaba sobre el principio de un origen divino, era natural que significara para el nuevo mundo la imposición del absolutismo, aunque suavizado por los principios morales y religiosos derivados del cristianismo impuesto a los indígenas por los sacerdotes españoles[31].

De lo anterior es posible desprender que los eventuales derechos humanos que pudieran existir en Nueva España, eran derivados de graciosas concesiones del rey, no del reconocimiento de su existencia previa y superior al Estado.

La Constitución de Apatzingán de 1814 que no alcanzó a tener vigencia dado que aún no se consumaba la independencia, consagraba sin embargo una serie de derechos fundamentales como el de igualdad y seguridad jurídica (art. 4 y 19), el derecho a la búsqueda de la felicidad (art. 18), el de libertad (art. 24), el principio de presunción de inocencia (art. 30), el derecho a la inviolabilidad del domicilio (artículo 32), el derecho de propiedad (art. 34), y la libertad de expresión (art. 40). Como se advierte, fue un proyecto de avanzadas ideas humanistas, y aunque no estuvo vigente constituyó un esfuerzo notable *para institucionalizar la independencia.*[32]

C. *México independiente.*

Al consumarse la independencia de México en 1821, el país se preocupó en primer término de organizarse políticamente, y aunque en España se había expedido la Constitución de Cádiz de 1812, la revuelta en México por la independencia impidió su cabal aplicación, por lo que no puede considerarse como un antecedente propiamente dicho del reconocimiento o concesión de derechos humanos en México. El acta de independencia del 28 de septiembre de 1821 tampoco hace referencia a derechos de los gobernados, y es un documento de naturaleza meramente política.

---

[31] *Cfr. Ibídem* p. 115

[32] Rabasa, Emilio. *Historia de las Constituciones Mexicanas.* Universidad Nacional Autónoma de México, Tercera Edición, México 2002. p.7.

a) Constituciones Políticas

Previo a la vigencia de la constitución de 1824 del México independiente, Agustín de Iturbide tuvo el carácter de emperador merced al Plan de Iguala y a los Tratados de Córdoba de 1821, los cuales contenían únicamente prescripciones de carácter político-organizacional del imperio que se fundó a la consumación de la independencia, y que estuvo vigente hasta la entrada en vigor de la primera constitución Mexicana de 1824, de corte liberal.

Así, una *cuasiconstitución*, el Reglamento Provisional Político del Imperio Mexicano, fue el primer instrumento político vigente en el México independiente, que derogó a la Constitución de Cádiz y fue expedido el 18 de diciembre de 1822, y que constituyó el sustento jurídico del gobierno de Agustín de Iturbide[33]. Contempló la inviolabilidad del domicilio (art. 10); consagra el derecho a la libertad personal (art. 11); a la inviolabilidad de la propiedad y a la seguridad y la libertad; la libertad de pensamiento y de expresión (art. 17) y refiere como sustento de los derechos de pensar y expresar ideas, a los derechos del hombre.

b) 1824

A la caída de Iturbide se expidió la Constitución Federal de los Estados Unidos Mexicanos correspondiente al año de 1824, de corte liberal que instituyó el sistema federalista, que incluyó en su texto las ideas avanzadas de la época en materia de reconocimiento de derechos humanos y que, al decir de algunos autores, constituyó una copia de la Constitución de los Estados Unidos de América. Esta Constitución se expidió, según su proemio, *en el nombre de Dios todopoderoso, autor y supremo legislador de la sociedad. El Congreso general constituyente de la nación mexicana, en desempeño de los deberes que le han impuesto sus comitentes, para fijar su independencia política, establecer y afirmar su libertad y promover su prosperidad y gloria.*

Compuesta por 171 artículos, y después de organizar políticamente a la nueva nación mexicana, a lo cual destina la mayoría de los preceptos, y una vez que declara oficial, excluyente y obligatoria la religión católica (art. 3); de los artículos 146 al 156, consagra algunos derechos individuales, entre los que destacan el artículo 146, según el cual *la pena de infamia no pasará del delincuente que la hubiere merecido según las leyes,* de donde se sigue el principio de prohibición de las penas trascendentales; la prohibición de la confiscación de bienes (art. 147); la prohibición de los juicios por comisión y las leyes retroactivas (art. 148); la prohibición del tormento (art. 149); la prohibición

---

[33] Cfr. Margadant, S. Guillermo. *Introducción a la historia del derecho mexicano.* Editorial Esfinge, S.A. de C.V., Octava Edición, México1988. p. 122.

de detener a persona alguna salvo que haya prueba semiplena o indicio de que es delincuente ni por más de sesenta horas (art. 150 y 151); la prohibición del cateo sin que se ajuste a las prescripciones legales al respecto (art. 152); la prohibición de tomar declaración bajo juramento sobre hechos propios en causas criminales (art. 153); la prohibición de iniciar juicio por injurias sin haber intentado previamente la conciliación (art. 155); la prohibición de juicios arbitrales forzosos (art. 156). Mas adelante, se impone a los Estados de la Federación el deber de proteger a sus habitantes en el uso de la libertad de escribir, imprimir y publicar sus ideas políticas sin necesidad de licencia, revisión o aprobación anterior a la publicación (art. 161.4). Cuando regula las atribuciones del presidente en el artículo 112, la Constitución le prohíbe privar a ninguno de su libertad, ni imponerle pena alguna, salvo cuando lo exija el bien y seguridad de la federación en cuyo caso deberá ponerlas a disposición del juez dentro de las 48 horas siguientes; tampoco podía el presidente ocupar la propiedad de ningún particular ni corporación, ni turbarle en la posesión, uso o aprovechamiento de ella, y si en algún caso fuere necesario, se requería la previa aprobación del senado, y siempre mediante indemnización al interesado.

Como se observa, los derechos garantizados por la Constitución eran realmente pocos, y no se advierte que sean concedidos, otorgados o reconocidos por el Estado, haciendo una simple referencia a su contenido.

c). 1836

Con la expedición de la Constitución de 1824 surgió la expectativa de que se concluía en nuestro país *una etapa de confusión y que surgía otra, promisoria, y diferente, en la que la nación mexicana afirmaría "su libertad y promovería su prosperidad y gloria"*.[34]

No obstante, la realidad de aquel periodo de tiempo, muestra que el país se encontraba sumido en un caos constante donde reinaba la anarquía y la violencia, en función, al decir de Rabasa[35] de la forma en que el presidente y el vicepresidente eran electos. Además, la política liberal extrema, para ese momento histórico que aplicaba Gómez Farías, (sustancialmente afectando los intereses de la iglesia católica) a la sazón vicepresidente de la República por ausencia del titular Antonio López de Santa Anna, generó un gran descontento popular. Ello condujo a una serie de levantamientos y proclamas que culminaron con arruinar el régimen federal establecido en la constitución de 1824 y el establecimiento de un

---

[34] Rabasa, Emilio. *op. cit.* p. 27
[35] *Ibídem.* p. 27

sistema centralista en las llamadas Siete Leyes Constitucionales.

La primera de tales Leyes, consagró los derechos y obligaciones de los mexicanos, y entre las facultades enumeró a partir del artículo 2° del ordenamiento, el derecho de no ser preso sino por mandamiento de juez competente, dado por escrito y firmado, salvo el Caso de delito *infraganti;* el derecho a no ser detenido más de tres días por autoridad ninguna política, sin ser entregados al fin de ellos, con los datos de su detención, a la autoridad judicial, no por ésta por más de diez días, sin proveer el auto motivado de prisión; el derecho a no ser privado de su propiedad, ni del libre uso y aprovechamiento de ella en todo o en parte, y si fuere necesaria la privación por causa de utilidad general y pública, debería mediar previa indemnización; se estableció la prohibición del cateo sin orden legal; el derecho de libre tránsito; la libertad de imprenta y todos los otros derechos civiles que establezcan las leyes.

Conviene recordar que la primera de las Siete Leyes Constitucionales se promulgó el 15 de diciembre de 1835, y las seis restantes fueron aprobadas sucesivamente.[36]

d). 1843

Merced a la vigencia de Las Siete Leyes Constitucionales se llegó a considerar que con ello quedarían satisfechos los reclamos de quienes se habían sublevado contra la constitución de 1824, sin embargo subsistió una serie de problemas entre los que se cuentan la pugna entre centralistas y federalistas, la separación de Texas, la pretensión de Yucatán de proclamar su independencia y la guerra contra Francia, conocida como la "Guerra de los Pasteles", por lo que Santa Anna envió al Congreso una iniciativa a efecto de reformar las Siete Leyes Constitucionales, pero el órgano legislativo fue más allá y formuló un nuevo ordenamiento denominado "Bases de Organización Política de la República Mexicana", expedido en 1843, cuyo artículo 9 proclamaba los derechos de los habitantes de la república.

Tales derechos se pueden sintetizar de la siguiente forma: prohibición de la esclavitud; libertad de opinión y pensamiento, de imprenta; el derecho a no ser aprehendido sino por mandato de algún funcionario a quien la ley conceda autoridad para ello salvo los delitos sorprendidos *in fraganti* caso en el que cualquier persona podía proceder a la detención poniendo al aprehendido inmediatamente en custodia a disposición del juez. Asimismo, se consagra el derecho a no ser detenido sino por mandato de autoridad

---

[36] *Ibídem.* p. 3

competente, dado por escrito y firmado, y solo cuando obren contra él indicios suficientes para presumirlo autor del delito que se persigue. Tampoco podía persona alguna ser detenida por más de tres días por la autoridad política sin ser entregado con los datos correspondientes al juez de su fuero, ni éste lo tendrá en su poder más de cinco sin declararlo bien preso. Se estableció que nadie podía ser juzgado ni sentenciado en sus causas civiles y criminales sino por jueces de su propio fuero, y por leyes dadas y tribunales establecidos con anterioridad al hecho, esto es, la prohibición de los tribunales especiales. Cuando el delito cometido no mereciere pena corporal, el reo será puesto en libertad dando fianza. No se permitía coaccionar a ninguna persona para que confesara el hecho por el que se le juzgaba; se prohibía el cateo sin respetar los principios de legalidad; se estableció la inviolabilidad de la propiedad, y que ninguno podía ser privado ni turbado en el libre uso y aprovechamiento de ella, pero si fuere necesario, sería previa indemnización. Se estableció de igual forma, la libertad de tránsito; en el artículo 67 se prohibieron las leyes retroactivas; en el artículo 179 se prohibió la confiscación de bienes; se establece el requisito de dar a conocer al reo íntegramente el proceso, en el artículo 178.

A pesar de que los creadores de éste ordenamiento constitucional pensaron que con su expedición quedaría solucionada la crisis de anarquía y violencia por la que atravesaba el país, tal percepción resultó inexacta, la inestabilidad y los conflictos internos prosiguieron, por lo que hubo más levantamientos que reclamaban la reinstauración de la constitución de 1824, criterio que era apoyado por el Congreso. Señala el jurisconsulto Rabasa[37] que en ésta ocasión participaron grandes personajes mexicanos, entre los que se cuentan Mariano Otero, Manuel Crescencio Rejón, Valentín Gómez Farías y Benito Juárez, el primero de los cuales propuso además que dentro del texto constitucional deberían establecerse los derechos individuales y su inviolabilidad, además de la inclusión del juicio de amparo.

e). 1847

Producto del órgano constituyente se expidió el Acta Constitutiva y de Reformas del 18 de mayo de 1847 promulgada el 21 del mismo mes, reestableciendo la vigencia de la constitución de 1824 y adicionándole el contenido del Acta de Reformas propuesto por Mariano Otero, de suerte que en el texto constitucional en comento estableció el derecho de voto de los ciudadanos, el de petición, el de reunión para discutir negocios públicos; señala que *los derechos del hombre son reconocidos* por la constitución y que la ley fijaría las garantías de libertad, seguridad, propiedad e igualdad de que

---

[37] *IbÍdem* p. 52

gozan todos los habitantes de la República, y se establecerían los medios de hacerlas efectivas. Se instituye el juicio de amparo y se garantiza la libertad de imprenta. Nótese el reconocimiento de los derechos del hombre como preexistentes al estado mismo, lo que revela una posición *iusnaturalista* del texto constitucional en cita.

f). 1857

Habiendo sido electo Mariano Arista como presidente en 1851, bajo el imperio de la constitución de 1847, aquel renunció al cargo debido a revueltas originadas en Guadalajara de suerte que, celebradas nuevas elecciones, nuevamente fue electo Antonio López de Santa Anna, ahora conservador, quien para gobernar expidió en abril de 1853, un documento intitulado *Bases para la administración de la república hasta le promulgación de la Constitución*, y dado su corte monárquico y conservador, nuevamente se generaron revueltas, sublevaciones, violencia, caos y anarquía en el país, exigiendo la destitución del ejecutivo (Plan de Ayutla 1° de marzo de 1854), de suerte que Santa Anna se vio precisado a renunciar quedando como presidente interino Juan Álvarez, quien a su vez renunció asumiendo el cargo Ignacio Comonfort, quien, a pesar de no compartir plenamente su contenido ideológico, juró y promulgó la Constitución de 1857, de corte liberal y altamente humanista y iusnaturalista.

Este cuerpo constitucional consta de 128 artículos, y en su Título Primero, Sección I, que denomina *De los derechos del hombre,* revela su vocación iusnaturalista e implica el reconocimiento de derechos superiores y anteriores al estado mismo. Tal consideración se fortalece al considerar que el artículo 1° de esa Carta Magna señala que *el pueblo mexicano reconoce que los derechos del hombre son la base y el objeto de las instituciones sociales. En consecuencia declara que todas las leyes y todas las autoridades del país deben respetar y sostener las garantías que otorga la presente constitución.*

De lo anterior se desprende que por una parte la constitución reconoce a los derechos del hombre, y por otra establece y otorga garantías para lograr el debido respeto a los derechos humanos que el cuerpo constitucional reconoce.

Así, en 29 artículos la Constitución de 1857 enmarca los derechos del hombre cuya existencia reconoce y cuyas garantías de cumplimiento otorga.

Estos preceptos continentes de derechos humanos se pueden sintetizar en derechos de igualdad, seguridad, legalidad, audiencia y libertad, en términos generales.

Establece la prohibición de la esclavitud, la libertad de enseñanza, de trabajo, de expresión, de escribir y publicar escritos sobre cualquier materia; el derecho de petición, de asociación y reunión con fines lícitos, aunque en materia política ese derecho se reserva exclusivamente a los ciudadanos de la República; se consagra el derecho de poseer y portar armas para fines de seguridad y legítima defensa; la libertad de tránsito; el derecho a la igualdad; se proscriben las leyes privativas y los tribunales especiales así como los fueros salvo el fuero de guerra.

Por otra parte se prohíbe la expedición de leyes privativas y se establece que nadie puede ser juzgado con base en leyes dadas con anterioridad al hecho; se prohíbe la celebración de tratados para la extradición de reos políticos, ni la de aquellos que en su país de origen hayan tenido el carácter de esclavos; se establece la garantía de legalidad y la prohibición de ser preso por deudas de carácter puramente civil. Se prohíbe la autodefensa y como corolario se ordena que los tribunales estarán expeditos para administrar justicia. Por vez primera no se impone a la religión católica como obligatoria en el país.

En materia penal se señala que sólo habrá lugar a prisión por delito que merezca pena corporal, en los demás el reo podrá ser puesto en libertad bajo fianza. Se ordena que ninguna detención podrá exceder del término de tres días, sin que se justifique con un auto motivado de prisión y demás requisitos de legalidad. Se establecen las garantías procesales del acusado en juicio criminal, y la competencia exclusiva para la autoridad judicial para la imposición de penas, entre las cuales se proscriben las de mutilación, de infamia, la marca, los azotes, los palos, el tormento, la multa excesiva, la confiscación de bienes y cualesquiera otras penas inusitadas o trascendentales. Se establecen limitaciones para la imposición de la pena de muerte; se instituye el principio de que ningún juicio criminal puede tener mas de tres instancias, y el *non bis in ídem*.

Se establece asimismo la protección y no violación de la correspondencia que bajo cubierta circule por las estafetas. Se prohíbe que los militares en tiempo de paz exijan alojamiento, bagaje, ni otro servicio real o personal sin el consentimiento del propietario.

En cuanto a la protección a la propiedad, se establece que la propiedad de las personas no puede ser ocupada sin su consentimiento sino por causa de utilidad pública y previa indemnización. Igualmente, se vedan los monopolios, los estancos y las prohibiciones a título de protección a la industria, con las salvedades relativas a la acuñación de moneda, a los correos y a los privilegios que por tiempo determinado la ley conceda a los inventores o perfeccionadores de alguna mejora.

Finalmente se regula la suspensión de garantías en el artículo 29 de la constitución y consagra de nuevo el juicio de amparo.

Como se advierte, en materia de derechos humanos, en cuanto a la enumeración de la constitución en estudio respecto a la de 1917, existen grandes similitudes que no pueden pasar inadvertidas, y aunque pretendió tomar como base a la constitución de 1824, la superó en forma notable.

Cruz Barney[38] enseña que *la Constitución tuvo importantes reformas en lo que se refiere a la Iglesia en México, mediante la incorporación de los principios de las Leyes de Reforma al texto constitucional con el decreto del 25 de septiembre de 1873*, medidas entre las cuales destacan el imperativo constitucional de considerar al matrimonio como un contrato civil, el desconocimiento de las órdenes monásticas y sus nuevos establecimientos, y en forma relevante, la independencia entre la iglesia del estado, situaciones que generaron gran malestar no solo entre la jerarquía católica, sino entre el pueblo mexicano, cuya inmensa mayoría profesaban dicha religión y veían en las reformas ataques directos a sus instituciones clericales. Tan ofendido se sentía la jerarquía clerical, que el Papa Pío IX "anuló" desde Roma todo lo que el gobierno liberal había realizado en perjuicio de la autoridad eclesiástica[39].

Una vez que llega Juárez a la Presidencia, proveniente de la Suprema Corte de Justicia de la Nación, expide las *Leyes de Reforma*[40] (julio-agosto de 1859) que al decir de Margadant, previeron la confiscación de bienes eclesiásticos y su venta al público, y la secularización del matrimonio, de los cementerios y del registro civil, así como la libertad de cultos, entre otras medidas, con lo que provocó nuevamente el levantamiento de los conservadores y, debido a la estrechez de las finanzas públicas, el gobierno de Juárez se vio en la necesidad de emitir papel moneda y se declaró en moratoria en cuanto a la deuda externa, lo que motivó la intervención ar-

---

[38] *Op. cit.* p. 673

[39] Margadant, Guillermo. *Op. cit.* p. 146

[40] Las Leyes de Reforma fueron: 1.- Ley sobre administración de Justicia y Orgánica de los Tribunales y juzgados del fuero común; 2.- Ley de Desamortización de Fincas Rústicas y Urbanas de las Corporaciones Civiles y Religiosas; 3.- Ley de Nacionalización de los bienes eclesiásticos; 4.- Ley del matrimonio civil; 5.- Ley Orgánica del Registro Civil o Ley sobre el estado civil de las personas; 6.- Decreto del Gobierno por el que se declara que cesa toda intervención del clero en los cementerios y camposantos; 7.-Decreto del gobierno por el que se declara qué días deben tenerse como festivos y prohíbe la asistencia oficial a las funciones de la Iglesia; 8.- Ley sobre la libertad de cultos; 9.- Decreto del Gobierno por el que quedan secularizados los hospitales y establecimientos de beneficencia; y, 10.- Decreto del Gobierno por el que se extinguen en toda la República las comunidades religiosas. Cfr. Cruz Barney, *op. cit.* pp. 677-681.

mada de España, Inglaterra y Francia en 1861.

Así, por no poder pagar sus deudas con Europa debido al precario erario público consecuencia de la Guerra de Reforma, el puerto de Veracruz fue invadido por fuerzas españolas, francesas e inglesas.

Las fuerzas españolas e inglesas salieron del país, ya que los franceses saboteraron las conversaciones para obtener el pago pacífico de las deudas, pues Napoleón III buscaba establecer un Imperio en México.

Además, el Papa Pío IX también apoyó la invasión de México, pues la Iglesia Católica estaba muy disgustada por la aplicación de las Leyes de Reforma en México.

En este panorama algunos conservadores solicitaron a Napoleón III el envío de un príncipe europeo para que gobernara nuestro país, al considerar que, pese a los esfuerzos hechos por las distintas facciones en pugna, era incapaz de autogobernarse. Como consecuencia de este pedimento y satisfechos ciertos requisitos finalmente Maximiliano de Habsburgo aceptó el papel de emperador de México, y se trasladó a nuestra patria con el objetivo de pacificarla, gobernarla y ponerla en marcha hacia el progreso, pues se trataba de un hombre de ideas liberales que, a despecho de los conservadores no dio marcha atrás a la legislación juarista, a quien combatió con energía.

Así, Maximiliano de Habsburgo respetó la palabra dada en cuanto dar a México un gobierno constitucional y establecer instituciones liberales, de manera que en 1865 expidió el *Estatuto Provisional del Imperio Mexicano*. La doctrina considera que este documento no tiene carácter constitucional, sino que más bien constituye un plan de organización política y administrativa.[41]

De este Estatuto de 81 artículos destacan, en materia de derechos del hombre y conforme al numeral 58, los siguientes: la igualdad ante la ley; la seguridad personal; la propiedad; la libertad en el ejercicio de su culto; la libertad de publicar sus opiniones. En el artículo 60 se establece que ninguno será detenido sino por mandato de autoridad competente, dado por escrito y firmado y solo cuando obren contra él indicios suficientes para presumirle autor de un delito, salvo los casos de delito *infraganti* en el que cualquiera puede detener al reo para conducirlo ante la presencia judicial u otra autoridad competente.

---

[41] Cruz Barney, Oscar. *Op. Cit.* p. 682

También se prevé en diverso numeral que si la autoridad administrativa hace la aprehensión, deberá poner dentro del tercer día al presunto reo a disposición del que deba juzgarle acompañado de los datos correspondientes, y si el juez encontrare mérito para declararlo bien preso, lo hará a mas tardar dentro de cinco días. Se establece el principio de irretroactividad de la ley al establecerse que ninguno puede ser sentenciado sino en virtud de leyes anteriores al hecho por el que se le juzgue; de igual forma se protege la inviolabilidad del domicilio estableciendo requisitos para el cateo; se reitera la prohibición de la esclavitud.

En materia penal, el acusado tenía derecho a que se le hiciese saber el motivo del procedimiento y el nombre del acusador si lo hubiere. También lo tendrá para exigir que se le faciliten, concluido el sumario, los datos del proceso que necesite para preparar sus descargos. Asimismo, se prohíbe la confiscación de bienes. En materia penitenciaria se estableció la separación física entre los detenidos y los formalmente presos.

Se declara que la propiedad es inviolable, y no puede ser ocupada sino por causa de utilidad pública comprobada mediante previa y competente indemnización, y se protege la libertad de expresión y de imprenta, y se prevé la posibilidad de que hubiere lugar a la suspensión de las garantías señaladas.

Se prohíben los servicios obligatorios gratuitos y los trabajos forzados, salvo disposición legal en contrario.

Restaurada la República con la victoria de don Benito Juárez y la muerte de Maximiliano de Habsburgo, se restablece la vigencia plena de la Constitución de 1857, con todas sus consecuencias.

g). 1917

Don Benito Juárez permaneció en el poder hasta el día de su muerte acaecida el 18 de julio de 1872, circunstancia que vino a ser determinante para la asunción a la presidencia de la República de don Porfirio Díaz, quien luchó por la no reelección, duró en el cargo más de treinta años a base de reelecciones sucesivas y durante los cuales, si bien logró estabilizar la situación política y económica del país, generó profundas desigualdades entre la población, merced al caciquismo, al peonismo, el fabriquismo, el hacendarismo, el cientificismo y el extranjerismo, según Luis Cabrera[42], fenómenos que provocaron el estallido de la Revolución Mexicana iniciada en 1910 y consumada en 1921. En ese periodo, se expidió la Constitución

---

[42] Citado por Rabasa. *Op. Cit.* pp 81-82

Política de los Estados Unidos Mexicanos del 5 de febrero de 1917, promulgada por don Venustiano Carranza.

Esta nueva constitución, que formalmente es la que rige el destino del país después de más de quinientas reformas y adiciones a su texto original, cuenta con 136 artículos, de los cuales los primeros 29 consagraban las llamadas *garantías individuales*, es decir, lo que hoy afirmamos que son los derechos humanos.

A diferencia de la constitución de 1857, la constitución vigente a partir de 1917 originalmente asumió una postura iuspositivista, formal, pues en su artículo 1° estableció que *en los Estados Unidos Mexicanos todo individuo gozará de las garantías que otorga ésta Constitución.* Luego, la Carta Magna ya no reconocía la existencia previa y superior al Estado de los derechos humanos, sino que se limitó a otorgarlos como dádiva o conquista del pueblo mexicano, pero no como derechos consubstanciales a la naturaleza del ser humano.

Conocidos por todos son sus postulados: consagra las garantías de igualdad, legalidad, audiencia, libertad del trabajo y de enseñanza en general, libertad de manifestación de las ideas, de escribir y publicar escritos, de imprenta, el derecho de petición, de asociación y de reunión, la libertad de poseer armas de cualquier clase para su seguridad y legítima defensa con las limitaciones que establezca la ley; se consagra la libertad de tránsito, se prohíben las leyes privativas y los tribunales especiales; se proscriben los fueros quedando sólo vigente el de guerra; se establece el principio de irretroactividad de la ley en perjuicio de persona alguna; se garantiza la administración de justicia por los tribunales del Estado; se prohíbe la práctica de la analogía en los juicios penales; se establecen las bases de interpretación de las leyes civiles (no penales), se prohíbe la celebración de tratados para la extradición de reos políticos o para la de aquellos delincuentes que hubieren tenido en el país de su origen la condición de esclavos; se regula la garantía de legalidad, la expedición de ordenes de aprehensión, las visitas domiciliarias. Se establece el principio de que nadie puede ser aprisionado por deudas de carácter puramente civil; se reitera que sólo por delito que merezca pena corporal habrá lugar a la prisión preventiva; se regulan los términos de las detenciones sin que el reo sea puesto a disposición del juez que deba juzgarlo; se establecen las garantías mínimas en materia penal para el procesado, en la inteligencia de que sólo el poder judicial puede imponer penas, correspondiendo al Ministerio Público y a la Policía Judicial la persecución de los delitos. Se regulan las sanciones imponibles por faltas meramente administrativas; se reitera la prohibición de la imposición de penas de mutilación, de infamia, la marca, los azotes, los palos, el tormento de cualquier especie, la multa excesiva, la confiscación de bienes y cualesquiera otras que fueren inusitadas o trascendentales.

De igual forma, se prevé que ningún juicio penal puede tener más de tres instancias y se consagra el principio *non bis in ídem*.

Se establece la libertad de culto, la seguridad de la correspondencia, la prohibición de que, en tiempo de paz, algún miembro del ejército pueda alojarse en casa particular contra la voluntad de su dueño, ni imponer prestación alguna y establece excepciones a éste derecho.

Se regula ampliamente la propiedad nacional, privada, comunal, y otras, de naturaleza inmueble, sean tierras o aguas; se prohíben los monopolios, estancos, la exención de impuestos; se proscriben las prohibiciones a título de protección a la industria con las salvedades que el artículo 28 señala, y, finalmente, se regula la posibilidad de decretar la suspensión de garantías.

A través del artículo 16, que consagra la garantía de legalidad, la norma constitucional protege todo el texto de la Carta Suprema, más aún al considerar que en el mismo documento quedó plasmada la benemérita institución del juicio de amparo.

La Constitución mexicana se ha reformado 517 veces, desde 1917 — fecha en la que el presidente Venustiano Carranza promulgó la actual Carta Magna— hasta el 13 de octubre de 2011, mas 7 decretos que reforman y adicionan diversos preceptos al 26 de febrero del 2013. Es fácil inferir por consiguiente, que la Constitución originalmente promulgada en 1917 presenta grandes diferencias, para bien o para mal, de su articulado.

h). La reforma del 10 de junio del 2011.

Para los fines de nuestro estudio cobra especial relevancia la reforma constitucional del 10 de junio del año 2011, en lo relativo al cambio de designación del Título Primero, Capítulo Primero, que dejó de intitularse *De las garantías individuales*, para asumir la denominación *De los derechos humanos y sus Garantías*, así como los artículos 1º, 3º, 11, 15, 18, 29 del capítulo correspondiente, además de otros numerales del texto constitucional relacionados con la temática de los derechos humanos, pero que están fuera de la parte dogmática de la Constitución. Se trata de la reforma número 109 que ha sufrido el capítulo correspondiente, independientemente del número de preceptos que se hayan modificado en cada ocasión.

Como se advierte, el capítulo respectivo asumió la denominación *De los Derechos Humanos y sus Garantías*, con lo que se orienta más específicamente la designación al objeto de los primeros 29 preceptos de la Constitución, y que constituyen su objeto, es decir, los derechos humanos, a los que distingue de las garantías o medios para su protección o para hacerlas efectivas, pues tal confusión terminológica había sido materia de debate doctrinal durante mucho tiempo, advirtiéndose el carácter iusnaturalista del nuevo texto que ahora reconoce, ya no otorga, derechos a los gobernados.

Grosso modo, haré una breve referencia a los preceptos reformados, para el exclusivo efecto de indicar a que se limita la reforma correspondiente:

En el artículo 1°, párrafo primero se incluyen al rango del texto constitucional a los tratados internacionales celebrados por México en materia de derechos humanos: se internacionalizan los derechos humanos y se da a sus normas el rango que la misma Constitución posee. En el segundo párrafo agrega los principios de interpretación conforme y el *pro homine*.[43] [44]

---

[43] En mi caso, distingo el principio pro personae (categoría jurídica) y el pro homine (categoría biológica), pues me parece que éste último es mas amplio y alcanza a las personas privadas de razón, de fines vitales, en estado de coma o similares, y al no nacido que desde el momento de la concepción goza de capacidad de goce limitada, pero en fin capacidad, para recibir donaciones y legados si nace viable, y por ende, su vida debe ser protegida, sin que pueda decirse que forma un apéndice del cuerpo de la madre quien en ejercicio del derecho sobre su propio cuerpo puede disponer del nasciturus. Finalmente, el ser humano es su mapa genético. No es la razón o capacidad de sentir o pensar ni otros factores lo que permite que sea calificado de humano, pues el privado de razón por enfermedad mental o por encontrarse en estado vegetativo, por sufrir enfermedades como el Alzheimer, no le quita ni demerita su calidad de persona. Si los Derechos Humanos son, como lo ha dicho la Comisión Nacional de Derechos Humanos, *el conjunto de prerrogativas inherentes a la naturaleza de la persona, cuya realización resulta indispensable para el desarrollo integral del individuo que vive en una sociedad jurídicamente organizada*, no cabe duda que la naturaleza de la persona son sus características genéticas, y por eso debe ser protegido desde el momento de la concepción pues de otra manera se imposibilita el desarrollo integral del individuo *nasciturus*, que no comparte con la madre idéntico mapa genético al ser una combinación diversa resultado de la unión de los gametos del padre y de la madre y por ende, es un individuo y no una parte u órgano del cuerpo de la madre. La dignidad humana existe desde la concepción, con independencia de su positivización legislativa.

[44] Sobre el principio *pro homine*, los tribunales de amparo mexicanos han establecido algunas tesis que conviene conocer: **PRINCIPIO PRO PERSONAE. EL CONTENIDO Y ALCANCE DE LOS DERECHOS HUMANOS DEBEN ANALIZARSE A PARTIR DE AQUÉL.** El segundo párrafo del artículo 1o. de la Constitución Política de los Estados Unidos Mexicanos, exige que las normas

relativas a los derechos humanos se interpretarán de conformidad con la propia Constitución y con los tratados internacionales de los que México es parte, de forma que favorezca ampliamente a las personas, lo que se traduce en la obligación de analizar el contenido y alcance de tales derechos a partir del principio pro personae que es un criterio hermenéutico que informa todo el Derecho Internacional de los Derechos Humanos, en virtud del cual debe acudirse a la norma más amplia, o a la interpretación más extensiva cuando se trata de reconocer derechos protegidos, e inversamente, a la norma o a la interpretación más restringida cuando se trata de establecer restricciones permanentes al ejercicio de los derechos o de su suspensión extraordinaria, es decir, dicho principio permite, por un lado, definir la plataforma de interpretación de los derechos humanos y, por otro, otorga un sentido protector a favor de la persona humana, pues ante la existencia de varias posibilidades de solución a un mismo problema, obliga a optar por la que protege en términos más amplios. Esto implica acudir a la norma jurídica que consagre el derecho más extenso y, por el contrario, al precepto legal más restrictivo si se trata de conocer las limitaciones legítimas que pueden establecerse a su ejercicio. Por tanto, la aplicación del principio pro personae en el análisis de los derechos humanos es un componente esencial que debe utilizarse imperiosamente en el establecimiento e interpretación de normas relacionadas con la protección de la persona, a efecto de lograr su adecuada protección y el desarrollo de la jurisprudencia emitida en la materia, de manera que represente el estándar mínimo a partir del cual deben entenderse las obligaciones estatales en este rubro. (Tesis XXVI/2012; Semanario Judicial de la Federación y su Gaceta, Décima Época, Libro V, Febrero de 2012, Tomo 1; p. 659).

PRINCIPIO PRO HOMINE. SU CONCEPTUALIZACIÓN Y FUNDAMENTOS. En atención al artículo 1o., segundo párrafo, de la Constitución Política de los Estados Unidos Mexicanos, adicionado mediante decreto publicado en el Diario Oficial de la Federación el diez de junio de dos mil once, las normas en materia de derechos humanos se interpretarán de conformidad con la Carta Magna y con los tratados internacionales de la materia, procurando favorecer en todo tiempo a las personas con la aplicación más amplia. Dicho precepto recoge de manera directa el criterio o directriz hermenéutica denominada principio pro homine, el cual consiste en ponderar ante todo la fundamentalidad de los derechos humanos, a efecto de estar siempre a favor del hombre, lo que implica que debe acudirse a la norma más amplia o a la interpretación extensiva cuando se trate de derechos protegidos e, inversamente, a la norma o a la interpretación más restringida, cuando se trate de establecer límites para su ejercicio. Asimismo, en el plano del derecho internacional, el principio en mención se encuentra consagrado en los artículos 29 de la Convención Americana sobre Derechos Humanos y 5 del

Establece de igual forma, la obligación de todas las autoridades de promover, respetar, proteger y garantizar los derechos humanos de conformidad con los principios de universalidad, interdependencia, indivisibilidad y progresividad.

Prohíbe toda discriminación motivada por cualquier causa que atente contra la dignidad humana y tenga por objeto anular o menoscabar los derechos y libertades de las personas.

El artículo 3° incluye en su texto que *la educación que imparta el Estado tenderá a desarrollar armónicamente, todas las facultades del ser humano y fomentará en él a la vez, el amor a la Patria, el respeto a los derechos humanos y la conciencia de la solidaridad internacional en la independencia y en la justicia.*

El artículo 11 incluye un nuevo derecho: el de solicitar asilo político.

El artículo 18 establece que el sistema penitenciario se organizará sobre la base del respeto a los derechos humanos, entre otros factores.

El artículo 29, que prevé los casos de suspensión de garantía, establece entre otros temas que no podrá restringirse ni suspenderse el ejercicio de los derechos a la no discriminación, al reconocimiento de la personalidad jurídica, a la vida, a la integridad personal, a la protección a la familia, al nombre, a la nacionalidad, los derechos de la niñez, los derechos políticos, las libertades de pensamiento, conciencia y de profesar creencia religiosa alguna; el principio de legalidad y retroactividad, la prohibición de la pena de muerte, la prohibición de la esclavitud y la servidumbre, la prohibición de la desaparición forzada y la tortura; ni las garantías judiciales indispensables para la protección de tales derechos. La suspensión o restricción del ejercicio de derechos y garantías deberá estar fundada y motivada y ser proporcional al peligro al que se hace frente, observando en todo momento los principios de legalidad, racionalidad, proclamación, publicidad y no discriminación.

Pacto Internacional de Derechos Civiles y Políticos, publicados en el Diario Oficial de la Federación, de manera respectiva, el siete y el veinte de mayo de mil novecientos ochenta y uno. (Tesis XXVIII.3°.1 K, Semanario Judicial de la Federación y su Gaceta, Décima Época, Libro VII, Abril de 2012, Tomo 2; p. 1838)

Cabe destacar que con motivo de la reforma en cita, los Tribunales de Amparo emitieron el criterio de que los derechos humanos consagrados en los tratados internacionales, tienen el mismo rango que la propia Carta Magna. Tal se desprende de la tesis sustentada por el Primer Tribunal Colegiado en Materia Administrativa y de Trabajo, del Décimo Primer Circuito, que puede ser consultada en la página 2079 del Tomo XXXI Mayo del 2010, Novena Época del Semanario Judicial de la Federación y su Gaceta que dice:

"**TRATADOS INTERNACIONALES. CUANDO LOS CONFLICTOS SE SUSCITEN EN RELACIÓN CON DERECHOS HUMANOS, DEBEN UBICARSE A NIVEL DE LA CONSTITUCIÓN.** Los tratados o convenciones suscritos por el Estado mexicano relativos a derechos humanos, deben ubicarse a nivel de la Constitución Política de los Estados Unidos Mexicanos, porque dichos instrumentos internacionales se conciben como una extensión de lo previsto en esa Ley Fundamental respecto a los derechos humanos, en tanto que constituyen la razón y el objeto de las instituciones. Por lo que los principios que conforman el derecho subjetivo público, deben adecuarse a las diversas finalidades de los medios de defensa que prevé la propia Constitución y de acuerdo con su artículo 133 las autoridades mexicanas deben respetarlos, por lo que bajo ninguna circunstancia pueden ser ignorados por ellos al actuar de acuerdo a su ámbito competencial."

Muy recientemente, el día cuatro de septiembre del dos mil trece el Pleno de la Suprema Corte de Justicia de la Nación, al resolver la contradicción de tesis 293/2011, confirmó el criterio de que los derechos humanos deben ubicarse al nivel de la constitución, admitiendo la fuente internacional de reconocimiento de tales derechos, pero estableció también que, cuando hay una restricción expresa a tales derechos en la Constitución, se tendrá que estar a lo que marque la norma constitucional, criterio que no fue bien recibido por los derecho humanistas que consideran que el criterio constituye un retroceso. En la misma sesión se resolvió que las sentencias de la Corte Interamericana de los Derechos Humanos, incluso en aquellos casos en que el Estado Mexicano no sea parte, sí son vinculatorias para los juzgadores mexicanos, quienes deberán conocer y tomar en consideración las decisiones adoptadas por dicho tribunal internacional.[45]

---

[45] http://eljuegodelacorte.nexos.com.mx/?p=3090 consultado el 4 de septiembre de 2013.

III.- JUSTIFICACIÓN FILOSÓFICA DE LOS DERECHOS HUMANOS.

Así, se advierte que en forma generalizada la dignidad humana constituye el fundamento último de los derechos humanos en los ordenamientos nacionales e internacionales actuales.

Para justificar tal postura, existen diversas teorías que la sustentan, como son, entre otras, las siguientes:

El iusnaturalismo fundamenta la existencia de los derechos humanos en la naturaleza humana, indicando que tiene el hombre, por el solo hecho de existir, ciertos derechos que le son inherentes, que no derivan de las normas jurídicas y que incluso, son anteriores y superiores a ellas.

De acuerdo con la fundamentación axiológica y los seguidores del iusnaturalismo deontológico, sostiene que el derecho natural [y por tanto los derechos humanos] se integra con una suma de valores, que son compatibles con la naturaleza humana, y los cuales pueden encontrarse en el mundo de lo jurídico, lo ético o moral.

La teoría historicista afirma que el fundamento de los derechos humanos no se encuentra ni en la naturaleza humana ni en los valores, sino en la aceptación histórica de los derechos del hombre verificable en los distintos momentos del devenir humano y las diferentes latitudes del mundo, cuando los pueblos, en determinado lugar y época, han estimado conveniente consagrar ciertos derechos a favor del ser humano en cuanto tal.

De acuerdo con un criterio sociológico, los derechos humanos son resultado del consenso de la sociedad que determina otorgarlos o reconocerlos, para tutelar al hombre frente al estado y otros hombres, para sacarlo de la indefensión y la amenaza que se cierne sobre él, que sólo estará a salvo en la sociedad. Se trata de un modelo completamente empírico, pragmático. La sociedad va reconociendo el derecho que va siendo reconocido por ella y lo incorpora al marco del derecho positivo para su protección.

El positivismo por su parte, refiere que el fundamento de los derechos humanos se encuentra en la actividad de los órganos del estado o en la voluntad de los gobernantes en turno, y son aquellos que determina quien detenta el poder. Solo son derechos las atribuciones de reconocimiento y protección que han sido incorporadas a los ordenamientos positivos o que tienen vocación de serlo.

La teoría ecléctica considera cierto que los derechos humanos son autoevidentes (derecho natural), dependen del momento histórico (historia) en que se reconocen y se transforman constantemente, de acuerdo con el consenso social (sociológico) de lo que en cada pueblo ha de entenderse dentro del concepto de los derechos humanos y lo incorpora a su orden jurídico para su protección y desarrollo. (Positivismo).

Existe también la tesis que niega la posibilidad de fundamentar los derechos humanos. En efecto, Norberto Bobbio ha dicho que ante la imposibilidad de hallar un fundamento absoluto de los derechos humanos, el problema toral que enfrenta no consiste en justificarlos, sino en buscar los mecanismos más eficaces para su protección.

IV.- PRINCIPIOS RECTORES DE LOS DERECHOS HUMANOS

Como hemos visto, el artículo 1° de la Constitución General de la República reformado el 10 de junio del 2011, establece los principios rectores de los Derechos Humanos, señalando que *todas las autoridades tienen la obligación de promover, respetar, proteger y garantizar los derechos humanos de conformidad con los principios de universalidad, interdependencia, indivisibilidad y progresividad.*

Trataremos en consecuencia de explicar, en forma breve, en qué consiste cada uno de estos principios rectores de los derechos humanos.

1. Universalidad

El principio de universalidad implica en esencia que todos los seres humanos son sujetos o titulares de los derechos humanos[46], sin importar sus características particulares, como nacionalidad, raza, sexo, posición social, edad, preferencias sexuales, preferencias políticas o religiosas, idioma, u otras características propias del ser humano. Los derechos humanos son derechos subjetivos, propios de su titular, inalienables, y existen en todo ser humano con independencia de que el derecho positivo los reconozca o no.

Existen autores que han pretendido combatir este principio diciendo que los derechos humanos no siempre se respetan, o que la existencia de la

---

[46] No utilizo otros términos como derechos fundamentales, derechos individuales, derechos naturales, que se han aplicado a los Derechos Humanos, porque tienen justificaciones y sentidos diversos a pesar de que están orientados a explicar el mismo concepto con diversos fundamentos jurídicos o filosóficos.

esclavitud o las servidumbres demuestran que solo encuentran justificación histórica. Ello es inexacto, puesto que aunque el derecho humano fuere violado, no por ello deja de existir, es inmanente al ser humano. Tampoco le asiste la razón al criterio de que la existencia de la esclavitud o de las servidumbres demuestran que son solo producto de la realidad histórica, porque el derecho a la libertad es inherente a las personas, las que no pueden ser cosificadas, y la existencia de aquellos fenómenos detractores de la libertad solo prueban que la ley del mas fuerte en su momento fue utilizada como pretexto de sometimiento y violación de los derechos del hombre. Otro tanto puede decirse de la existencia de países en el mundo cuya cultura actual no reconoce plenamente los derechos de igualdad o algunos otros, como quizá lo sea el Islam, en el que, en razón de su *topoi*,[47] la superioridad jurídica del varón sobre la mujer es patente desde el punto de vista de su derecho positivo. Sin embargo, es solo su situación cultural lo que provoca la violación de derechos, pero tal circunstancia no se traduce en la inexistencia *per se* de la igualdad de derechos entre hombres y mujeres, entre otros aspectos. Esto es así porque los derechos humanos son verdaderos derechos morales, existen antes y son superiores al Estado, y su mera falta de reconocimiento formal no los destruye, faltando sólo que el avance de la cultura lleve a su declaración formal y puesta en práctica, para lograr que todos los humanos disfruten de la vida digna que implica el derecho.

Lo que hace igual a un ser humano a otro, es su genoma, la información genética que lo hace hombre en el sentido genérico. No lo es la capacidad de pensar, de sentir alegría, dolor, tristeza u otros factores semejantes. Por ello sostengo que el cigoto implantado en el endometrio es un ser humano al poseer un mapa genético propio y distinto del de la madre. Otro tanto se puede decir del enfermo de Alzheimer, de quien padece de sus facultades mentales, de quien se encuentra en estado de coma, de un feto.

2. *Interdependencia e indivisibilidad.*

Enseñan Luis Daniel Vázquez y Sandra Serrano[48] que *desde la elaboración de la Declaración Universal de los Derechos Humanos en 1948 se discutió la*

---

[47] Los *Topoi* son *los fundamentos últimos de una cultura específica.* Explicado por VÁZQUEZ, Luis Daniel y SERRANO, Sandra. Los Principios de Universalidad, Interdependencia, indivisibilidad y Progresividad. Apuntes para su aplicación práctica. *La Reforma Constitucional de Derechos Humanos. Un Nuevo Paradigma.* CAR-BONELL Miguel y SALAZAR, Pedro. Coordinadores. Universidad Nacional Autónoma de México. México 2011. P. 142.

[48] *Op. Cit.* p. 148

conveniencia de incluir en un solo documento a los derechos civiles, políticos, económicos, sociales y culturales, sin reconocer jerarquías o prioridades entre ellos.

El modelo de la declaración termina considerando en forma holística en su preámbulo y 30 artículos, a los derechos humanos, de suerte que para la realización de uno, es menester respetar, promover, proteger a los demás. La igualdad, la dignidad, la vida, la libertad, la seguridad, la prohibición de la tortura, el reconocimiento de la personalidad jurídica, el acceso a la justicia, la prohibición de detenciones o prisiones o destierros arbitrarios, el derecho a la presunción de inocencia, a la vida privada, a la libertad de tránsito y residencia, a una nacionalidad, a contraer matrimonio, el derecho a la propiedad, a la libertad de pensamiento y opinión y expresión, reunión y asociación; a la participación política, el derecho a la seguridad social, a la satisfacción de los derechos económicos, sociales y culturales indispensables a su dignidad y libre desarrollo de su personalidad; derecho al trabajo y su remuneración equitativa y satisfactoria, al descanso a un nivel de vida adecuado; a la educación gratuita, a la cultura, al orden social e internacional, constituyen un enunciado no limitativo de derechos humanos que por serlo, se vinculan entre sí. Luego, se advierte la pretensión omnicomprensiva del listado de derechos humanos constantes en este instrumento internacional.

Así, el derecho a un trabajo digno por ejemplo, no sería realizable si concomitantemente no se atendiera el derecho a la educación, y ésta sería inviable si no se proveyera al derecho a la alimentación o a la salud, por lo que unos derechos dependen de otros, son interdependientes y no pueden atenderse unos e ignorarse otros, por lo cual son también indivisibles.

Luego, no podemos decir que los derechos civiles o políticos sean superiores a los derechos económicos y sociales, o estos superiores a aquellos, como se acaba de demostrar. Es necesaria la concurrencia de unos y otros para lograr que el ser humano alcance la vida digna que como tal le corresponde.

La característica de la indivisibilidad implica *que todos los derechos, ya sean civiles, políticos, económicos, sociales, culturales o de solidaridad, forman una unidad*[49]

---

[49] Carpizo, Jorge. Los derechos humanos: naturaleza, denominación y características. *Revista Mexicana de Derecho Constitucional*. Número 25, julio-diciembre de 2011. p. 23. Consultada en línea
http://biblio.juridicas.unam.mx/revista/CuestionesConstitucionales/indice.htm?n =25 el 4 de marzo de 2013.

3. Progresividad

El principio de progresividad implica que una vez reconocido un derecho humano en cualquier legislación o tratado internacional, no es posible ni lícito desconocerlo o restringirlo con posterioridad. Por lo menos desde la Declaración Universal de los Derechos Humanos de 1948 a la que hemos hecho alusión anteriormente, diversos tratados internacionales han ido incorporando a su ámbito de aplicación derechos inherentes al ser humano que al ser asimilados por los países por cualquier vía, quedan inmutables salvo que se modifiquen para ampliarlos, no para limitarlos. Así, la Convención Americana sobre Derechos Humanos, "Pacto de San José de Costa Rica", establece el derecho a la vida, al reconocimiento de la personalidad jurídica, a la integridad personal, a la libertad personal, al acceso a la justicia, al derecho a la legalidad y no retroactividad, a la protección a la honra y a la dignidad, a la libertad de conciencia y de religión, de pensamiento y de expresión, de reunión, de asociación, al nombre, establece principios elementales de los derechos del niño, así como el derecho a la nacionalidad y a la propiedad privada. Consagra la libertad de tránsito y de residencia, los derechos políticos mínimos, el derecho a la igualdad ante la ley y a la protección judicial. Asimismo, integra en su texto los derechos económicos, sociales y culturales, entre otros.

Por su parte, el Protocolo Adicional a la Convención Americana Sobre Derechos Humanos En Materia De Derechos Económicos, Sociales Y Culturales, "Protocolo de San Salvador", abunda en los derechos humanos que han de ser reconocidos por los estados, al incluir el derecho al trabajo, a condiciones justas, equitativas y satisfactorias del trabajo, los derechos sindicales, incorpora también el derecho a la seguridad social y el derecho a la salud, al medio ambiente sano, a la alimentación, a la educación, a los beneficios de la cultura, a la constitución y protección de la familia, menciona los derechos de la niñez y a la protección de los ancianos y minusválidos.

La Convención De Los Derechos Del Niño ya desarrolla pormenorizadamente las referencias que tratados anteriores hacen respecto a la protección de la niñez y adolescencia.

Luego, encontramos el Pacto Internacional de Derechos Civiles y Políticos, de acuerdo con el *cual todos los pueblos tienen el derecho de libre determinación. En virtud de este derecho establecen libremente su condición política y proveen asimismo a su desarrollo económico, social y cultural.*

Para el logro de sus fines, todos los pueblos pueden disponer libremente de sus riquezas y recursos naturales, sin perjuicio de las obligaciones que derivan de la cooperación económica internacional basada en el principio de beneficio recíproco, así como del derecho internacional. En ningún caso podría privarse a un pueblo de sus propios medios de subsistencia.

Así, sucesivamente, progresivamente los tratados internacionales y las legislaciones internas de los estados han ido reconociendo e incorporando a su normatividad los derechos humanos que antes, aunque existentes, no se encontraban positivizados, de donde se sigue la necesidad de incluirlos en el derecho legislado aunque su existencia sea substancialmente anterior y superior al estado mismo.

Consecuencia del principio de progresividad es el de irreversibilidad de los derechos humanos ya reconocidos por las normas generales nacionales o internacionales *que consiste en la imposibilidad de desconocer la condición de un derecho como inherente a la persona humana una vez que el Estado lo ha reconocido a través de un tratado internacional.*[50]

Sobre la progresividad, los tribunales de Amparo han señalado lo siguiente:

"**PROGRESIVIDAD. CÓMO DEBE INTERPRETARSE DICHO PRINCIPIO POR LAS AUTORIDADES A PARTIR DE LA REFORMA QUE SUFRIÓ EL ARTÍCULO 1o. DE LA CONSTITUCIÓN FEDERAL, PUBLICADA EN EL DIARIO OFICIAL DE LA FEDERACIÓN EL 10 DE JUNIO DE 2011.** El principio de progresividad persigue, esencialmente, la aplicación preferente de aquel ordenamiento que contemple un mayor beneficio al gobernado respecto de sus derechos humanos, por ello las autoridades deben estar atentas a la evolución de éstos, especialmente en los tratados internacionales, pues puede suceder que exista contraposición entre un derecho humano que consagra la Constitución Política de los Estados Unidos Mexicanos y el previsto en el tratado, en cuyo caso, si éste es de mayor beneficio para la persona, es el que debe aplicarse, en observancia al referido principio y acorde con los fines de justicia, equidad y solidaridad social perseguidos por el Constituyente Permanente a partir de la reforma al artículo 1o. de la Constitución Federal, publicada en el Diario Oficial de la Federación el 10 de junio de 2011".

(Tesis III.4°. (III Región) Semanario Judicial de la Federación y

---

[50] Nogueira Alcalá, Humberto. *Las características de los derechos esenciales o derechos humanos.* http://biblio.juridicas.unam.mx/libros/3/1094/6.pdf. Consultado el 4 de abril de 2013.

su Gaceta, Décima Época, Libro IV, enero de 2012, Tomo 5, p. 4580)

V.- OBLIGACIONES DEL ESTADO DERIVADAS DEL ARTÍCULO 1° CONSTITUCIONAL EN MATERIA DE DERECHOS HUMANOS.

Establece el artículo 1° de la Carta Magna, la obligación de todas las autoridades de promover, respetar, proteger y garantizar los derechos humanos de conformidad con los principios de universalidad, interdependencia, indivisibilidad y progresividad. Luego, son cuatro los deberes estatales en éste tópico, de cada uno de los cuales nos ocuparemos brevemente.

1. Deber de promoción

El vocablo *promover,* semánticamente significa *iniciar o impulsar una cosa o un proceso procurando su logro.* También significa *tomar la iniciativa para la realización o el logro de algo*[51]

Luego, la actividad del Estado Mexicano en materia de derechos humanos no se traduce simplemente en una actitud pasiva o de contemplación de no interferencia respecto a los particulares, sino que es el principal obligado a tomar la iniciativa, a impulsar el proceso de realización de los derechos humanos a fin de que sean eficaces, esto es, de que todos los seres humanos disfruten o estén en la posibilidad de disfrutar de ellos. Ello supone tomar todas las medidas necesarias para remover los obstáculos que puedan existir para que los individuos puedan disfrutar de los derechos fundamentales reconocidos por la constitución y los tratados internacionales en la materia de los que México sea parte.

Quizá sean la escuela desde sus niveles más básicos, y los medios masivos de comunicación las herramientas más eficaces para promover los derechos humanos y crear conciencia en la sociedad de la necesidad de fomentarlos, respetarlos, protegerlos y asegurarlos por el bien del hombre y de la humanidad misma.

2. Deber de respeto

---

[51] REAL ACADEMIA ESPAÑOLA. *Op. Cit.* p. 1251

El Diccionario de la Lengua Española[52] nos entrega una primera aproximación al significado del vocablo, al decir que por respeto, se entiende la *veneración, acatamiento que se hace a alguien; miramiento, consideración, deferencia*. Luego, el Estado Mexicano debe acatar las normas nacionales e internacionales que establecen derechos humanos absteniéndose de conculcarlas. El contenido del respeto es básicamente un concepto de contenido negativo, en el sentido de que el Estado no debe violar los preceptos relativos, con lo que sirve de complemento a la obligación de promover los derechos humanos, al abstenerse de oponer obstáculos que puedan dificultar su realización.

Este deber de respeto no se limita al Estado y sus autoridades, sino que se extiende a todas las personas particulares, físicas o morales, sindicatos, grupos de presión, cámaras empresariales, colegios de profesionistas y otras entidades, quienes por su posición de dominio de hecho, están en la posibilidad fáctica de imponer su voluntad a los particulares, por lo que también tienen la obligación de omitir cualquier conducta atentatoria contra la dignidad de los seres humanos. Así, el poder surge, no ya sólo de las instituciones públicas, sino también de la propia sociedad, conllevando implícitamente la posibilidad de abusos. Desde el punto de vista interno, referido a los integrantes de un grupo, se puede traducir en el establecimiento de medidas sancionadoras, y por el lado de la actuación externa de ese grupo o de un particular en situación dominante, se puede reflejar en la imposición de condiciones a las que otros sujetos u otros grupos tienen la necesidad de someterse.

Al respecto, conviene recordar el criterio sustentado por el Tercer Tribunal Colegiado en Materia Civil del Primer Circuito, que explica en forma detallada la necesidad de incluir a los particulares como eventuales violadores de los derechos humanos, y la respuesta que los Tribunales de Amparo mexicanos han de dar a tal fenómeno, tesis localizable con el rubro: **"DERECHOS FUNDAMENTALES. SON SUSCEPTIBLES DE ANALIZARSE, VÍA AMPARO DIRECTO INTERPUESTO CONTRA LA SENTENCIA DEFINITIVA QUE PUSO FIN AL JUICIO, EN INTERPRETACIÓN DIRECTA DE LA CONSTITUCIÓN, AUN CUANDO SE TRATE DE ACTOS DE PARTICULARES EN RELACIONES HORIZONTALES O DE COORDINACIÓN.[53]**

---

[52] *Ídem.* p. 1229

[53] Amparo directo 48/2009. Carlos Armando Olivier Aguilar. 14 de mayo de 2009. Unanimidad de votos y con salvedad en las consideraciones del Magistrado Neófito López Ramos. Ponente: Benito Alva Zenteno. Secretario: Vidal Óscar

3. *Deber de protección*

No basta que los Estados se abstengan de violar los derechos, sino que es imperativa la adopción de medidas positivas, determinables en función de las particulares necesidades de protección del sujeto de derecho, ya sea por su condición personal o por la situación específica en que se encuentre.[54] Esto es así en atención al deber de protección de los derechos humanos. Para su debida protección, amparo, favorecimiento o defensa, no basta que el Estado asuma una postura de no violación, de respeto pasivo, sino que es menester que ponga los medios para lograr que todo ser humano viva con dignidad, asimilando las normas internacionales de los tratados sobre derechos humanos al derecho interno, lo que se ha logrado en gran medida con la asimilación de tales instrumentos al nivel mismo de la Constitución Mexicana merced a las reformas del 10 de junio del 2011.

Pero además, el Estado debe asumir una actitud activa, en el sentido de poner los medios para que las personas realmente puedan hacer efectivos sus derechos como seres humanos y alcancen sus fines en forma digna. Para ello, el Estado debe realizar actividades de protección no solamente legales, sino materiales, como proveer progresivamente a la facilitación de medios que permitan a las personas discapacitadas o con capacidades diferentes, el acceso a los bienes que la sociedad produce, a la educación, al empleo, a la alimentación, al esparcimiento, a la salud, al respeto de sus semejantes y, en fin, a todos aquellos satisfactores sin los cuales tales personas no podrían llevar a cabo dignamente sus fines vitales y alcanzar la felicidad, que es el fin que subyace en la filosofía de los derechos del hombre.

Así, la defensa o protección de los derechos humanos tiene como funciones la de contribuir al desarrollo integral de la persona; delimitar para todas las personas una esfera de autonomía dentro de la cual puedan actuar libremente, protegidas contra los abusos de las autoridades, servidores públicos y de particulares; establecer límites a las actuaciones de todos los servidores públicos, con el fin de prevenir abusos de poder, negligencia o simplemente el desconocimiento de la función y, finalmente, crear canales y mecanismos de participación que faciliten a todas las personas tomar parte

---

Martínez Mendoza.

[54] Silva García, Fernando. *JURISPRUDENCIA INTERAMERICANA SOBRE DERECHOS HUMANOS. Criterios esenciales.* Editorial Tirant lo Blanch México. México 2012. p. 7

activa en el manejo de los asuntos públicos y en la adopción de las decisiones comunitarias.[55]

4. Deber de garantizar

La obligación de garantizar el libre y pleno ejercicio de los derechos humanos por parte del Estado, *implica el deber de los Estados de organizar todo el aparato gubernamental y, en general, todas las estructuras a través de las cuales se manifiesta el ejercicio del poder público, de manera tal que sean capaces de asegurar jurídicamente el libre y pleno ejercicio de los derechos humanos. Como consecuencia de ésta obligación los estados deben prevenir, investigar y sancionar toda violación de los derechos* reconocidos por la Constitución General de la República y los tratados internacionales en materia de derechos humanos en los que México sea parte.[56]

Los derechos humanos deben ser entendidos como garantías frente al poder, ya sea éste un poder público o un poder privado.

En Latinoamérica y en México en particular, existen herramientas jurídicas capaces de proveer a la garantía de los derechos del hombre consagrados en la Constitución y en los Tratados en la materia. En nuestro país destaca el Juicio de Amparo, recientemente reformado en aras de su actualización[57], la adopción incluso a nivel constitucional de la protección de los derechos colectivos y difusos, orientados a la protección amplia de los derechos generales de toda o amplios sectores de la población, a través de diversos órganos del Estado como la Procuraduría de Protección al Consumidor, la del Medio Ambiente o la referente a los Servicios Financieros (CONDUSEF), sin olvidar por supuesto la importante función que desempeñan las Comisiones de Derechos Humanos, y con independencia de los medios ordinarios de defensa jurisdiccional y administrativa de protección de los derechos.

En cualquier caso, los procedimientos judiciales o administrativos que se lleven a cabo en aras de garantizar, y hacer cumplir los derechos humanos, deben ser tales que respondan al principio de prontitud,

---

[55] *Cfr.* http://www.cndh.org.mx/Que_Son_Derechos_Humanos Consultado el 5 de abril del 2013.

[56] *Cfr.* Diego Valadés citando el caso Velásquez Rodríguez en *La protección de los derechos fundamentales frente a los particulares.* http://biblio.juridicas.unam.mx/libros/6/2894/27.pdf Consultado el 2 del abril de 2013.

[57] Decreto publicado el 2 de abril del 2013 en el Diario Oficial de la Federación.

expeditez y debido proceso legal para todos los interesados; debe contar con medios precautorios o cautelares y con los más eficaces medios de restitución de los derechos conculcados, y garantizar el pago oportuno y suficiente de los daños y perjuicios que se hayan causado a las víctimas de las violaciones a los derechos del hombre.

Ahora bien, si en la sede interna los derechos humanos no encontraren suficientes garantías, existen foros internacionales, como la Corte Interamericana de los Derechos Humanos (ubicada en San José de Costa Rica), a los que los interesados pueden ocurrir a exigir de las autoridades mexicanas el cumplimiento de las garantías que están obligadas a proporcionar, siendo, las resoluciones que dicho tribunal internacional pronuncie, obligatorias para el Estado Mexicano quien debe acatarlas, dado que en tales términos se encuentra obligado al haberle reconocido jurisdicción desde 1981.

Al respecto, la Primera Sala de la Suprema Corte de Justicia de la Nación, ha pronunciado entre otras, una tesis que pone de manifiesto lo expuesto sobre la obligatoriedad de las resoluciones de la Corte Interamericana de Derechos Humanos:

"CORTE INTERAMERICANA DE DERECHOS HUMANOS. EFECTOS DE SUS SENTENCIAS EN EL ORDENAMIENTO JURÍDICO MEXICANO. El Estado Mexicano se adhirió a la Convención Americana sobre Derechos Humanos el 24 de marzo de 1981 y reconoció la competencia contenciosa de la Corte Interamericana de Derechos Humanos el 16 de diciembre de 1998, mediante declaración unilateral de voluntad que fue publicada en el Diario Oficial de la Federación el 24 de febrero de 1999. En ese sentido, los artículos 133 y 1o. de la Constitución Política de los Estados Unidos Mexicanos reconocen la vigencia de los tratados internacionales en nuestro ordenamiento jurídico interno y establecen la obligación de las autoridades nacionales de aplicar los derechos humanos de conformidad con la Constitución y los tratados internacionales vigentes en nuestro país. Por lo anterior, la ratificación de la Convención Americana sobre Derechos Humanos y el reconocimiento de la jurisdicción contenciosa de la Corte Interamericana de Derechos Humanos, generan como una consecuencia ineludible que las sentencias emitidas por dicho tribunal internacional, en aquellos casos en los cuales México haya sido parte en el juicio, resulten obligatorias para el Estado mexicano, incluidos todos los jueces y tribunales que lleven a cabo funciones materialmente jurisdiccionales. Esta obligatoriedad alcanza no sólo a los puntos resolutivos de las sentencias en comento, sino a todos los criterios interpretativos contenidos en las mismas".[58]

Así, aunque perfectibles como toda obra humana, México cuenta con elementos e instituciones jurídicas para cumplir con la obligación de garantizar, debidamente los derechos humanos consagrados en la Constitución y en los Tratados Internacionales en la materia, de los que es y sea parte.

VI.- GENERACIONES

Consecuencia del principio de progresividad y no reversibilidad de los derechos humanos es la clasificación de las generaciones en que suelen dividirse, como siempre, para fines de estudio, para fines didácticos. Así, suele hacerse referencia a la primera, segunda, tercera y cuarta generaciones, en forma ordinaria, aunque no faltan autores que aluden a la existencia de otras posteriores que la doctrina en general no comparten. Es pues, un criterio histórico en el que descansa la clasificación en examen, pero no significa preeminencia de unos derechos humanos sobre otros, pues entre ellos existe unidad, armonización e interdependencia.

Luego, sólo haremos alusión a la clasificación de mayor aceptación que incluye de la primera a la tercera generación, la cual obedece básicamente a la aparición o reconocimiento de los derechos en el tiempo.

Como en todo estudio, necesitamos un punto de partida, y en cuanto a este requisito la generalidad de los autores son coincidentes al concluir que los derechos humanos están en constante evolución y desarrollo desde la Declaración del Hombre y del Ciudadano de 1789, que consagran, básicamente, los derechos de la llamada *primera generación*. Luego, será este documento el punto de referencia para el examen de la clasificación tradicional, por generaciones, que de los derechos humanos ha elaborado la doctrina.[59] [60]

---

[58] Tesis 1ª.XIII/2012, Semanario Judicial de la Federación y su Gaceta, Décima Época, Libro V, Febrero de 2012, Tomo 1 Página: 650

[59] Una forma diferente y quizá mas propia de clasificar los derechos humanos, es la que elaboran los juristas mexicanos Ramírez García, Hugo Saúl y Pallares Yabur Pedro de Jesús. *Derechos Humanos*. Oxford University Press México, S.A. de C.V., México 2011. Capítulos 8 al 12. en los que refiere a los derechos de la siguien-te forma: Derechos Humanos de Dimensión Personal; Derechos Humanos de

1. Primera Generación

La primera generación de los derechos humanos, fundada sobre el principio de igualdad, y referida a los derechos civiles y políticos, también llamados *libertades clásicas,* surge con la *Declaración Francesa de los Derechos del Hombre y del Ciudadano de 1789,* aunque algunos autores opinan que el primer antecedente radica en la Declaración de Derechos Inglesa del 13 de febrero de 1689, o en la Declaración de Derechos de Virginia, del 12 de junio de 1776. Sin embargo, la doctrina es uniforme al atribuir la génesis de los derechos humanos a la Declaración Francesa que fue expedida como expresión de rebelión hacia el absolutismo imperante en aquellos tiempos.

La Declaración Francesa, aunque de carácter local[61], sirvió de punto de partida para los movimientos que alrededor del mundo se gestaron para el reconocimiento gubernamental de los derechos civiles y políticos.

Estos derechos implican básicamente una conducta negativa, de abstención, de no hacer del Estado, pues estando destinados a la protección del ser humano individualmente considerado, el Estado debe limitar su actividad y proveer los medios para garantizar su disfrute por toda persona.

En la Declaración que se comenta, se consagraron básicamente los derechos de libertad e igualdad, la propiedad, la seguridad, la resistencia a la opresión, el derecho al debido proceso legal, consagra de igual forma, el principio de presunción de inocencia; protege la libertad de opinión, de pensamiento de hablar, escribir e imprimir escritos sin más limitaciones que el abuso de éste derecho.

En nuestros días, los derechos humanos de la primera generación, o civiles y políticos, se encuentran consagrados a nivel internacional fundamentalmente en la *Declaración Universal de los Derechos Humanos de 1948,* y en la *Convención Americana Sobre Derechos Humanos,* conocida como *"Pacto de San José de Costa Rica",* adoptada por México y publicada en el Diario Oficial de la Federación el 7 de mayo de 1981.

Dimensión Económica y social; Derechos Humanos de dimensión civil y política; Derechos Humanos de dimensión cultural; y, Derechos Humanos de dimensión ecológica y tecnológica.

[60] Conviene aclarar que el creador del concepto clasificador de los derechos humanos en generaciones, es el checoeslovaco Karel Vasak, quien lo introdujo en 1979.

[61] La universalización de los derechos humanos encuentra su origen en la Declaración Universal de los Derechos Humanos de 1948.

El primero de tales documentos señaló como derechos humanos el derecho a la vida, a la libertad e igualdad, a la seguridad, al reconocimiento de su personalidad jurídica; el derecho de acceso a la administración de la justicia; se consagra el principio de presunción de inocencia. Se consignan los derechos de residencia y libre tránsito; el derecho a la nacionalidad, al matrimonio y fundación de una familia, como elemento natural y fundamental de la sociedad; se protege el derecho a la propiedad, a la libertad de pensamiento, de conciencia y de religión, de opinión, de expresión, de reunión y asociación pacíficas así como el derecho a participar en el gobierno de su país.

El instrumento internacional de la primera generación de los derechos humanos de mayor importancia es *"La Convención Americana sobre Derechos Humanos"*. En ellos se consagran, sintéticamente:

- El derecho al reconocimiento de la personalidad jurídica;
- El derecho a la vida[62]; desde el momento de la concepción;
- La prohibición de la pena de muerte;
- El derecho a la integridad personal;
- La prohibición de la esclavitud y la servidumbre;
- El derecho a la libertad personal;
- El derecho al debido proceso legal;
- El derecho de presunción de inocencia;
- Prohibición de aplicación de leyes retroactivas;
- Libertad de conciencia y religión;
- Libertad de pensamiento y expresión;
- Derechos de reunión y asociación;
- Derecho a la protección a la familia[63];

---

[62] México se reservó el reconocimiento de este derecho, en cuanto a la determinación del momento en que un *nasciturus* ha de ser considerado ser humano, lo que ha permitido que internamente se concluya que la práctica del aborto es o puede ser lícita si se practica dentro de las doce primeras semanas de la gestación (Legislación del Distrito Federal), por lo menos desde el punto de vista del derecho penal.

[63] El artículo 17 reconoce el derecho del hombre y la mujer a contraer matrimonio. Ello nos inclina a pensar que la convención se elaboró sobre la base de una unión matrimonial entre personas heterosexuales únicamente, y que los estados

- Derecho al Nombre;
- Los derechos de los niños, que serán detallados en una convención posterior;
- Derecho a tener una nacionalidad;
- Derecho a la propiedad privada;
- Derecho de circulación y residencia;
- Derecho a participar en la dirección de los asuntos públicos, de votar y ser votados, y de tener acceso en condiciones de igualdad, a las funciones públicas de su país;
- Derecho de igualdad ante la ley;

Como se advierte, el listado de derechos humanos de la primera generación incluye los de naturaleza civil y política, y es hasta la expedición del *Protocolo Adicional a la Convención Americana sobre Derechos Humanos en Materia de Derechos Económicos, Sociales y Culturales "Protocolo de San Salvador"*, y con motivo de la expedición de otros convenios internacionales, cuando se han venido detallando y ampliando cada uno de los grandes temas que refiere la *Declaración Universal de los Derechos Humanos* y el *Pacto de San José de Costa Rica*.

A nivel interno, en la Carta Magna la gran mayoría de los preceptos que están consagrados a los derechos humanos (1 al 29) están orientados al cumplimiento de éstos deberes estatales, sin olvidar algunos otros que se encuentran dispersos en el texto constitucional, como los derechos a votar y a ser votado para cargos públicos.

2. *Segunda Generación*

Los derechos de Segunda Generación o Derechos Económicos, Sociales y Culturales tienen como objetivo fundamental garantizar el bienestar económico, el acceso al trabajo, la educación y a la cultura, de tal forma que asegure el desarrollo de los seres humanos y de los pueblos, y surgen como resultado de la Revolución Industrial.

Su reconocimiento en la historia de los Derechos Humanos fue posterior a la de los derechos civiles y políticos, de allí que también sean

---

contratantes en ningún momento tuvieron en mente la posibilidad del matrimonio entre personas del mismo sexo.

denominados derechos de la segunda generación, y se encuentran contemplados en una primera instancia, en los artículos 22 al 28 de la *Declaración Universal de los Derechos Humanos*, y corresponden al llamado Estado Social de Derecho o Estado de Bienestar. Son derechos de carácter colectivo, llamados también *derechos prestacionales*, en cuanto entrañan la posibilidad de exigir al Estado la realización de conductas positivas para hacer viable su realización, mediante la prestación de servicios orientados al bienestar del hombre en la sociedad.

La razón de ser de los Derechos Económicos, Sociales y Culturales se basa en el hecho de que el pleno respeto a la dignidad del ser humano, a su libertad y a la vigencia de la democracia, solo es posible si existen las condiciones económicas, sociales y culturales que garanticen el desarrollo de esos hombres y esos pueblos.

La vigencia de estos derechos se encuentra condicionada a las posibilidades reales de cada país, de allí que la capacidad para lograr la realización de los mismos varía de país a país.

Estos derechos económicos, sociales y culturales, pueden exigirse al Estado en la medida de los recursos con que efectivamente cuente, pero esto no significa que el Estado puede utilizar como pretexto para el cumplimiento de sus obligaciones, el no poseer recursos cuando en realidad dispone de ellos.

En este aspecto, deben verificarse los indicadores de desarrollo integral en relación con la distribución que hace el Poder Público de sus ingresos en razón de la justicia social[64]. En forma posterior a la *Declaración de Derechos Humanos* de 1948, surge el *Pacto Internacional de Derechos Económicos, Sociales y Culturales*, vigente desde 1976.

Sin embargo, hay que reconocer que la Constitución Mexicana de 1917, constituye una legislación de vanguardia para su época, porque ya incluyó en su texto, derechos humanos de la segunda generación, principalmente relativos al trabajo y a la educación.

De acuerdo con los artículos 22 al 28 de la *Declaración Universal de Derechos Humanos,* todo hombre tiene el derecho al disfrute de la seguridad social, al trabajo y la correspondiente remuneración. Se contempla también derecho a la seguridad social, al trabajo, al bienestar, a la alimentación,

---

[64] Cfr. http://www.cubaencuentro.com/derechos-humanos/clasificacion-y-caracteristicas/clasificacion/ derechos-de-segunda-generacion-o-derechos-economicos-sociales-y-culturales Consultado el 24 de abril del 2012.

vestido, vivienda, asistencia médica y servicios sociales; a los seguros en caso de desempleo, enfermedad, invalidez, viudez, vejez u otros casos análogos de pérdida de los medios de subsistencia; derecho a la salud, bienestar, alimentación, vestido, vivienda, asistencia médica, educación, a la cultura, derechos que no obstante que están ubicados en la mencionada declaración, son de los calificados como sociales o de segunda generación, llamados también colectivos, y se encuentran desarrollados en forma más amplia en el *Pacto Internacional de Derechos Económicos, Sociales y Culturales*, vigente desde el 3 de enero de 1976, y *el Protocolo Adicional a la Convención Americana sobre Derechos Humanos en Materia de Derechos Económicos, Sociales y Culturales "Protocolo de San Salvador"*, publicado en el Diario Oficial de la Federación del día 1 de septiembre de 1998, y en nuestro país, sendos preceptos constitucionales consagran esta clase de derechos, como por ejemplo, los artículos 3, 4, 5, y 123.

Dentro de los *Derechos de Segunda generación o Derechos Económicos, Sociales y Culturales* destacan los siguientes:

- Toda persona tiene derecho a la seguridad social y a obtener la satisfacción de los derechos económicos, sociales y culturales;
- Toda persona tiene derecho al trabajo en condiciones equitativas y satisfactorias;
- Toda persona tiene derecho a formar sindicatos para la defensa de sus intereses;
- Toda persona tiene derecho a un nivel de vida adecuado que le asegure a ella y a su familia la salud, alimentación, vestido, vivienda, asistencia médica y los servicios sociales necesarios;
- Toda persona tiene derecho a la salud física y mental;
- Durante la maternidad y la infancia toda persona tiene derecho a cuidados y asistencia especiales;
- Toda persona tiene derecho a la educación en sus diversas modalidades; y,
- La educación primaria y secundaria es obligatoria y gratuita.

Como se advierte, en esta clase de derechos humanos, el estado debe realizar conductas positivas orientadas a hacer realidad los derechos correspondientes. Existen algunos tratados internacionales que rigen en ésta materia, y, a nivel interno, entre otros, los artículos 5, 123, 4, y 3 de la Constitución Política Nacional, positivizan los aludidos derechos del hombre.

3. *Tercera Generación*

De acuerdo con Magdalena Aguilar Cuevas[65] los derechos humanos de la tercera generación, se forma por los llamados *Derechos de los Pueblos o de Solidaridad*. Surgen en nuestro tiempo, como respuesta a la necesidad de cooperación entre las naciones así como de los distintos grupos que las integran.

Fue Karen Vasak quien propuso en 1984 la elaboración de un tercer pacto internacional sobre los derechos de solidaridad, respecto a los cuales se ha dicho que no son verdaderos derechos, sino meros principios programáticos.

Tarcisio Navarrete[66], sostiene que los derechos de tercera generación se promueven de manera clara desde el año 1966 en que las Naciones Unidas mencionan en sus pactos internacionales el derecho al desarrollo, y el derecho a la libre determinación de los pueblos, así como el compromiso de promover el progreso social y elevar el nivel de vida de los pueblos.

Se incluyen en éste apartado el derecho a la paz, a beneficiarse del patrimonio común de la humanidad; naturalmente, el derecho al desarrollo, a la libre determinación de los pueblos y de las minorías étnicas; al agua y a un medio ambiente sano.

Esta categoría de derechos esta orientada a la más eficaz universalización de los derechos humanos, tanto en el presente como en el porvenir, con la participación de todos los pueblos y naciones del mundo. A través de su ejercicio individual se defienden intereses colectivos, supraindividuales, generales o difusos[67].

Para el distinguido jurista mexicano Jorge Carpizo[68] son características de los derechos de solidaridad, las siguientes:

- • Parten de un enfoque de colaboración internacional, supra y trasnacional, son derechos que la

---

[65] Aguilar Cuevas, Magdalena. *Op. Cit.* pág. 29.

[66] Navarrete Tarcisio, *et al. Los derechos humanos al alcance de todos.* CNDH y Editorial Diana, S.A., Tercera Edición, México 2000, p.20.

[67] Cfr. Carpizo, Jorge. *Los Derechos Humanos de Solidaridad.*
http://biblio.juridicas.unam.mx/revista/pdf/ReformaJudicial/19/cle/cle4.pdf
Consultada el 2 de abril de 2013.

[68] *Ídem*

comunidad internacional exige, y cuya satisfacción no se alcanza sin su participación;

- Son derechos de los cuales dependen la propia supervivencia del ser humano, su manera de vivir y el de las generaciones futuras, como en el derecho a un medio ambiente sano;
- Sin perder su individualidad son supraindividuales, colectivos, generales y difusos;
- Combinan los derechos individuales con los difusos, como en el derecho a la paz;
- El titular o sujeto activo de estos derechos puede ser el Estado, como representante de los derechos de los intereses de la población en su jurisdicción territorial, hasta la persona y la colectividad. Hay lesiones que perjudican a toda la humanidad, cuyo titular del derecho es la ONU en cuanto representante de toda la humanidad en abstracto y en concreto;
- El sujeto pasivo puede ser la comunidad internacional representada por la ONU; en otras ocasiones, el titular pasivo es el Estado o un individuo.

En nuestro derecho, la Constitución General de la República consagra éstos derechos en diversos dispositivos, como son, entre otros, el 89 fracción X (derecho a la paz), el 4, (derecho a un medio ambiente sano), el 3 (conciencia de solidaridad internacional), el 2 (relativo al desarrollo y a la libre determinación de los pueblos indígenas), el 3 párrafo segundo, y fracción II, por mencionar algunos y abstracción hecha de los múltiples tratados internacionales que se han suscrito por México al respecto.

4. *Otras generaciones*

Hay autores, como Roberto González Álvarez[69], Jesús Ortega Martínez,[70] o la doctora Norka López Zamarripa[71], que sostienen la existencia de una cuarta y quinta generaciones de derechos humanos, afirmando que en una cuarta generación se ubicarían fenómenos como la manipulación genética, o el derecho de visitar el patrimonio histórico de la

---

[69] *www.tendencias21.net/derecho/attachment/113651/ Consultado el 20 de abril del 2013*

[70] http://biblio.juridicas.unam.mx/libros/4/1510/26.pdf Consultado el 16 de abril del 2013

[71] http://www.revistas.unam.mx/index.php/amicus/article/view/24412 Consultado el 16 de abril del 2013

humanidad, derechos que evidentemente tienen relación directa e inmediata con el derecho a la salud y al acceso a la cultura. Afirman que el derecho a la información constituye también un derecho de la cuarta generación, afirmación que a nuestro juicio resulta inexacta porque se relaciona directa e inmediatamente con el derecho de difusión de las ideas, aunque sea con metodologías o técnicas de vanguardia; los derechos reproductivos, que pretenden insertarse, obviamente encuadran dentro del concepto de derechos de salud.

En una quinta generación pretenden incluir lo que han llamado *derechos infrahumanos* (v.gr. de los animales, plantas y ríos) habiéndose usado también el término para incluir en ellos aquellos que atentan contra la igualdad de las personas por discriminación por razones de carácter social o cultural o bien[72], los que importan a personas que *sufren infrahumanidad,* y que atañen a ciertos grupos sociales como mujeres, niños, discapacitados y ancianos; o aquellos que se generan *a partir de las posibilidades de intrusión de las tecnologías de punta mercantiles en el mapa genético de la vida...*"[73] Es evidente que ésta categoría que se propone tiene que ver directamente con los principios de igualdad y el derecho a la salud, propios de los derechos de la primera y segunda generaciones, por lo que en nuestro concepto no se justifica la clasificación pretendida para una cuarta y quinta generaciones de derechos humanos, ya que sin problema pueden incluirse en las tres primeras y su admisión, contrario a su objetivo, provocaría confusiones y una sobre categorización innecesaria e injustificada en la clasificación de los derechos del hombre. Luego, a nuestro juicio, por el momento no existen condiciones para hablar de una cuarta o quinta generación de los derechos humanos, menos aún de la sexta o la séptima incluso, que algunos autores refieren.

VII.- CONSIDERACIONES FINALES.

El breve repaso histórico y conceptual de los derechos humanos que hemos realizado, y la observación de la realidad mexicana, nos pone de manifiesto que el Gobierno en sus tres órdenes, tiene una deuda enorme con el pueblo que no parece fácil de saldar.

En nuestro país la pobreza extrema, el hambre, la insuficiencia y

---

[72]http://catarina.udlap.mx/u_dl_a/tales/documentos/lco/dieguez_e_v/capitulo1. pdf Consultado el 23 de marzo del 2013,

[73] http://heliogallardo-americalatina.info/index2.php?option=com_content&do_pdf=1&id=102 consultado el 3 de mayo del 2013

deficiencia de los sistemas de salud y de seguridad social, el desempleo, la educación de calidad, los salarios dignos, la falta de vivienda digna, la discriminación por diversos motivos y otros fenómenos que involucran los derechos humanos, son algo remoto con cuya ausencia nos hemos acostumbrado a vivir.

Es verdad que se ha legislado mucho, que la Constitución General de la República es vanguardista en cuanto a derechos sociales, que contiene un catálogo enorme de derechos humanos y que con las reformas del año 2011 al artículo 1° pretende comprender la protección a todos los contemplados no solo por el derecho interno, sino por el derecho internacional, específicamente por los tratados internacionales en la materia, de los que México sea parte.

Si, no cabe duda que el catálogo de derechos vistos en las leyes y en la teoría revela un mundo diferente, un país que no conocemos y que en términos generales solo cobra vigencia en los sueños de los mexicanos: Un país, donde se combate efectivamente la pobreza extrema, donde la alimentación, el vestido, la vivienda, la salud, la seguridad social, el empleo digno, el salario remunerador, y la eficaz atención a los grupos vulnerables son factores que impulsan el desarrollo en un entorno bio-psico-social del hombre en un medio ambiente sano, seguro, pacífico, no violento; donde la delincuencia se combate eficazmente, donde la política es el arte de hacer lo bueno y posible por la comunidad y no un medio de proyección personal y de grupo.

En términos reales, hace muy poco tiempo que los gobiernos se han venido ocupando de los problemas o por lo menos pretendido hacerlo, aunque se estorben unas facciones políticas a otras y los grupos de presión, por su afán protagónico electorero, pero en fin, algo se ha hecho. Surgió la obligatoriedad de la educación secundaria e incluso la de preparatoria; se instauró el seguro popular; se ha pretendido en grandes ciudades, caso típico el del Distrito Federal, el control de contaminantes para cumplir el precepto que establece el derecho a un medio ambiente sano; se ha establecido el derecho al agua como un derecho humano; se ha ido regulando el derecho a la información y protección de datos personales; se han reconocido los derechos de los pueblos indígenas; se ha prohibido explícitamente la discriminación; se estableció el derecho a la alimentación y a la salud; se ha pretendido *modernizar* el proceso de aplicación de las normas penales a través de la implantación de juicios orales, y se incluyó en la Constitución el principio de presunción de inocencia; se expidieron reformas a la Ley Federal del Trabajo exigiendo legalmente la dignidad en el empleo y en la remuneración adecuada, entre otras acciones.

Mas recientemente, los partidos políticos nacionales firmaron, junto con el Gobierno de la República, el llamado "Pacto por México"[74], para enfrentar los graves problemas nacionales. En términos ideales, tal pacto no era necesario. Basta con aplicar la ley, elaborar nuevos y eficaces ordenamientos, políticas públicas adecuadas, eficaz combate a la corrupción, control efectivo del poder para evitar abusos y, en fin, conciencia y voluntad política, social y jurídica de los gobernantes, y valor de la población para exigir lo que en derecho le corresponde.

Sin embargo, por vez primera se advierte un afán de colaboración institucional entre el Gobierno de la República y las grandes fuerzas políticas nacionales para abatir la problemática nacional, mediante compromisos concretos y calendarizados al efecto. Esperemos que de resultados y en función de ello, se cristalicen y se haga realidad el respeto integral a los derechos humanos en nuestra Patria.

---

[74] Su texto se puede consultar en http://www.presidencia.gob.mx/wp-content/uploads/2012/12/Pacto-Por-M%C3%A9xico-TODOS-los-acuerdos.pdf

FUENTES DE INVESTIGACION

BIBLIOGRÁFICAS

A.A.V.V. Enciclopedia Jurídica Mexicana. Tomo III. RODRI-GUEZ Y RODRIGUEZ, Jesús. Editorial Porrúa, S.A y Universidad Nacional Autónoma de México. Segunda Edición, México 2004.

AGUILAR CUEVAS, Magdalena. *Manual de Capacitación. Derechos Humanos.* Comisión Nacional de los Derechos Humanos. Segunda Edición. México 1993.

BURGOA ORHIUELA, Ignacio. *Las garantías Individuales.* Décima Tercera Edición. Editorial Porrúa, S.A., México 1980.

CARBONELL, Miguel, *Las Obligaciones del Estado en el artículo 1° de la Constitución Mexicana* en CARBONELL, Miguel y SALAZAR Pedro, coordinadores. *LA REFORMA CONSTITUCIONAL DE LOS DERECHOS HUMANOS. Un nuevo paradigma.* Editorial Porrúa, S.A. y Universidad Nacional Autónoma de México. México2012.

CRUZ BARNEY, Oscar. *Historia del derecho en México.* Oxford University Press México, S.A. de C.V. Segunda Edición, México 2011,

MARGADANT, S. Guillermo. *Introducción a la historia del derecho mexicano.* Editorial Esfinge, S.A. de C.V., Octava Edición, México1988.

NAVARRETE Tarcisio, et al. *Los derechos humanos al alcance de todos.* CNDH y Editorial Diana, S.A., Tercera Edición, México 2000.

NAVARRETE, Tarciso, et. al. *Los derechos humanos al alcance de todos.* Editorial Diana. Tercera Edición. México 2000.

PRIETO DIAZ, Raúl Antonio. *Temas Selectos de Derechos Humanos.* Iure Editores, S.A. México 2010..

RABASA, Emilio. *Historia de las Constituciones Mexicanas.* Universidad Nacional Autónoma de México, Tercera Edición, México 2002.

RAMIREZ GARCÍA, Hugo Saúl y PALLARES YABUR Pedro de Jesús. *Derechos Humanos.* Oxford University Press México, S.A. de C.V., México 2011.

RAMIREZ GARCIA, Hugo Saúl y PALLARES YABUR, Pedro de Jesús. *Derechos Humanos.* Oxford University Press México S.A. DE C.V., México, 2011.

REAL ACADEMIA ESPAÑOLA. *Diccionario de la Lengua Española.* Editorial Espasa. Vigésima Segunda Edición, España 2001. voz: Dignidad.

VÁZQUEZ, Luis Daniel y SERRANO, Sandra. Los Principios de Universalidad, Interdependencia, indivisibilidad y Progresividad. Apuntes para su aplicación práctica. *La Reforma Constitucional de Derechos Humanos. Un Nuevo Paradigma.* CARBONELL Miguel y SALAZAR, Pedro. Coordinadores. Universidad Nacional Autónoma de México. México 2011.

ZAMORA GRANT, José. *Introducción al estudio de los Derechos Humanos.* Universidad Autónoma de Tlaxcala. México 2007.

INFORMÁTICAS

http://biblio.juridicas.unam.mx/libros/4/1510/26.pdf. Consultado el 16 de abril del 2013

http://catarina.udlap.mx/u_dl_a/tales/documentos/lco/dieguez_e_v/capitulo1.pdf Consultado el 23 de marzo del 2013,

http://heliogallardo-americalati-na.info/index2.php?option=com_content&do_pdf=1&id=102 consultado el 3 de mayo del 2013

http://www.revistas.unam.mx/index.php/amicus/article/view/2 4412 Consultado el 16 de abril del 2013

NOGUEIRA ALCALA, Humberto. *Las características de los derechos esenciales o derechos humanos* http://biblio.juridicas.unam.mx/libros/3/1094/6.pdf. Consultado el 4 de abril de 2013.

www.tendencias21.net/derecho/attachment/113651/ Consultado el 20 de abril del 2013

CARPIZO, Jorge. *Los Derechos Humanos de Solidaridad.* http://biblio.juridicas.unam.mx/revista/pdf/ReformaJudicial/19/cle/cle4.pdf Consultada el 2 de abril de 2013.

CARPIZO, Jorge. Los derechos humanos: naturaleza, denominación y características. *Revista Mexicana de Derecho Constitucional.* Número 25, julio-diciembre de 2011. Consultada en línea http://biblio.juridicas.unam.mx/revista/CuestionesConstitucionales/ indice.htm?n=25 el 4 de marzo de 2013.

CARPIZO, Jorge. Los derechos humanos: naturaleza, denominación y características. *Revista Mexicana de Derecho Constitucional.* Número 25, julio-diciembre de 2011. p. 23. Consultada en línea http://biblio.juridicas.unam.mx/revista/CuestionesConstitucionales/ indice.htm?n=25 el 4 de marzo de 2013.

Diego Valadez citando el caso Velásquez Rodríguez en *La protección de los derechos fundamentales frente a los particulares.* http://biblio.juridicas.unam.mx/libros/6/2894/27.pdf Consultado el 2 del abril de 2013.

GUERRERO VERANO, Martha Guadalupe. *La protección de los Derechos Humanos.* *http://www.uaeh.edu.mx/investigacion/icshu/LI_DerFunda/Gro_Martha/9 _Martha_Gpe_Gro_Verano.pdf* Consultado el 4 de marzo de 2013

http://majfud.org/2011/03/17/lecturas-alfonso-el-sabio-las-siete-partidas-ii/ Consultada el 24 de marzo del 2013

http://www..cndh.org.mx/Que_Son_Derechos_Humanos Consultado el 5 de abril del 2013.

http://www.cndh.org.mx/Que_Son_Derechos_Humanos Consultada el 26 de Marzo del 2013.

http://www.cubaencuentro.com/derechos-humanos/clasificacion-y-caracteristicas/clasificacion/derechos-de-segunda-generacion-o-derechos-economicos-sociales-y-culturales Consultado el 24 de abril del 2012.

http://www.ordenjuridico.gob.mx/derechos_humanos.php consultada el 24 de marzo del 2013.

LABARDINI, Rodrigo. *Orígenes y antecedentes de derechos humanos hasta el siglo XV.* *http://www.juridicas.unam.mx/publica/librev/rev/jurid/cont/19/pr/pr19.pd f* Consultada el 2 de marzo del 2013.

LIONS, Monique. *Los derechos humanos en la historia y en la doctrina.* *http://biblio.juridicas.unam.mx/libros/2/848/22.pdf* Consultada el 2 de abril del 2013.

MARTINEZ BULLÉ-GOYRI, Víctor. *Reflexiones sobre la Dignidad Humana en la Actualidad.* Boletín Mexicano de Derecho Comparado, año XLVI, número 136, enero abril de 2013. http://biblio.juridicas.unam.mx/revista/pdf/DerechoComparado/1 36/art/art2.pdf Consultado el 27 de marzo del 2013.

Pacto por México. http://www.presidencia.gob.mx/wp-content/uploads/2012/12/Pacto-Por-M%C3%A9xico-TODOS-los-acuerdos.pdf

SALDAÑA, Javier. *La dignidad de la persona. Fundamento del Derecho a no ser discriminado injustamente.*
http://biblio.juridicas.unam.mx/libros/5/2312/8.pdf Consultado el 20 de marzo de 2013.

SILVA GARCÍA, Fernando. *JURISPRUDENCIA INTER-AMERICANA SOBRE DERECHOS HUMANOS. Criterios esenciales.* Editorial Tirant lo Blanch México. México 2012.

CAPÍTULO SEGUNDO:

DIVERSOS ASPECTOS TEÓRICOS DE LOS DERECHOS HUMANOS

José Luis Chacón Rodríguez.[75]

Sumario:

I. Los derechos humanos y su relación con otros derechos. II. Los Derechos Humanos y su violación por particulares. III. Los Derechos Humanos en la procuración y administración de justicia. IV. Los Derechos humanos y su fundamentación en el sistema jurídico mexicano. V. Los derechos humanos, su evolución e internacionalización. VI. Los derechos humanos y su protección por organismos internacionales

I. LOS DERECHOS HUMANOS Y SU RELACIÓN CON OTROS DERECHOS

En cuanto al tema a estudio, comenzaremos diciendo que es siempre

---

[75] Doctor en Derecho; Profesor e investigador del Centro de Investigaciones Jurídicas de la Universidad Autónoma de Chihuahua; Colaborador del Cuerpo Académico "Cultura de la Legalidad y Derechos Humanos"; Miembro del Consejo Directivo del Colegio San Felipe el Real de Doctores en Derecho A.C.

apasionante abordar el mismo en cuanto a que sigue siendo motivo de discusión en las distintas mesas de debate, no sólo en el ámbito jurídico, sino de manera un tanto general en diferentes foros.

Basta ver las resoluciones de la Suprema Corte de Justicia de la Nación, sobre todo en casos relevantes como el recientemente resuelto de la ciudadana francesa, para advertir la importancia que se da al tema de los derechos humanos, además que dichas resoluciones generan tal polémica entre la población, al grado de provocar las opiniones más encontradas que trascienden no sólo el aspecto jurídico, sino que abarcan incluso situaciones de tipo político.

Tratando de introducirnos en el tema, diremos que no podemos decir que exista un consenso sobre el concepto de derechos humanos o algo que medianamente se le asemeje; y no porque consideremos que en otros temas del derecho necesariamente lo haya, sino porque en éste de manera especial, se presta a distintas apreciaciones, dependiendo la formación de cada uno de los doctrinarios y su particular forma de apreciar el derecho, ya sea desde el aspecto positivista, idealista, iusnaturalista, etcétera.

Sin embargo en este trabajo, trataremos de poner a consideración del lector aspectos doctrinarios que tratan de encontrar diferencias entre los derechos humanos, y otro tipo de derechos, como los naturales y fundamentales, a fin de clarificar e incluso depurar un poco más el concepto sobre los propios derechos humanos, en aras de intentar aportar una definición en los mismos; y desde luego ahondar sobre la diferencia con las garantías individuales.

Una vez hecho lo anterior, se abordarán temas íntimamente vinculados entre sí, como el caso de la violación a los derechos humanos por particulares, en donde se considera que hay mucho por decir, ya que esto aún no está lo suficientemente claro en nuestro país y de manera particular cuáles son esos derechos que sí pudieran participar de esta situación especial, ya que en nuestra opinión ni la propia norma constitucional ni la jurisprudencia, dejan claro el tema.

De igual manera se hablará de la aplicación práctica de los derechos humanos en cuanto a la procuración y administración de justicia, en la medida que lo permite la naturaleza de la investigación, a fin de, aunque sea de manera genérica, comentar la forma de llevar a los hechos la puesta en marcha de los derechos comentados.

Consideramos pertinente también hablar del fundamento de los derechos humanos en el sistema jurídico mexicano, haciendo algunas reflexiones al respecto en cuanto al marco constitucional en nuestro país, puesto que es común sujetarnos a un par de artículos de manera específica, sin tomar en cuenta que el espectro es mucho más amplio de lo que ordinariamente podemos considerar; a su vez se comentará sobre los derechos humanos y la evolución e internacionalización de los mismos a fin de estar en posibilidad de poder apreciar el avance en la protección de estos derechos, hasta concluir con abordar específicamente los medios de protección de estos derechos por organismos internacionales, de manera específica los más comúnmente conocidos como el Alto Comisionado para la Protección de los Derechos Humanos de la Organización de las Naciones Unidas, así como la Comisión y la Corte Interamericana de los Derechos Humanos, por resultar estos de mayor aplicación en nuestro país.

1. Derechos Humanos y Derechos Naturales

Al respecto iniciaremos comentando que el tratar de establecer una diferenciación entre estos dos derechos, atiende a cuestiones meramente doctrinarias, y que sin duda como todo en el derecho, no está exento de opiniones encontradas y polémicas, motivo de diversas reflexiones sobre lo anterior, sin embargo y a riesgo de las críticas normales, se ha dicho por algunos doctrinarios que los derechos naturales son aquellos que son inherentes a la persona, anteriores y superiores al Estado, mientras que los derechos humanos, se consideran aquellos valores comunes de la humanidad y que gozan de reconocimiento internacional, mismos que a través de un proceso histórico se han determinado como esenciales para la persona.[76]

Respecto a esta consideración, se estima que el tratar de establecer una diferencia a partir de que los derechos naturales son derechos inherentes a la persona, y los humanos valores comunes de la humanidad y que gozan de reconocimiento por la comunidad, resulta complicado, ya que es difícil separar la naturaleza del hombre, del hombre mismo o del ser humano, ya que como base de toda creación está Dios de todo cuanto existe; sin embargo trataremos de hacer una reflexión al respecto a fin de entender esta diferencia entre uno y otro derecho.

Un derecho natural se entiende que es aquel con el que nacemos, que ya viene con la persona, (de ahí lo de inherente), incluso podríamos decir de

---

[76] Islas Colín, Alfredo, *"Apuntes de clase de la materia de Derechos Humanos"* en el Doctorado en Derecho de la Universidad de Durango Campus Chihuahua (Chihuahua) México, marzo de 2007.

tipo subjetivo e individual, que no necesita ser reconocido por nadie más, para que exista, es decir, existe por sí, ya se nace con él, con independencia de que alguien más lo considere así o no; sin embargo como las personas no existimos para sí mismos, sino en función de los demás, es decir, un ser humano vive en función de otro ser humano, porque nuestras actividades no las realizamos para nosotros, sino para nuestros semejantes, es ahí donde lo natural se convierte en humano, donde lo subjetivo se convierte en objetivo, lo individual en colectivo, y de ahí que se le denomine al derecho humano un valor común, es decir, que se hace comunidad, que lo humano significa que el derecho es derecho para todos y no solo para aquel que lo trajo inherente al nacer; por lo que al existir un reconocimiento común de los demás, sale de lo estrictamente natural, por lo que a manera de tratar de ejemplificar lo anterior, se dice que un derecho natural sería el creer en un ser supremo (esto implica acción, y no solo abstención como el no creer), ya que se nace con ello, pero no tendría que ser un derecho humano al no estar esto reconocido como un valor común de los seres humanos, pues puede ser que alguien no comparta esa idea y no desee creer en nada; sin embargo cuando se advierte por nuestros semejantes que existe ese derecho y que incluso lo necesitamos para nuestro desarrollo como personas y que sin él no podríamos ser, entonces esa conversión de lo subjetivo a lo objetivo, de lo individual a lo colectivo, ya lo convierte en un derecho común(de los demás), lo que le da el carácter de derecho humano, como por ejemplo la libertad, todos nacimos naturalmente libres, pero además de un derecho natural es también humano, porque es reconocido esto por nuestros semejantes, o sea el que una colectividad de manera objetiva los acepta, eso los convierte en humanos, ya que es justamente esa aceptación generalizada de la humanidad lo que les da la característica de humanos. Sin que esa aceptación implique necesariamente positivización o reconocimiento por parte del Estado, ya que eso es parte de otro tipo de derechos.

O bien el derecho a la vida, ya nacimos con él, pero además nuestros semejantes reconocen eso como un derecho de todos el que tengamos derecho a vivir, lo que le da el carácter de humano, incluso desde una perspectiva positivista se dice que ese valor común u objetivación del derecho natural, se plasma en tratados internacionales, lo que también la doctrina lo da como una característica de un derecho humano; es decir, el estar reconocido en tratados internacionales; aunque esta última característica no se comparte del todo por nuestra parte porque podría haber derechos humanos que no estén reconocidos en instrumentos internacionales porque las autoridades no están de acuerdo en firmar ese tipo de acuerdos, pero que no por ello los derechos dejan de existir.

También puede ser que aunque reconocidos en tratados internacionales algunos Estados hagan reserva, (derecho a la vida desde la concepción) lo cual los deja sin protección, pero no por eso dejan de ser derechos humanos. Por lo que ese reconocimiento en instrumentos internacionales o en orden jurídicos, en todo caso les dará la categoría de fundamentales como se verá en *infra* 2).

Además se considera riesgoso hacer depender la característica de derecho humano a aquel contenido en tratados internacionales, ya que se puede caer en una inclusión de derechos en tratados internacionales, que resulten creados (inventados) por la comunidad y no reconocidos, como anteriores y superiores al Estado (derecho a internet) y que se consideren como derechos humanos, ya que esto podría generar inseguridad jurídica, pues estaríamos a merced del acuerdo entre Estados para determinar la existencia de un derecho.

Aunque no se puede descartar que en aplicación de la filosofía del derecho se reflexione y descubra algún derecho que ya existía y que apenas se esté descubriendo y por tanto hay que reconocerlo, pero que éste no vaya a ser una creación de los Estados, como algún derecho no descubierto hasta ahora.

Cabe decir que también existen algunos derechos que aun estando reconocidos en tratados internacionales, no pasan de ser un catálogo de buenas intenciones, como los que se refieren al cuidado de los adultos mayores o de los enfermos mentales, ya que no se cuenta con instituciones públicas que den atención gratuita a estas personas, puesto que no cabe duda que son derechos humanos y que exista su regulación en tratados, como sería el caso del protocolo adicional a la Convención Americana sobre Derechos Humanos en Materia de Derechos Económicos, Sociales y Culturales que regula la protección del adulto mayor y los principios para la protección de los enfermos mentales acordados en la Asamblea General en su resolución 46/119 del 17 de diciembre de 1991 de la Organización de Estados Americanos, pero que en la práctica no se ven reflejados como una realidad.

En resumen, es muy importante que los derechos humanos se encuentren contemplados en tratados internacionales, eso les da mayor posibilidad de protección, pero tampoco puede ser tal reconocimiento lo que determine el que sean considerados como derechos humanos o no -en todo caso, como afirmamos *supra*, serían derechos fundamentales por reconocerlos un orden jurídico determinado-, sino que aparte deben participar de otras características como las que aquí se han apuntado.

De lo que podríamos deducir que todos los derechos humanos pueden derivar del derecho natural, pero no todos los derechos naturales culminan necesariamente como derechos humanos.

A fin de dar mayor claridad a esto, podríamos citar como otro ejemplo el derecho a la felicidad como un derecho natural, es decir, todos tenemos derecho por nuestra propia naturaleza a ser felices, sin embargo resulta complicado llevar esto al terreno de los derechos humanos, por cuanto a cómo vamos a objetivizar dicho derecho o a colectivizarlo, ya que no podemos hacer común o para todos el mismo, pues resulta complicado consensar o definir este concepto de felicidad, y aunque sin duda todos la buscamos, aunque cada quien a nuestra manera, resulta imposible el hacerlo común a los demás y menos aún el positivizarlo en tratados internacionales.

De aquí que el derecho natural sea el original, el obvio, el que no necesito nada para entenderlo o darlo por hecho; mientras que el derecho humano es en función del otro, del semejante, del prójimo, del espejo en que nos vemos y que el otro lo entienda de la misma manera que nosotros, para que participe de esa objetividad o colectividad y se vuelva valor común.

Distinto ejemplo pudiera ser el derecho a la autodefensa, el que se considera como un derecho natural, es decir, naturalmente y sin necesidad de razonamiento o reflexión alguna, de manera instintiva las personas podemos tender a la autodefensa o mentir; sin embargo la autodefensa o la mentira, como un derecho humano, quizá ya no sea un valor común de todos el que se mienta o actúe en contra de otro ser humano para defenderse o justificar el causar un daño, toda vez que si atendemos a que el ser humano es para el ser humano algo sagrado, quizá al entrar la reflexión ya no es objetivo o aceptado por una colectividad, o bien que se cause un daño a otra persona, justificado o amparado en el derecho natural de la autodefensa. Aunque esto no obsta para que exista alguna excluyente de sanción, pero no propiamente como un derecho humano. Desde luego sin que estemos hablando de la protección de la vida como tal, sino en todo caso del impulso natural de la autodefensa o de hacerse justicia por propia mano.

Igualmente podría decirse que así como se reconoce el derecho a la vida, podría reconocerse el derecho a la muerte como un derecho natural, es decir, que alguien pudiera privarse de ésta por considerarlo igual que la vida; o quizá, visto de distinta manera, el dejarse morir por inatención de una enfermedad, como un derecho inherente de la persona; o el consumir aquello que necesariamente te va dañar; sin embargo difícilmente pudiéramos hablar que fuera un derecho humano el que alguien pueda directamente privarse de la vida; ya que no resulta objetivo o colectivo que se acepte dicho derecho como humano, incluso el propio Estado no lo puede permitir, de donde puede inferirse que no forma parte de un valor común el que alguien pueda privarse de la existencia, por lo que aún considerado como un derecho natural, no adquiere el calificativo de humano.

Luego también están los que consideramos derechos humanos por decreto o en sentido amplio, porque están contenidos en tratados internacionales, como los derechos políticos, porque pueden considerarse por algunos como valores comunes, pero quizá no puedan ser derechos naturales, por no derivar directamente de la naturaleza humana, ni son necesarios para desarrollarse plenamente como persona, o no afecta la dignidad o integridad de la persona, al menos en el hecho de formar parte de quienes toman decisiones en los órganos de gobierno, como sí sería el caso de los otros derechos como la libertad o la vida.

En resumen podríamos decir que derechos naturales serían el derecho a la vida (incluso la muerte), libertad, alimentación, salud, creer en un ser supremo, derecho a la felicidad, la autodefensa, igualdad; los cuales se convertirán en humanos en la medida que se comparten por nuestros semejantes y que sean valores comunes de la humanidad; o bien como agregan otros, que pudieran positivizarse en tratados internacionales –lo que los convierte en fundamentales- o que si bien no lo están, exigen ese reconocimiento de la comunidad internacional. Podríamos decir que pueden ser intermedios entre los naturales y los fundamentales, o participar en ocasiones de ambos.

Finalizamos este punto diciendo que desde luego, todo esto dependerá de la concepción de derechos naturales y humanos que cada uno tengamos en la medida de nuestra formación personal y profesional de entender el derecho en general y la corriente filosófica en la que consciente o inconscientemente nos ubiquemos, como partidarios del iusnaturalismo- y aun dentro de éste de la corriente clásica o moderna-, positivismo, realismo, etc., por no existir, como ya lo comentábamos, un concepto generalmente aceptado sobre tales derechos, y que, como señala parte de la doctrina, [77] que se ha relegado a un segundo plano el intentar definir los derechos humanos y ha sido más fácil enumerar o crear generaciones de los mismos. Pero desde luego la última palabra la tendrá el lector.

---

[77] Baltazar Robles, Germán Eduardo, *El Nuevo Juicio de Amparo, Las reformas constitucionales de junio de 2011*, México, Complejo Educativo de Desarrollo Integral, 2011, p. 66.

2. Derechos Humanos y Derechos Fundamentales

Comenzaremos diciendo que el planteamiento sobre la diferencia entre estos derechos ha sido desde luego abordado por la doctrina constitucional, de manera particular en América Latina, sosteniendo que no todos los derechos humanos son fundamentales, ya que sólo son fundamentales, los que la Constitución considera como tal.[78] Igualmente, se ha sostenido que no significan lo mismo unos y otros, por más que haya una profunda interrelación entre ambos, toda vez que los derechos humanos poseen una dimensión deontológica, ya que se trata de aquellas facultades inherentes a la persona que deben ser reconocidas por el derecho positivo. Luego cuando se da ese reconocimiento, aparecen los derechos fundamentales, con el cual se evoca la función fundamentadora del orden jurídico de los Estados. [79]

O bien hay quien señala que todos los derechos establecidos en la Constitución son derechos fundamentales en cuanto a que están establecidos normativamente en la Carta Magna, sin embargo no necesariamente todos los derechos fundamentales son derechos humanos, en tanto que puede haber derechos que se otorguen en la Constitución, pero que no deriven de la naturaleza humana, sino de conveniencias históricas concretas, por ejemplo los derechos otorgados a las personas morales o colectivas, no pueden considerarse por sí mismos derechos humanos, puesto que su titular no es un ser humano. [80]

Los derechos humanos tienen la pretensión de ser anteriores al Estado y al sistema jurídico, que sólo los reconoce, no los crea, además de ser universales (para todas las personas) y absolutos (sin excepciones); si un derecho no se reconoce para todas las personas no puede considerarse que derive o se relacione directamente con la dignidad humanas en tanto que estos bienes deben considerarse irrenunciables e inafectables en todos los casos, de tal manera que restringirlos implicaría directamente una afectación a la vida o la dignidad humana que es lo que el concepto de derechos humanos busca proteger.

Por este motivo consideramos que debe definirse, primero, qué debe entenderse por derecho humano y determinar sus características, a fin de poder distinguir qué derechos se reconocen en los tratados como derechos

---

[78] Aguilar Carvallo, Gonzalo, *"Derechos Fundamentales-Derechos Humanos. ¿Una Distinción Válida en el Siglo XXI?* Info Jus Publicaciones, Boletín Mexicano, Número 127. s.a., s.l. s.p. (versión electrónica)

[79] *Ídem.*

[80] Baltazar Robles, Germán Eduardo, *op. cit.* nota 2. P. 70.

humanos y qué derechos se otorgan en ellos como fundamentales, pero no necesariamente como derechos humanos[81].

También se dice por otra parte de la doctrina que un derecho fundamental, es aquel derecho, que es reconocido en el derecho interno de un Estado determinado, o en un orden jurídico específico, ya que ese reconocimiento por parte del Estado es lo que lo convierte en un derecho fundamental, por lo que se entiende que puede haber derechos fundamentales que no adquieren esa categoría de derecho humano por no poder considerarse como un valor común de la humanidad, ni tampoco gozar de un reconocimiento de tipo internacional en un tratado de esta naturaleza.[82]

Incluso un autor concluye que de acuerdo con lo señalado por la doctrina, podría considerarse que la tendencia sería considerar que los derechos fundamentales tienen como fuente formal la Constitución o son aquellos que gozan de recepción positiva, a diferencia de los humanos, los que tendrían como fuente de producción el derecho internacional con diversa fuerza vinculante hacia el interior del Estado o bien que los derechos humanos representan meros valores morales o aspiraciones consensuadas por la comunidad internacional.[83]

Si bien es cierto, como podrá observarse de las distintas citas doctrinarias que aquí se han comentado, no es común encontrar ejemplos que nos ayuden a clarificar esas diferencias o posibles diferencias entre uno y otro, es decir, los autores se sujetan a meras reflexiones filosóficas sin materializar cuáles de los derechos que conocemos o que en la realidad podemos decir que se cuenta por parte del ser humano, puedan encuadrar en unos y otros tipos de derechos para tener un panorama más claro sobre lo anterior, por lo que desde luego a riesgo del error, pero en aras de entender mejor estas diferencias, diremos que, podría quedar como ejemplo de lo anterior el derecho de igualdad, solo que consistente en que en el derecho nacional en virtud de ese derecho se prohíben los títulos de nobleza, por lo que tal derecho es un derecho fundamental en nuestro país por su reconocimiento, pero no necesariamente en otros Estados. Pero además el mismo no puede considerarse como valor común de la humanidad —concretamente la prohibición de títulos de nobleza- ya que esto no puede negarse a otros en aplicación de esa igualdad a las personas, porque no constituya un criterio compartido por la comunidad internacional, por lo que únicamente quedaría como derecho fundamental

---

[81] *Ibídem*, p. 71
[82] Islas Colín, Alfredo, *op. cit.* nota 1.
[83] Aguilar Cavallo, Gonzalo, *op. cit.,* nota 3.

en México y algunos otros Estados u órdenes jurídicos que así lo consideren.

Lo mismo puede decirse del derecho a la posesión y portación de armas contenido en el artículo 10 de la Constitución Federal que lo establece como un derecho fundamental, pero que en realidad no puede ser considerado como un derecho humano, por no ser un valor común de la humanidad el mismo, o no estar tampoco considerado en los tratados internacionales.

Sobre este mismo punto, puede decirse también que por ejemplo es un derecho humano el derecho a la vida según lo señala la Convención Americana sobre Derechos Humanos incluso desde el momento de la concepción, (además qué derecho pudiera ser más humano que éste); y sin embargo en México no es un derecho fundamental el mismo, al menos en la parte que se refiere a que deba ser desde el momento de la concepción, porque nuestro país hizo reserva en ese sentido, por tanto no está protegida la vida como derecho fundamental en esa parte, luego entonces puede ser derecho humano, pero no derecho fundamental en el derecho mexicano; la Suprema Corte de Justicia de la Nación considera como derechos fundamentales, el derecho a la igualdad, la libertad, la presunción de inocencia, al debido proceso, a tener un perito traductor e intérprete, así como en caso de ser extranjero, tener derecho a que el consulado de su país sea notificado de su detención [84]; sin embargo eso no conlleva de manera necesaria a que algunos de estos derechos sean derechos humanos, como el derecho en caso de ser extranjero, a que el consulado de su país sea notificado en el supuesto de una detención, - pueda no existir un tratado al respecto con todos los países-; ya que esto no necesariamente deriva de la naturaleza del hombre, ni pueda ser un valor común de la humanidad, y que por ello tuviera que considerarse como derecho humano.

Por otro lado, está también el supuesto de que en la Convención Americana sobre Derechos Humanos se consideran como derechos protegidos por ésta, los derechos políticos según el artículo 23; sin embargo en una parte específica, dichos derechos no son considerados como derechos fundamentales en nuestro país, de manera especial para los ministros de culto, en cuanto a poder ser considerados para algún puesto de elección popular, toda vez que aunque es sabido que dicho tratado forma parte de nuestro derecho interno y de ahí pudiera derivar la protección de este derecho; sin embargo nuestro país tiene reserva en esa parte, por lo que dichos ministros de culto carecen de éste como fundamental en nuestro

---

[84] *El respeto al debido proceso en la Suprema Corte*, Boletín de vinculación del 28 de enero de 2013.

país, no obstante ser considerado como humano en sentido amplio; con lo que también se les violaría a estas personas en específico, el derecho de igualdad ante la ley que prevé el artículo 24 del propio Pacto de San José, ya que si bien es cierto que el artículo que se refiere a los derechos políticos admite excepciones de regulación por el derecho interno con algunas limitaciones por razones de edad, nacionalidad, residencia, idioma, instrucción, capacidad civil o mental o condena por juez competente en proceso penal; no contempla la limitación por tratarse de un ministro de culto; pero el hecho de la reserva hecha por el gobierno mexicano, niega toda posibilidad del derecho y por lo tanto vulneraría el derecho de igualdad ante la ley; por lo que estos derechos, en la parte específica que se menciona y para las personas referidas, no puede considerarse como un derecho fundamental en México, de lo anterior podríamos concluir que no todos los derechos humanos reconocidos y contenidos en tratados internacionales, constituyan derechos fundamentales, por los motivos ya expresados, o bien que no todos los derechos fundamentales considerados así en el ámbito interno de un país, sean considerados como derechos humanos.

Podríamos decir que los derechos humanos son más filosóficos, mientras que los derechos fundamentales son más concretos al ser reconocidos por el derecho interno o un sistema jurídico de normas de manera más específica.

3. Derechos Humanos y Garantías Individuales

En este sentido, parte de la doctrina consultada se ha inclinado por la idea de que los derechos humanos son el objeto de protección de las garantías, señalando que:

> Los derechos humanos son el objeto de protección de las garantías, en cuanto que existen derechos humanos que no están protegidos por éstas, identificando a los derechos humanos como prerrogativas o potestades de que es titular todo aquel ente que tenga la calidad de ser humano y que goza de los mismos por el solo hecho de serlo, en cuanto que los mismos le son otorgados por la naturaleza y únicamente reconocidos por el Estado, el cual en su caso sólo otorga garantías para su protección, pero no los concede, sino que los reconoce. Los derechos son pues anteriores al Estado, en tanto que las garantías son posteriores a él y dadas precisamente por el mismo para todos los gobernados, protegiéndose por medio

de ellas los derechos del hombre y de los gobernados. [85]

Distinto doctrinario, a raíz de las reformas constitucionales de 6 y 10 de junio de 2011, señala que lo que hicieron fue modificar la concepción filosófica que sustenta la identificación de los derechos fundamentales de nuestro sistema jurídico, para cambiar de la función positivista de otorgamiento, a la naturalista de reconocimiento, además de que en ambas reformas se precisa la diferencia entre los derechos humanos reconocidos por la constitución y los tratados internacionales y las garantías, lo que obliga a diferenciar ambos conceptos, por tanto ya no podemos identificar garantías con todos los derechos establecidos en la constitución a favor de los gobernados, sino que debemos precisar su contenido como los medios previstos en el sistema, para asegurar el respeto a los derechos humanos, reconocidos tanto en la Constitución como en los tratados internacionales, debido a que garantía significa lo que asegura o protege contra un riesgo o necesidad; por lo que las garantías para la protección de los derechos incluirán, el propio texto constitucional que fija los derechos fundamentales y reconoce entre ellos derechos humanos; el juicio de amparo; las acciones de inconstitucionalidad; el sistema de medios de impugnación en materia electoral; la obligación de todas las autoridades de prevenir, investigar, sancionar y reparar las violaciones a los derechos humanos; las actividades de las Comisiones de Derechos Humanos, tanto federal como locales; el procedimiento ante las Comisión Interamericana de Derechos Humanos; el juicio ante la Corte Interamericana de Derechos Humanos y en general, los medios de protección establecidos en el sistema universal de derecho humanos de la ONU. [86]

Lo anterior nos clarifica pues esa diferencia entre estas figuras en cuanto a que las garantías serían de alguna manera aparte del texto constitucional, los mecanismos con los cuales se protegen los derechos humanos, además de quedar claro que los derechos humanos aparte de ser el objeto de protección de las garantías, son mucho más amplios que éstas, en cuanto a que hay derechos humanos que no están protegidos por garantías individuales, en algunos casos de manera muy específica como los derechos políticos, en cuanto a que si bien se consideran como derechos humanos en tratados internacionales (Convención Americana sobre los Derechos Humanos articulo 23), no menos cierto es que ya como garantía individual u otorgada para su protección se encuentra limitada por diversos factores de edad, nacionalidad, etc., lo cual si bien es cierto es contemplado

[85] Del Castillo del Valle, Alberto, *Garantías Individuales y Amparo en Materia Penal,* México, Duero, 1992, p. 24.
[86] Baltazar Robles, German Eduardo, *op. cit.* nota 2, pp. 68-69.

por el propio tratado, no se encuentra protegido dicho derecho humano para el caso de los ministros de culto, por lo que no existe garantía al respecto para ellos, en atención de que el Estado mexicano hizo reserva en esa circunstancia en específico, y el pacto de San José no se refiere a que pudiera limitarse ese derecho en ese caso en concreto dentro de la enumeración que señala, pero por el hecho de la reserva, se dejó sin mecanismo de protección dicho derecho humano, pero además aun considerando que contra tal violentación pudiera existir el juicio de amparo, desde la ley de amparo anterior, existía una causal de improcedencia al respecto y en la Nueva legislación de la materia subsiste dicha causal de improcedencia en el artículo 61 fracción XV, lo que dejaría sin garantía de protección en este sentido.

Quizá pudiera considerarse también que existen como garantías los medios de impugnación en materia electoral, sin embargo no alcanza dicha protección a considerar como protegido dentro de dichos medios de impugnación el ejercicio pleno de esos derechos políticos en los términos que lo señala el derecho humano contenido en el tratado, debido al cumulo de restricciones que contiene, ya que no pueden ejercer cargos públicos, ni ser votados, así como el derecho de asociarse con fines políticos, de acuerdo a lo que señala el artículo 130 en los incisos d) y e) de la Constitución Política de los Estados Unidos Mexicanos.

Pudiera pensarse que si un ministro de culto deja de ejercer ese ministerio en los tiempos que lo prevé la ley, eso le diera ejercicio o posibilidad de ser candidato, sin embargo esto resulta al menos incongruente con la libertad no sólo de pensamiento que señala el artículo 24 del pacto federal, sino también con la disposición del artículo 5º de dicha norma suprema, porque este último señala la posibilidad de que cada quien es libre de dedicarse a la profesión u oficio que mejor le acomode, teniendo como única limitante la licitud del mismo, y no se ve como el ser ministro de culto le impida el ejercicio de sus derechos políticos, por lo que es claro que este derecho, en esta parte, carece de garantía para su protección. Pero además como ya habíamos considerado líneas arriba, la reserva hecha por el Estado mexicano para dichos ministros de culto, ya eso los deja fuera de la protección y por tanto de garantías para su ejercicio, por los motivos ya expresados.

Cabe concluir, que algo que deja claro las diferencias entre estas figuras, es que incluso el propio pacto de San José, habla de Derechos y Garantías.

II. LOS DERECHOS HUMANOS Y SU VIOLACIÓN POR PARTICULARES.

Este punto también resulta particularmente interesante, en cuanto a que es común, o bien la tendencia ha sido en el sentido de que únicamente es la autoridad o el Estado quien puede ser sujeto activo en la violación de derechos humanos, ya que se ha considerado que en todo caso los particulares comenten delitos, pero que quien puede vulnerar derechos humanos es solamente el Estado como entidad pública.

Al respecto podemos decir, que lo anterior ha ido evolucionado o cambiando, con independencia de lo que cada uno de nosotros consideremos al respecto, ya que como en todo, dependerá del concepto o visión que se adopte para el caso.

A manera de antecedentes, podemos decir que antes de que se hablara de derechos humanos y sólo se trataba de garantías individuales, había criterios en el sentido de que únicamente era el poder estatal quien podía vulnerar las mismas.[87]

De igual forma, desde que se iniciaron los trabajos para el anteproyecto de la nueva ley de amparo por el año dos mil a dos mil dos, en donde se consideraba sobre la procedencia del amparo en contra de actos de particulares, los impulsores de dicho proyecto y doctrinarios sobre el tema consideraban que ya no debía considerarse que todas las violaciones a las en aquel entonces "garantías individuales" podrían necesariamente venir de particulares, pues incluso a su vez señalaban antecedentes de casos en donde la Suprema Corte de Justicia de la Nación ya había anticipado en algún criterio vanguardista para su época, la posibilidad de la procedencia del amparo en contra de un general revolucionario, cuyo caso se refería a una persona de nombre Marcolfo F. Torres que había solicitado un amparo en contra de un mayor de nombre Canuto Ortega, porque este último pretendía expulsarlo del pueblo de Sahuaripa Sonora y privarlo de su libertad. Inicialmente el juez negó el amparo considerando que Canuto Ortega era un particular (mayor revolucionario que no era un militar en sentido formal), pero posteriormente al llegar el asunto a la Suprema Corte, se revocó la sentencia y sí se consideró procedente el amparo, ya que Canuto Ortega sí tenía el carácter de autoridad para los efectos del amparo. Las razones fueron que la Corte consideró que tenía a su mando la fuerza pública, toda vez que autoridades no son únicamente las establecidas conforme a la ley, de donde se sigue que procede en contra de autoridades

---

[87] Tesis I. 4º. P. 4 P, *Semanario Judicial de la Federación y su Gaceta*, Novena Época, t. IV, Octubre de 1996, p. 589.

de facto, lo que les da la posibilidad de obrar como individuos que ejercen actos públicos; luego el máximo tribunal desestimó aspectos formalistas y estableció un criterio de vanguardia.

El criterio tomó importancia, en cuanto a que muchas afectaciones en contra de los individuos proceden de personas que de manera formal no integran o forman parte del gobierno del Estado.[88]

Lo anterior siguió permeando hasta el grado de que en la nueva Ley de Amparo ha quedado plasmada esta posibilidad en algunos casos específicos en donde esos particulares realicen actos equivalentes a los de autoridad, según se desprende del artículo 5º fracción II, párrafo segundo.

Esto tenía su origen pues en cuanto a que los particulares pueden causar actos en contra de particulares que afecten verdaderamente sus derechos humanos, lo cual fue manifestándose de alguna manera y reflejándose a su vez en los criterios de los tribunales de la federación, y desde luego la propia Suprema Corte de Justicia quien inicio con criterios interpretativos que daban cabida o admitían de alguna manera que efectivamente, podrían considerarse casos en que los particulares incurrían en violaciones de derechos fundamentales.[89]

Posteriormente surge ya la jurisprudencia con número de registro 159, 936 en este sentido, misma que por ser el tema a tratar en este punto, se incluye textual a fin de poder analizar la misma de manera detallada, la cual señala lo siguiente:

10a. Época; 1a. Sala; S.J.F. y su Gaceta; Libro XIII, Octubre de 2012, Tomo 2; Pág. 798.

DERECHOS FUNDAMENTALES. SU VIGENCIA EN LAS RELACIONES ENTRE PARTICULARES.

La formulación clásica de los derechos fundamentales como límites dirigidos únicamente frente al poder público, ha resultado insuficiente para dar respuesta a las violaciones a dichos derechos por parte de los actos de particulares. En este sentido, resulta innegable que las relaciones de desigualdad que se presentan en las sociedades contemporáneas, y que conforman posiciones de

---

[88] Saldívar Lelo de Larrea, Arturo, *Hacia una Nueva Ley de Amparo*, México, Universidad Nacional Autónoma de México, 2002, pp. 66-67.

[89] Tesis I. 3º. C. 739 C., *Semanario Judicial de la Federación y su Gaceta*, Novena Época, t. XXX, agosto de 2009, p. 1597. Tesis 1ª. J.15, *Semanario Judicial de la Federación y su Gaceta*, Décima Época, t. II, octubre de 2012, p. 798.

privilegio para una de las partes, pueden conllevar la posible violación de derechos fundamentales en detrimento de la parte más débil. La Constitución Política de los Estados Unidos Mexicanos no ofrece ninguna base textual que permita afirmar o negar la validez de los derechos fundamentales entre particulares; sin embargo, esto no resulta una barrera infranqueable, ya que para dar una respuesta adecuada a esta cuestión se debe partir del examen concreto de la norma de derecho fundamental y de aquellas características que permitan determinar su función, alcance y desenvolvimiento dentro del sistema jurídico. Así, resulta indispensable examinar, en primer término, las funciones que cumplen los derechos fundamentales en el ordenamiento jurídico. A juicio de esta Primera Sala, los derechos fundamentales previstos en la Constitución gozan de una doble cualidad, ya que si por un lado se configuran como derechos públicos subjetivos (función subjetiva), por el otro se traducen en elementos objetivos que informan o permean todo el ordenamiento jurídico, incluyendo aquellas que se originan entre particulares (función objetiva). En un sistema jurídico como el nuestro -en el que las normas constitucionales conforman la ley suprema de la Unión-, los derechos fundamentales ocupan una posición central e indiscutible como contenido mínimo de todas las relaciones jurídicas que se suceden en el ordenamiento. En esta lógica, la doble función que los derechos fundamentales desempeñan en el ordenamiento y la estructura de ciertos derechos, constituyen la base que permite afirmar su incidencia en las relaciones entre particulares. Sin embargo, es importante resaltar que la vigencia de los derechos fundamentales en las relaciones entre particulares, no se puede sostener de forma hegemónica y totalizadora sobre todas y cada una de las relaciones que se suceden de conformidad con el derecho privado, en virtud de que en estas relaciones, a diferencia de las que se entablan frente al Estado, normalmente encontramos a otro titular de derechos, lo que provoca una colisión de los mismos y la necesaria ponderación por parte del intérprete. Así, la tarea fundamental del intérprete consiste en analizar, de manera singular, las relaciones jurídicas en las que los derechos fundamentales se ven encontrados con otros bienes o derechos constitucionalmente protegidos; al mismo tiempo, la estructura y contenido de cada derecho permitirá determinar qué derechos son sólo oponibles frente al Estado y qué otros derechos gozan de la pretendida multidireccionalidad.

Sin embargo, del anterior criterio jurisprudencial, en nuestra opinión, se estima que, no se advierte con claridad a qué derechos se refiere que podrán considerarse con posibilidad de ser violados por los particulares, y por tanto, habrá que analizarse el caso concreto, con lo que si bien da el punto de partida para admitir dicha posibilidad en nuestro sistema jurídico, deja abierto el análisis a cada caso en particular.

Al respecto, pudiéramos comentar que uno de los derechos que más comúnmente se ven controvertidos en contra de particulares, cuya violación se adjudica precisamente a otros particulares, son los casos de discriminación, en donde se presentan casos en materia laboral o algunos otros relacionados con cuestiones de homofobia.

Sin embargo cabe aclarar que algunas de estas cuestiones ya se encuentran tipificadas como delitos por algunas legislaciones penales, (lo cual deriva de la jurisprudencia internacional en este sentido como se verá más adelante) por lo que entonces volveríamos al criterio de que los particulares cometen delitos y sólo las autoridades violan derechos humanos, y como ejemplo de lo anterior, el Código Penal del Estado tipifica el delito de discriminación en el artículo 197[90].

---

[90] Art. 197.- Se impondrá de seis meses a tres años de prisión o de veinticinco a cien días de trabajo en favor de la comunidad y multa de cincuenta a doscientos días a quien, por razón de edad, sexo, estado civil, embarazo, raza, procedencia étnica, idioma, religión, ideología, orientación sexual, color de piel, nacionalidad, origen o posición social, trabajo o profesión, posición económica, características físicas, discapacidad o estado de salud o cualquier otra que atente contra la dignidad humana y tenga por objeto anular o menoscabar los derechos y libertades de las personas:
I.- Provoque o incite al odio o a la violencia;
II.- Niegue a una persona una prestación o un servicio al que tenga derecho. Para los efectos de esta fracción, se considera que toda persona tiene derecho a los servicios o prestaciones que se ofrecen al público en general;
III.- Veje o excluya a alguna persona o grupo de personas; o
IV.- Niegue o restrinja derechos laborales o el acceso a los mismos sin causa justificada.
Al servidor público que, por las razones previstas en el primer párrafo de este artículo, niegue o retarde a una persona un trámite, servicio o prestación a que tenga derecho, se le aumentará en una mitad la pena prevista en el primer párrafo del presente artículo y, además, se le podrá imponer suspensión, destitución o inhabilitación para el desempeño de cualquier cargo, empleo o comisión públicos, por el mismo lapso de la sanción impuesta.

Con lo anterior nos volvemos a colocar pues en el supuesto de que los particulares en todo caso cometen un ilícito, y que para el caso de que alguno incurra en conductas discriminatorias, está la legislación sustantiva penal para reprimir las mismas, lo cual pudiera generalizarse en los Códigos Penales, (máxime con la propuesta de elaboración de un Código Penal único) entonces, si volvemos a ese criterio, de que resulte más práctico tipificar aquellas conductas o posibles violaciones a derechos humanos cometidas por particulares, esto tendrá como efecto el que para fines de sanción, ya sea al particular responsable de la violación o la autoridad, se recurra a la denuncia penal correspondiente, pero para el caso de solicitar algún tipo de suspensión en contra del particular que ejerza funciones de autoridad y que pudiera colocarse en la hipótesis de transgresor de derechos fundamentales, entonces el afectado por dicho acto, contará con la opción del juicio de amparo. Claro, todo ello dependiendo del caso concreto en el que pudiera tener cabida dicho juicio de control constitucional y a conveniencia del quejoso si se trata de un juicio de amparo, o bien de la víctima u ofendido si se trata de la comisión de algún delito.

Finalmente en cuanto a la responsabilidad internacional del Estado en violaciones a los derechos humanos cometidos por particulares, diremos que de acuerdo a la jurisprudencia de la Corte Interamericana de Derechos Humanos, sí existe la misma en los casos en que la propia jurisprudencia señala.

Pero no sólo eso, sino que el hecho de que exista tipificación en el derecho interno de aquellas conductas que impliquen violaciones a derechos humanos y sean consideradas como delitos, también lo ha señalado la jurisprudencia internacional mencionada [91]

No serán consideradas discriminatorias todas aquellas medidas tendientes a la protección de los grupos socialmente desfavorecidos.
Este delito se perseguirá previa querella.
[91] Silva García, Fernando, *Jurisprudencia interamericana sobre Derechos Humanos, Criterios Esenciales,* México, Tinant lo Blanch México, 2011, pp. 5-6 y 11.

III. LOS DERECHOS HUMANOS EN LA PROCURACIÓN Y ADMINISTRACIÓN DE JUSTICIA

Sobre el tema, comenzaremos diciendo que el mismo resulta muy amplio en cuanto a que la procuración y administración de justicia implica una serie de acciones de todo tipo a tomar en cuenta en la protección de estos derechos, sin embargo en este caso nos referiremos de manera concreta al llamado debido proceso, que se considera debe atenderse al momento de someter a juicio a una persona.

Como antecedente de este derecho, diremos que se encuentra íntimamente vinculado al de presunción de inocencia, cuya protección viene desde el artículo 11.1 de la Declaración de los Derechos Universales de los Derechos del Hombre de 16 de diciembre de 1948 que al respecto señala: "Se presume inocente a toda persona acusada de un acto delictivo hasta que su culpabilidad haya sido legalmente establecida en el curso de un proceso público donde se le hayan asegurado todas las garantías necesarias para su defensa".

Lo anterior fue recogido por la Constitución de 1917 en el segundo párrafo del artículo 14, en donde se señaló que: "Nadie podrá ser privado de la vida, de la libertad o de sus propiedades, posesiones o derechos, sino mediante juicio…"

Texto que es traducción directa del correspondiente de la V enmienda norteamericana, luego como ambos principios (presunción de inocencia y debido proceso) tienen idéntico contenido, la presunción de inocencia se encuentra también contenida en este mismo artículo.[92]

La Suprema Corte de Justicia de la Nación ha señalado que el debido proceso es el respeto a los derechos de una persona durante un juicio-incluso desde la propia averiguación previa-, plasmados en la Constitución y en los tratados internacionales, encaminados a la obtención de una resolución equilibrada y justa.[93]

De manera reciente la Suprema Corte ha resuelto algunos asuntos relacionados con el debido proceso y los derechos fundamentales, tales como el del primero de febrero de 2012, en donde la Primera Sala ordenó la libertad de siete indígenas tzotziles por hechos sucedidos en Acteal, Municipio de Chenaló Chiapas, por haberse violado sus derechos constitucionales al debido proceso, ya que aparecieron documentos

---

[92] Zamora Pierce, Jesús, *Juicio Oral. Utopía y Realidad*, México, Porrúa, 2011, p. 33.
[93] *El respeto al debido proceso en la Suprema Corte*, op. cit. nota 4.

públicos que dejan sin valor las pruebas en que se fundó la resolución y aunado a ello, tales pruebas eran contrarias a la ley.

De igual manera el diecisiete de octubre de 2012, la misma Sala ordenó la libertad de un indígena mazahua por la comisión del delito de secuestro, al considerar que, durante el proceso penal, fue víctima de diversas violaciones, entre ellas, al debido proceso, por la obtención de pruebas contrarias a la ley. Así mismo el veintiocho de noviembre, esa misma Sala, ordenó también la libertad de dos indígenas náhuatl, al no existir prueba para acreditar el delito de robo de vehículo calificado, violando la garantía de audiencia y debido proceso, ya que, entre otras cosas, no se les nombró traductor o intérprete que hablara dicha lengua.

Luego el veintitrés de enero de 2013, también la misma Primera Sala, ordenó la libertad de la ciudadana francesa Florence Marie Louis Cassez Crepin, en contra de la sentencia que en su momento dictó, en segunda instancia, un Tribunal Unitario de Circuito en la que se le había condenado a 60 años de prisión por los delitos de delincuencia organizada, secuestro y portación de armas. Ello en virtud de que, entre otras cosas, durante el respectivo enjuiciamiento, no se había respetado su derecho a un debido proceso. [94]

De todo lo anterior podemos de alguna forma entender que tales antecedentes sobre este derecho fundamental en el orden jurídico mexicano, implica pues el que deben respetarse puntualmente cada uno de los derechos al que las partes en un proceso tienen, de lo cual resulta comentable lo relacionado con los derechos de las víctimas en dichos procesos, a quienes últimamente se les ha ampliado el reconocimiento de los mismos, lo cual se ve corroborado con la reciente expedición de la Ley General de Víctimas.

Precisamente en el tema de la víctimas, resulta de importancia también el comentar la ampliación que se ha hecho en favor de las mismas con respecto del juicio de amparo, ya que anteriormente se sujetaba a lo dispuesto por el anterior artículo 10 de la Ley Reglamentaria de los Artículos 103 y 107 Constitucionales y que se refería de manera específica a la reparación del daño y en su caso a que la procedencia del amparo se daba contra actos emanados del incidente de reparación o de responsabilidad civil o bien contra actos que emanados del procedimiento penal estuvieran relacionados con el aseguramiento del objeto del delito y de los bienes afectos a dicha reparación o a la responsabilidad civil y, finalmente contra resoluciones del Ministerio Público que confirmen el no ejercicio o el

---

[94] *Ídem*

desistimiento de la acción penal; sin embargo, con posterioridad se fue ampliando la procedencia del juicio constitucional al amparo directo, en donde resulta procedente en contra de la sentencia definitiva que absuelve al acusado, según se desprende de la jurisprudencia emitida por la Primera Sala de la Suprema Corte de Justicia de la Nación.[95] Cabe aclarar que también se ha interpretado la procedencia ya no sólo del amparo directo en los términos de la jurisprudencia mencionada, sino del amparo indirecto en los casos en que se llegara a dictar un auto de libertad al inculpado, esto por identidad jurídica, ya que si es procedente el amparo directo, entonces por esas mismas razones podemos hablar de la procedencia del amparo biinstancial, según se determinó por un Tribunal Colegiado.[96]

Cabe aclarar que en la Nueva Ley de Amparo se señala en el artículo 5º fracción primera último párrafo, que la víctima u ofendido tienen el carácter de quejosos en todos los casos que se prevén en dicha ley, con lo cual se amplían aún más sus posibilidades para la interposición de dicho juicio constitucional.

Por lo que ve a la jurisprudencia de la Corte Interamericana, existen varios criterios que avalan el respeto a los derechos de la víctima u ofendido a fin de respetarles el debido proceso como un derecho fundamental.[97]

Continuando con nuestro tema del debido proceso, cabe agregar que la doctrina ha sido muy crítica con relación al respeto a este derecho fundamental, especialmente por lo que hace al procedimiento abreviado en la reforma constitucional del 2008 y que desde luego se encuentra vigente en nuestra legislación procesal, ya que se ha dicho, entre otras cosas, que por principio de cuentas este tipo de procedimientos en el derecho comparado, se reserva a delitos de poca gravedad (España, El Salvador, Guatemala, Chile), mientras que en nuestro país se permite a todo tipo de delitos, no obstante que la Asociación Internacional de Derecho Penal resolvió que los delitos graves no pueden ser juzgados mediante procedimientos abreviados, ignorando nuestro país tal recomendación.

Además el artículo 20 apartado A, fracción VII, no establece expresa ni tácitamente la posibilidad de que las partes celebren negociaciones o pactos. Pero admitir la posibilidad de una negociación entre el Ministerio Público y el inculpado, contradice la tradición jurídica mexicana, la cual se representa

---

[95] Tesis 1ª. /J. 21 / 2012, *Semanario Judicial de la Federación y su Gaceta*, Décima Época, t. I, mayo de 2011, p. 1084.

[96] Tesis 1. A. /J. 21/ 2012, *Semanario Judicial de la Federación y su Gaceta*, Décima Época, t. III, septiembre de 2012, p. 2094.

[97] Silva García, Fernando, *op. cit.*, nota 13, pp. 158-161, 163, 166-169.

en el artículo 2947 del Código Civil Federal que señala: "Se puede transigir sobre la acción civil proveniente de un delito, pero no por eso se extingue la acción pública para la imposición de la pena, ni se da por probado el delito". La negociación sólo puede darse entre iguales y no entre el Estado y los particulares.

También se considera que en México los autores de los Códigos procesales tomaron la actitud de quien remata saldos, ya que es el Ministerio Público quien determina la pena en tanto que puede fijarla hasta en un tercio menos de la mínima, y que esto conlleva a que el legislador mediante una norma procesal, está derogando la norma penal que fija la sanción y por tanto la pena recortada pierde su sanción y ejemplaridad, y si a esto agregamos las normas de sustitución y conmutación de sanciones, el inculpado se verá de inmediato en libertad, sujetándose únicamente al pago de una multa o trabajo a favor de la comunidad. Con esto, se considera que tales beneficios pueden resultar un premio para el culpable y una tentación para el inocente, quien se sentirá tentado a declararse culpable para ahorrarse los gastos y riesgos del juicio. Se piensa también que con esto se otorga poder al Ministerio Público, quien toma la función de individualizar la pena; él decide en qué porcentaje se disminuye, su decisión no es tomada públicamente ni tiene que fundarla ni motivarla, no se controla por vía de apelación y el juez no puede imponer una pena superior a la solicitada por dicho fiscal, con esto el juez pierde importancia, ya que es el Ministerio Público quien dicta la justicia y probablemente la injusticia, la pena se convierte en una mercancía y la posibilidad de corrupción es enorme. [98]

Así mismo se estima que con el procedimiento abreviado se elimina el juicio penal y se destruye el sistema de garantías procesales; el Ministerio Público acuerda con el imputado fuera del tribunal y en ausencia del juez, lo que violentaría el artículo 20 apartado A, fracción II, además al ser secreta dicha negociación viola el principio de que el proceso se desarrolle en audiencia pública según lo dispone el artículo 20 apartado A, fracción IV y 20 apartado B, fracción V, aparte que la ausencia del juez destruye el principio de igualdad procesal de las partes según lo dispone el artículo 20 apartado A, fracción V, pues se deja al imputado indefenso ante el Ministerio Público. De igual manera se ha considerado que se vacía de contenido el derecho del inculpado a una defensa adecuada, lo cual constituye un derecho irrenunciable, cuando el defensor nada controvierte, ni ofrece pruebas, ni alega y tan solo permite que su defenso, sea condenado conforme a las pruebas reunidas por el Ministerio Público, a la pena que el mismo órgano investigador fijó a su arbitrio. Por otro lado, con

---

[98] Zamora Pierce, Jesús, *op. cit.* nota 14, pp. 64, 65, 72 y 73.

el procedimiento abreviado se elimina el juicio previo del párrafo segundo del artículo 14 Constitucional y de la Declaración Universal de Derechos Humanos del artículo 11.1, donde señala: "Toda persona acusada de delito tiene derecho a que se presuma su inocencia mientras no se pruebe su culpabilidad, conforme a la ley y en juicio público en el que se le hayan asegurado todas las garantías necesarias para su defensa". Misma garantía que está contenida en el artículo 8° de la Convención Americana sobre Derechos Humanos y el Pacto Internacional de Derechos Civiles y Políticos en su artículo 14. Por tanto el juicio es el único camino para privar a un hombre del estado de inocencia y por tanto de sus derechos, por lo que el acuerdo que se celebra entre el inculpado y el Ministerio Público destruye el juicio, ya que priva al procedimiento de sus características esenciales como la inmediatez, oralidad, publicidad, igualdad procesal, defensa y derecho a no autoincriminarse. [99]

Si bien es cierto, alguien pudiera señalar que el acogerse al procedimiento abreviado es una decisión del inculpado que toma en forma libre y voluntaria renunciado al juicio al que tiene derecho por convenirle a sus intereses, lo cual hace con asesoramiento de su defensor y demás garantías al respecto; aquí se debe decir que existen diversas opiniones de la doctrina en cuanto a que el derecho a tener un juicio previo resulta irrenunciable, [100] sin embargo aun y cuando no fuera así, para renunciar al mismo, sería necesario que el inculpado actuara en plena y absoluta libertad, como lo señalan la Constitución Nacional, la Convención Americana sobre Derechos Humanos y el Pacto Internacional de Derechos Civiles y Políticos, lo cual se considera que no ocurre, porque su confesión es coaccionada, ya que de acuerdo con lo considerado por el Comité de Derechos Humanos, señala que es coacción la práctica de obtener confesiones mediante la promesa de no procesar al reo por las acusaciones más graves que pesan en su contra.[101]

Considera pues esta parte de la doctrina que la coacción se encuentra en la reducción que puede ofrecerse a un inculpado o bien en la solicitud de aplicación de la pena más grave, por lo que la decisión que al respecto sea

---

[99] *Ibídem*, pp. 80-82.

[100] Cfr. Bovino, Alberto, "Procedimiento Abreviado y Juicio por Jurados" en el Procedimiento Abreviado, Buenos Aires, Editores del Puerto, 2005, p. 69; Díaz Cantón, Fernando, "Juicio Abreviado vs. Estado de Derecho", en El Procedimiento Abreviado, Buenos Aires, Editores del Puerto, 2005, pp. 270 y 271; Córdova Gabriela E., "El Juicio Abreviado en el Código Procesal Penal de la Nación", en El Procedimiento Abreviado, Buenos Aires, Editores del Puerto, 2005, p. 236, citados por Zamora Pierce, Jesús, op. cit., pp. 82 y 83.

[101] Zamora Pierce, Jesús, *op. cit.*, p. 84.

tomada por un imputado, pudiera no ser tomada de manera libre como lo exige nuestra constitución y los propios instrumentos internacionales mencionados al respecto, lo que debemos decir que es compartido por nuestra parte, ya que sí se considera que subyace una coacción al respecto, sobre todo en aquellos casos en que un imputado carece de los medios probatorios necesarios para poder acreditar su inocencia, lo cual se da de manera específica en los delitos sexuales, los que por su propia naturaleza y forma de comisión, carecen a menudo de testigos u otros medios que pudieran crear convicción en el juzgador sobre la inocencia en su caso del imputado, luego si a esto le agregamos que se le oferte una pena menor, que incluso le dé la posibilidad de obtener un beneficio, como por ejemplo podría ser la sustitución de la pena, todo ello conllevaría a que su decisión sobre el que se le siguiera un procedimiento abreviado resultara atractivo en el caso concreto y lo lleve a tomar una decisión que aunque en principio pudiera ser en su beneficio, en realidad no se está cumpliendo con la finalidad del proceso penal, que entre otras, es que se castigue al culpable del delito, porque pueda incurrirse en injusticias graves, y el verdadero culpable quedar sin castigo; o bien que no exista la comisión de tal delito y se calumnie a una persona y se le imponga una pena por un hecho que no cometió, por lo que cuando hablamos de cualquier acto que altere o ponga en tela de juicio, el máximo valor del derecho traducido en la justicia, entonces es necesario hacer una muy seria reflexión al respecto, por estar en juego la razón de ser del derecho mismo.

Pero además de lo anterior, la gravedad se torna en si dicho derecho de renunciar a un juicio previo o un debido proceso es renunciable, porque de no ser así, entonces se considera que se está cometiendo un grave error con el procedimiento abreviado, ya que incluso ni siquiera se le denomina "juicio" propiamente, para poder estar en posibilidad de considerar que sí se está cumpliendo con dicho derecho fundamental, por lo que al no resultar así, y ante la imposibilidad de renunciar al mismo, como lo ha señalado la doctrina citada, entonces, pudiera darse el caso de que en un momento dado al analizarse el cumplimiento a este derecho fundamental por nuestro máximo tribunal o por los tribunales internacionales, pudiera resultar violatorio de derechos humanos, con las consecuencias de anulación de los procedimientos abreviados sometidos ante este órgano de control a través del juicio de amparo o de la queja ante las instancias internacionales.

También en cuanto al debido proceso, la Corte Interamericana de los Derechos Humanos ha considerado al mismo, como el conjunto de requisitos que deben observarse en las instancias procesales a efecto de que las personas estén en posibilidad de defenderse adecuadamente; además de que debe aplicarse en todas las materias; esto entre otras consideraciones al respecto. [102]

IV. LOS DERECHOS HUMANOS Y SU FUNDAMENTACIÓN EN EL SISTEMA JURÍDICO MEXICANO.

Normalmente, cuando pretendemos fundamentar algún derecho en un sistema jurídico o en un ordenamiento en particular como pudiera ser el caso de la Constitución Política de los Estados Unidos Mexicanos, buscamos algún artículo en específico que le de sustento al mismo; o bien en alguna legislación de tipo secundaria, realizamos la misma fórmula; sin embargo cuando hablamos de los derechos humanos, se considera que el espectro del fundamento se amplía considerablemente, en cuanto a que este tipo de derechos los encontramos relacionados o encuentran fundamento en prácticamente todo el ordenamiento jurídico. Ciertamente siempre es bueno partir de algún artículo constitucional en específico para decir, por ejemplo, que los derechos humanos, se encuentran fundamentados, hablando de la Constitución Federal de manera específica, quizá en los artículos 1°, 102 apartado B, 103 y 107 Constitucionales, por hacer dichos artículos, mención expresa de estos derechos.

Sin embargo consideramos necesario comentar que en cuanto a esta parte de nuestro orden jurídico como es la Constitución Federal, si analizamos de acuerdo con el método analítico, el titulo primero, capitulo primero, titulado "De los Derechos Humanos y sus Garantías" de los primeros 29 artículos, encontraremos que todos guardan relación con los derechos humanos: luego si posteriormente realizamos un análisis de los capítulos denominados "De los Mexicanos" "De los Extranjeros" "De los ciudadanos Mexicanos" del artículo 30 al 38, también encontraremos la estrecha vinculación con dichos derechos. Lo mismo pudiera decirse con lo relacionado al capítulo "De la Soberanía Nacional y de la Forma de Gobierno del articulo 39; así como lo que disponen los artículos 40 y 41 de la representación y las formas de acceso al poder en las reglas establecidas a través de los partidos políticos; pero quizá resultaría igual si hablamos del capítulo geográfico regulado del artículo 42 al 48, ya que si bien es cierto se refiere a las partes integrantes del territorio nacional, no menos cierto es que esas partes, es lo que conforma el elemento territorio en la composición de un Estado y que es precisamente en donde se encuentra asentado el

---

[102] Silva García, Fernando, *op. cit.*, nota 13, pp. 96, 108-113, 122-127, 130-134, 143-151, 154.

elemento humano de la población, como otro de los elementos del Estado, por lo que sin duda es fundamento de un elemento del Estado necesario para la existencia del mismo, además de guardar relación con la nacionalidad como un derecho de las personas; Algo parecido ocurre con la división de poderes del 49 Constitucional, ya que la misma, modera su ejercicio en beneficio de los derechos de los gobernados. Lo mismo sucede con lo que se fundamenta en la Constitución, del articulo 50 al 70 que se refiere al poder legislativo, ya que es obligación también de dicho poder el promover, respetar, proteger y garantizar los derechos humanos de acuerdo con el artículo 1° de la carta magna; todo lo cual también ocurre con los artículos que regulan al poder ejecutivo de los artículos 80 al 93, y al poder judicial del articulo 94 al 107, ya que de acuerdo con la obligaciones de todas las autoridades, que como ya se dijo, deben promover, respetar proteger y garantizar los derechos humanos; entonces es claro que no existe autoridad que escape a tal obligación, por lo que toda disposición que dé sustento jurídico a dichas autoridades y su ámbito de aplicación, resultará fundamento de los derechos humanos en el sistema jurídico mexicano.

Lo que tratamos de explicar, es que el fundamento de los derechos humanos en nuestro sistema de derecho es muy amplio, pues comprende no sólo la Constitución, sino los diversos instrumentos internacionales firmados y ratificados por nuestro país, mismo que si bien es cierto, sabemos que son parte integrante de nuestra Constitución Federal, éstos conforman de alguna manera a su vez, un sistema jurídico distinto.

Igual sucedería con las leyes que se originan a partir de la Norma Suprema, las cuales sin duda dan sustento a los derechos humanos y reglamentan los mismos, y que también forman parte del sistema jurídico de nuestro país, y en las cuales se especifica la protección a los derechos humanos en los casos concretos de aplicación de éstos.

Los mencionados derechos humanos en nuestro sistema jurídico, se encuentran pues protegidos a su vez por garantías, como las que se establecen en nuestra Constitución, los tratados internacionales y las leyes secundarias; así como aquellos derechos fundamentales establecidos en nuestro derecho interno, entendiendo por derechos fundamentales, aquellos derechos que son reconocidos por un determinado sistema jurídico, como en nuestro caso el de nuestro país, y que se traducen en derechos de igualdad, libertad, de seguridad jurídica, sociales e incluso colectivos.

Dentro de los primeros, de igualdad, de acuerdo con la concepción clásica, los encontramos contenidos en los artículos 1°, 2°, 4°, 12, 13 y 31 fracción IV, relativas a la prohibición de la esclavitud y de la discriminación; protección a las comunidades indígenas y sus integrantes; igualdad entre el varón y la mujer; prohibición de títulos de nobleza, prerrogativas y honores hereditarios; prohibición de tribunales especiales y leyes privativas; limitación de la jurisdicción de los tribunales militares; y equidad en las obligaciones tributarias.

Por lo que hace a los derechos de libertad, estos encuentran su fundamento de acuerdo con la misma clasificación, en los artículos 1°, 2°, 3°, 4°, 5°, 6°, 7°, 9°, 10, 11, 15, 16, 24 y 28, relativas a la prohibición y reconocimiento a la autodeterminación de los pueblos indígenas; libertad de educación, libertad de procreación, libertad de trabajo, nulidad de pactos contra la dignidad humana, libertad de pensamiento y expresión, libertad de imprenta, libertad de reunión y asociación, derecho a poseer armas en el domicilio, derecho a portar armas, libertad de tránsito, prohibición de extradición de reos políticos, derecho a la intimidad, libertad de conciencia y de culto y libertad de concurrencia en el mercado.

Las garantías de seguridad jurídica encuentran su fundamento en los artículos 8°, 14, 16, 17, 18, 19, 20, 21, 22 y 23, que son relativas al derecho de petición, irretroactividad de la ley, audiencia y legalidad, prohibición de justicia por propia mano y acceso a la justicia, prohibición de encarcelamiento por deudas puramente civiles, requisitos para la orden de aprehensión, el auto de vinculación a proceso y la prisión preventiva, derechos de los inculpados de la comisión de delitos, monopolio de la imposición de las penas y de la acción penal, prohibición de ciertas penas y principio *non bis in ídem*.

A esto habría que agregar otros derechos sociales, no considerados tradicionalmente como garantías individuales; por ejemplo, las denominadas garantías sociales establecidas en los artículos 3° (educación), 27 (propiedad agrícola) y 123 (derecho al trabajo), y otras más recientes como el derecho a la salud y al medio ambiente (4°) además de las garantías de propiedad, derivadas de lo previsto en los artículos 14, 16 y 27 (derecho a la propiedad privada y no ser molestado o privado de ella sin respetar los principios de legalidad y audiencia. [103]

Por nuestra parte también se agregarían los derechos colectivos a que hace referencia el artículo 17 de la Constitución Federal, en la parte relativa que señala "El Congreso de la Unión expedirá las leyes que regulen las acciones colectivas. Tales leyes determinarán las materias de aplicación, los procedimientos judiciales y los mecanismos de reparación del daño. Los jueces federales conocerán de forma exclusiva sobre estos procedimientos y mecanismos."

---

[103] Baltazar Robles, Germán Eduardo, *op. cit.*, nota 2, pp. 97 y 98.

Derechos estos que también se encuentran contemplados en el Código Federal de Procedimientos Civiles mediante reforma de fecha 30 de agosto de 2011, en el libro quinto denominado "De las Acciones Colectivas" que se regulan a partir del artículo 578 de dicha legislación federal.

Finalmente diremos que el ser humano subyace a todo derecho que ha de aplicarse en cualquier orden jurídico, de ahí lo amplio de lo que puede considerarse como fundamento de los derechos humanos, si partimos de la idea de que todo derecho es humano, por lo que lo mínimo para quienes pretendemos o aspiramos al estudio de nuestro sistema jurídico, resulta una obligación por lo menos básica el conocimiento de nuestra estructura constitucional aun de manera somera.

V. LOS DERECHOS HUMANOS, SU EVOLUCIÓN E INTERNACIONALIZACIÓN

Sin duda que no ha sido una tarea fácil el buscar el reconocimiento de los derechos humanos a través del tiempo, éste ha sido distinto según las diversas sociedades, en cuanto a que han habido algunas que quizá hayan logrado tal reconocimiento más pronto que otras; o que en otros casos, se presenten quizá avances diferentes, pero lo cierto es que no se puede negar que la protección a este tipo de derechos ha evolucionado, a distintos ritmos, pero en fin evolucionado.

Esto muy a pesar de algunas autoridades que aún presentan resistencia a lo anterior y encuentran más comodidad para gobernar cuando quizá no tengan que cumplir con ciertos requisitos para el ejercicio de sus funciones como el respetar tales o cuales derechos, según nos dan cuenta de esto los medios de información, en donde a la fecha encontramos regímenes renuentes a respetar los derechos humanos de sus gobernados.

Sin embargo, cada vez más se dan cuenta que es difícil tener sometida o "controlada" a una población bajo el pretexto de que ellos hacen lo que mejor le conviene a la misma; pero por otro lado esa sociedad, no ve reflejado en la vida diaria esa "conveniencia" que le quieren hacer creer sus gobernantes.

Además que hay que decir que la exigencia de la sociedad al reconocimiento de sus derechos humanos, es algo natural; ni siquiera puede decirse que sea algo que se pueda planear, sino que se da de manera natural, por tratarse de derechos que los individuos en lo particular y la sociedad en general necesitan para poder desarrollarse plenamente como seres humanos. No se trata pues de necesidades creadas, sino de la protección de derechos mínima necesaria, para que las personas puedan lograr su propio desarrollo como individuos.

De ahí que de manera genérica, sin profundizar en un concepto en particular, se entiendan tales derechos como aquellos inherentes a la persona, pero que a su vez tienen pleno reconocimiento por los demás y que se coincide en que sin esos derechos no se logra el pleno desarrollo de los seres humanos.

De todo lo anterior es que se puede hablar que los derechos humanos han evolucionado, aunque no los derechos en sí, porque en esencia siguen siendo iguales y siempre han estado ahí; sino la conciencia de la existencia de los mismos y su reconocimiento por la sociedad, quien a su vez ha exigido ese reconocimiento a la autoridad, lo cual ha traído cambios importantes en la protección de los mismos en las diversas sociedades.

La manifestación de tales cambios se ha dado a través de la creación de diversos organismos no gubernamentales creados por los propios ciudadanos, así como por parte del Estado de organismos oficiales que se encargan de su protección.

Estas exigencias naturales de reconocimiento de derechos que mencionábamos líneas arriba, ya se daban históricamente, y así, vemos que desde la época de Juan sin Tierra en 1215 se exigía ya al Soberano ingles para que reconociera a la sociedad sus derechos elementales,[104] posteriormente se fue dando una positivización de tales derechos.

En el caso concreto de nuestro país, desde luego que esto no ha sido la excepción y la sociedad mexicana aunque de manera para unos, quizá lenta, ha pugnado por el reconocimiento de sus derechos humanos, lo cual a la fecha se considera que sus logros no son menores aunque haya mucho por hacer.

Esto se da primero con el inicio por cuenta propia de la ciudadanía a través de organizaciones no gubernamentales, las cuales tuvieron un papel tan importantes, que posteriormente por la década de los 90 se crea por parte ya del Estado la Comisión Nacional de Derechos Humanos, como órgano desconcentrado de la Secretaría de Gobernación, lo cual se consideró como un primer avance que ya el Estado manifestara un interés para proteger tales derechos.

---

[104] Castro y Castro, Juventino, *Garantías y Amparo,* 12 Ed., México, Porrúa, 2002, p. 3.

Posteriormente, al siguiente año en 1991, se elabora la Ley Federal para Prevenir y Sancionar la Tortura, lo cual de alguna forma era otra respuesta a las demandas de la ciudadanía para frenar los abusos de la autoridad que se daban en ese sentido.

Todo lo anterior lleva a que el 28 de enero de 1992 se publicara el decreto que creaba de manera oficial organismos constitucionales autónomos de protección de los derechos humanos, los cuales se establecerían a nivel federal y local, mismos que se incluían en el artículo 102, apartado B de la Constitución Política de los Estados Unidos Mexicanos.

En el ámbito internacional se dio también la evolución comentada, lo cual ha ocurrido de manera bastante significativa, pues comprende desde cuando no se consideraba que el ser humano individual, tuviera derechos legales a nivel internacional, puesto que se les consideraba como objetos y no como sujetos del derecho internacional. En virtud de que los Estados no tenían ninguna obligación legal internacional relativa a los individuos, se suponía que era el Estado cuya nacionalidad poseía el individuo el que debía hacerse cargo, [105] sin embargo, a la fecha existen en gran parte de los países, organismos protectores de derechos humanos.

Otra parte de la doctrina señala que para hablar de la evolución internacional de los derechos humanos, debemos remontarnos a sus orígenes y así poder advertir su evolución, por lo que su antecedente como derecho comunitario se da en el derecho de guerra, en donde llegó a ser el principio de humanidad el factor principal de moderación, remplazando antiguos factores como el honor, la religión y el beneficio comercial. El principio de humanidad es la base de los regímenes de derechos humanos. En cuanto a cuándo fue que comenzó a tener importancia el principio de humanidad, el sacerdote filósofo Francisco de Vitoria señala en primer lugar en la doctrina del derecho natural común, que todos los derechos naturales tienen una proyección internacional, ya que son derechos supranacionales o de la humanidad y por tanto producen obligaciones para los Estados. Estas afirmaciones constituyen un importante antecedente del principio de humanidad y por lo tanto del movimiento de derechos humanos. En esta misma doctrina establece el precedente del concepto de solidaridad internacional en el sentido de que todos los hombres forman una misma familia universal, con lazos de solidaridad mutua. Es la moral internacional la que establece el fundamento de solidaridad de las naciones. En segundo lugar establece que la guerra debe declararla sólo la autoridad

---

[105] Buergental, Thomas, *Derechos Humanos Internacionales,* Trad. Ángel Carlos González Ruiz, 2º Ed. México, Gernika, 1996, p. 33.

legítima, ya que la falta de jurisdicción, implica la injustica de la acción bélica. También se condenan las guerras de conquista, ya que la guerra defensiva, puede iniciarse sin ser declarada por la autoridad suprema, sino por la injuria recibida. No deben causarse daños innecesarios al enemigo durante la realización de la guerra y únicamente buscar la defensa de la nación, así como preservar la vida de los inocentes y reparar los daños. Para el jurista británico Draper, los autores contemporáneos distinguen entre el Derecho Internacional que rige el recurso a la guerra y el Derecho que rige la conducción de la guerra.

La evolución más reciente del derecho humanitario, señala que fueron varios factores los que determinaron los últimos avances en el derecho internacional humanitario. La utilización de armamentos terrestres y aéreos que ocasionó grandes pérdidas humanas; luego los conflictos internos en los que destacan la intensidad de los combates y la pérdida de vidas; posteriormente resultaba claro que los enfermos y los heridos necesitaban un sistema de protección y asistencia médica; luego la generalización de la guerrilla exigía que a los guerrilleros se les confiriese el estatuto de prisioneros de guerra; también se debía mantener a los civiles que no participaban en éstas al margen de las hostilidades. Todo este movimiento dio inicio con la Carta de la Naciones Unidas de 1945 y con la Declaración Universal de los Derechos Humanos de 1948. Desde 1968 venían siendo muy similares los progresos de los Derechos Humanos y los del Derecho Humanitario de los conflictos armados. [106]

Por lo que toca a la internacionalización o universalización de estos derechos, según nos señala parte de la doctrina, ésta se da primero como una especie de regionalización, como una etapa previa a su expansión universal.

Por lo que hace a América Latina, la OEA estableció primero una Comisión en 1959, la que fue al inicio un órgano promocional, pero en 1965 se le autorizó a recibir quejas de violaciones de algunos derechos, pero no fue hasta 1967 cuando pasó a ser un órgano de tipo permanente de la organización. Posteriormente ya en 1969 se redactó y firmó la Convención Americana sobre Derechos Humanos.

También la liga de Estados Árabes estableció en 1968 la Comisión Árabe permanente de Derechos Humanos como una forma de contribuir al año internacional de los Derechos Humanos, aunque sus funciones son esencialmente promocionales. Debe decirse que también en Europa se creó

---

[106] Moreira, María Elena, *Derechos Humanos y Socorro Internacional*, s. f, s. l. s. e. s. a, pp. 27-39.www.humanrightsmoreira.com.

por el Consejo Europeo, la Convención Europea de 1950 y la Carta Social de 1961, pero era limitado sólo a los Estados miembros. Por un lapso considerable, los sistemas americano y europeo contarán con procedimientos mucho más efectivos que el sistema universal. Los africanos y los asiáticos deben tener los mismos derechos humanos que los europeos o los americanos. La medida para lo anterior es la Declaración Universal que establece según el propio preámbulo "un ideal común a alcanzar por todos los pueblos y todas las naciones". No puede existir ningún sistema regional si no es compatible con las normas y principios establecidos en la Declaración Universal. Es importante comentar que Europa Oriental y Asia, no han mostrado deseos de aceptar ninguna forma de control de tipo internacional, los sistema regionales se aceptan más rápido que los universales. [107]

Al respecto distinto doctrinario señala que al término de la segunda guerra mundial, ocurrirá un revolución en la concepción de los derechos respecto de la internacionalización y universalización de los Derechos Humanos, ya que fue donde se constató la violación sistemática de los mismos por parte del poder estatal y a una escala planetaria, lo que hizo tomar conciencia de la necesidad de que la exigencia de respeto de este tipo de derechos, debía superar el plano estatal, ya que no se trata de una concesión que el Estado puede otorgar y quitar, surgiendo con ello la internacionalización de los referidos derechos y su protección, que poco a poco se ha ido perfeccionando institucionalmente, positivizándose, imponiendo límites a la soberanía estatal en declaraciones y convenciones o tratados, que están dotados de eficacia jurídica y de un sistema de garantías normativas y jurisdiccionales, así como un sistema sancionatorio aún en germen. [108]

Hoy en día consideramos que se puede hablar con toda claridad que el sistema de los Derechos Humanos es de tipo supranacional. En el caso de México nos encontramos sujetos a varios tratados de este tipo y podemos distinguir entre ordenamientos jurídicos que cuentan con un órgano judicial de carácter supranacional de aplicación como el pacto de San José y los demás tratados de Derechos Humanos que carecen de un tribunal de este tipo. Los primeros tratados mencionados, eliminan el dogma del poder interno de un país o gobierno, como poder ilimitado. Lo anterior constituye el precio de formar parte de la comunidad internacional civilizada, en donde se deben reconocer el respeto a las normas mínimas de convivencia y comportamiento en el plano interno. Puede decirse que incluso los países

---

[107] Robertson A. H., *La Protección Internacional de los Derechos del Hombre, Balances y Perspectivas,* México, UNAM, 1983, pp. 145-147.

[108] Nogueira Alcalá, Humberto, *Teoría y Dogmática de los Derechos Fundamentales,* México, UNAM, 2003, p. 5.

con suficiente poder como para aislarse del mundo, reconocen que no está en su propio interés hacerlo. Ya no hay poderes nacionales ilimitados en un mundo interconectado como el actual, y menos los habrá en el futuro.

Cabe decir que la Corte de San José decidió en la opinión consultiva número 13, que la Comisión es competente para calificar cualquier norma de derecho interno de un Estado parte, como violatoria en su caso de obligaciones asumidas por el mismo, con lo que ni siquiera una interpretación constitucional local podría oponerse a la jurisdicción supranacional. [109]

Autor diverso considera que fue después de la segunda guerra mundial, que había surgido de la negación de los derechos humanos, la cual se había llevado hasta sus extremos, cuando se imponía la reafirmación de esos derechos en todos sus aspectos como base para la edificación de la paz, apareciendo desde esos momentos una concepción plena de los mismos: derechos económicos, sociales y culturales. La lucha de los pueblos por su liberación, la aparición de naciones independientes, el combate por la dignidad humana, la elaboración de un orden mundial y social en el que se garanticen los derechos, es lo que lleva a la universalización de los mismos. A este respecto la UNESCO opina:

> La plenitud universal de los derechos humanos coincide con la edificación a la vez material y espiritual, de una comunidad humana auténtica que abarque a toda la humanidad. Ello implica que se reúnan para todos, las condiciones de una vida libre del hambre, de la pobreza, de la angustia del porvenir, de los extremos de la ignorancia y de la exclusión, de la fatalidad del desamparo y de la desesperación; entraña pues, el desarrollo de todas las naciones y también su independencia en la cooperación y el reconocimiento mutuo de su dignidad.

Los derechos humanos se pusieron bajo la protección del derecho internacional a mediados del siglo XIX, pero fue la Carta de las Naciones Unidas la que determinó el proceso de su protección universal. En 1946, la ONU estableció la Comisión de Derechos Humanos para efectuar estudios y preparar textos e instrumentos multilaterales sobre la materia, las labores iniciales fueron encaminadas a la elaboración de una declaración universal de derechos humanos y de pactos sobre derechos civiles y políticos y derechos económicos, sociales y culturales.

---

[109] Gordillo Agustín, Loiano Adelina, Et al., *Derechos Humanos,* 5° Ed., Buenos Aires, Fundación de Derecho Administrativo, 2005, pp. 30, 31, 43 y 49.

La Declaración Universal de Derechos Humanos de 1948, proclama el derecho a la vida, a la libertad y a la seguridad de la persona; la prohibición de la esclavitud y la trata de esclavos; la igualdad ante la ley; la prohibición de infligir torturas, penas o tratos crueles, inhumanos o degradantes; el derecho a un recurso efectivo, la presunción de inocencia, la libre circulación, a elegir la residencia, a una nacionalidad, a la propiedad, libertad de opinión y expresión, reunión y asociación, entre los aspectos más importantes. Dicha declaración hasta 1968 no tuvo aplicación jurídica, al cumplirse veinte años de la declaración, se emitió en Teherán otra que señalaba que la Carta Universal es obligatoria para todos los países miembros de la ONU, considerándose por la asamblea que debía redactarse un instrumento con valor jurídico para obligar a los Estados miembros al cumplimiento de los derechos. En función de ellos se aprobaron los Pactos Internacionales de Derechos Civiles y Políticos, así como de Derechos económicos, sociales y culturales y un protocolo facultativo. Así paulatinamente se ha avanzado en una visión que garantiza la universalidad de los derechos humanos, unicidad y su integralidad. Este es un proceso que día a día se va perfeccionando al interior de la comunidad internacional, responsable de su cumplimiento. Hay un avance en la consagración internacional de los derechos humanos, pero no así en su cumplimiento, el mundo aún está plagado de frecuentes violaciones a los más elementales derechos en virtud de un orden internacional crecientemente injusto para la mayor parte de la humanidad. Los pueblos de la ONU sienten la necesidad de nuevas medidas que conviertan a los derechos humanos en una realidad respetada absoluta y universalmente. Las violaciones siguen siendo frecuentes, la discriminación racial, discriminación sobre el lugar de residencia o empleo, la tortura, son provocados por los conflictos de intereses, lo cual ha provocado que distintas organizaciones gubernamentales y no gubernamentales, procuren tomar diversas iniciativas para la protección de los derechos humanos en todos los rincones de la tierra, generando un amplio campo de acción del Derecho Humano Internacional. [110]

Como se podrá ver de lo anteriormente considerado por la doctrina, se puede advertir cómo primero, se va dando pues esa evolución en la protección de los derechos humanos tanto en el ámbito interno de nuestro país, como en el propio derecho internacional; y luego esa protección a dichos derechos, se va internacionalizando o universalizando, a grado tal, que a la fecha se cuenta con tribunales supranacionales que otorgan garantías o mecanismos para la protección de los mismos de distintas formas o maneras, como se analizará en el punto siguiente, teniendo sus

---

[110] Moreira, María Elena, *op. cit.*, nota 31, pp. 3 y 4.

resoluciones incluso fuerza vinculatoria para los Estados firmantes de los tratados correspondientes, todo lo cual sin duda redunda en beneficio directo de los seres humanos, quienes, como ya se ha dicho, necesitan de la protección de estos derechos, a fin de poder desarrollarse plenamente como tales.

VI. LOS DERECHOS HUMANOS Y SU PROTECCIÓN POR ORGANISMOS INTERNACIONALES

En cuanto a la protección de los derechos humanos por los organismos internacionales, tenemos que ésta se da de distintas formas, dependiendo del instrumento en que se funde la misma; es decir, es la firma de instrumentos internacionales la que da origen a la protección por los organismos de este tipo que se contienen en dichos acuerdos bilaterales o multilaterales.

Lo anterior se considera tiene su antecedente inmediato en la Convención de Viena, conocida comúnmente como el tratado de tratados.

Posteriormente a esto, por lo que hace a nuestro país, se han ratificado una serie de Declaraciones, Convenciones, Pactos y Protocolos directamente relacionados con la protección de los derechos humanos en donde destacan, la Declaración Americana de los Derechos y Deberes del Hombre, aprobada por la Asamblea General de la Organización de Estados Americanos, mediante Resolución XXX del 2 de mayo de 1948; la Declaración Universal de los Derechos Humanos del 10 de diciembre de 1948, Declaración de los Derechos del Niño, Declaración de las Naciones Unidas sobre la Eliminación de Todas las Formas de Discriminación Racial, Declaración sobre la Eliminación de la Discriminación de la Mujer, Declaración sobre los Principios Fundamentales de Justicia para las Víctimas de Delitos y del Abuso del Poder, Declaración sobre la Protección de Todas las Personas Contra las Desapariciones Forzadas, Declaración Universal sobre el Genoma Humano y los Derechos Humanos (1997), Declaración sobre el Derecho y el Deber de los Individuos, los Grupos y las Instituciones de Promover y Proteger los Derechos Humanos y las Libertades Fundamentales Universalmente Reconocidas (1998), Convención Americana sobre los Derechos Humanos, Convenio (169) de la OIT sobre Pueblos Indígenas y Tribales en Países Independientes, sólo por hacer mención de algunos de ellos, los cuales de acuerdo con nuestro derecho interno forman parte de nuestro orden jurídico mexicano.

Al respecto es importante lo comentado por el Ministro en retiro

Aguirre Anguiano quien señala que:

> En la antigüedad, no muy lejana, el buen juez era el que revivía la ley y se convertía en la palabra de la ley, y bastaba con aplicar ésta con severidad y según espíritu de legislador para que se fuera por la vida siendo buen juez.

> Pero resulta que hoy las cosas no son así. Este sistema está en quiebra, porque lo que era el metro último, el sistema de medición último, que era la ley, para a través de eso juzgar, se convirtió en objeto de medición también. ¿Y cuál fue el metro universal para esto? Las constituciones. Entonces la medida final que era la ley se convirtió en objeto de medición. ¿Y quién iba a determinar los cómos para esa medición? En principio las constituciones mismas y después los jueces a través de los instrumentos que las constituciones les daban y así se determinó el advenimiento de los tribunales constitucionales.

> Pero cuando se llegó a esto, ya el mundo había caminado por otros derroteros, porque había constituciones domésticas que se arrogaban el derecho de juzgar sobre ciertos delitos cometidos fuera del territorio. (extraterritorialidad en la aplicación de la Constitución).

> Debe entenderse que por procedimientos procesales más o menos complicados, la Suprema Corte de Justicia de la Nación tiene la última palabra en conflictos jurídicos en nuestro país. Pero resulta que no, que probablemente en 1998, México suscribió un tratado mediante el cual aceptó que el Tribunal Latinoamericano privara en México en cuanto a las decisiones de ciertos temas. Esto es, que la Suprema Corte Mexicana tendría entonces que reconocer que había un tribunal que podía regir en México con fuerza decisoria e imperativa más fuerte y superior a ésta. Ello es signo de los Tiempos. Existe un régimen universal tribunalicio de cortes internacionales de rasgos supraconstitucionales." [111]

Dentro de los organismos protectores de estos derechos, contamos entre otros, con la Corte Internacional de Justicia, el Alto Comisionado de los Derechos Humanos de la Organización de las Naciones Unidas (ONU), La Comisión Interamericana de los Derechos Humanos, La Corte Interamericana de los Derechos Humanos, sin embargo consideramos que

---

[111] Aguirre Anguiano, Sergio Salvador. "El Derecho Procesal en la Globalización", *Cátedra: "Por la Democracia y el Derecho"*, México, Oxford, 2008, pp. 21-35.

en nuestro país los de mayor utilización son el Alto Comisionado de las Naciones Unidas, la Comisión y la Corte Interamericana de los Derechos Humanos, a los que haremos referencia en esta parte.

En lo que respecta a la oficina del Alto Comisionado de las Naciones Unidas para los Derechos Humanos, su sede se encuentra en Palais Wilson, CH 1211 Ginebra Suiza. Tel (4122) 917 31 34 y para la recepción de denuncias se encuentra el número de fax de emergencia (41-22) 917-0092 y 917 9050, que funciona las 24 horas del día, así como Correo-e: Secrt.hchr@unog.ch e Internet: www.unhchr.ch . Sobre los requisitos y el procedimiento para la admisión de quejas se señala lo siguiente:

Las violaciones alegadas deben estar confirmadas de forma fiable, es decir, respaldadas por una evidencia creíble.

Debe tratarse de una violación a los derechos humanos garantizados por la Declaración Universal de los Derechos Humanos.

El procedimiento analiza la situación de los derechos humanos en los diferentes países. No examina casos individuales.

Cuando se recibe un gran número de casos individuales que, juntos, parecen mostrar un patrón de violaciones de los derechos humanos graves y confirmados de forma fiable, la ONU puede decidir examinar la situación de ese país.

El personal de la ONU en Ginebra recibe todas las quejas enviadas a dicha organización con el procedimiento 1503. Rechazan las quejas que consideran que no cumplen los criterios de admisibilidad establecidos.

En cuanto al procedimiento, una vez presentada y si el personal de la ONU piensa que una queja podría ser admisible, la envían al Estado contra el cual se ha presentado la misma.

El Estado tiene entonces 12 semanas para responder y dar su punto de vista sobre si piensa que la ONU debería aceptar la queja. Es importante tener en cuenta que el autor de la queja (la persona que la presentó) puede permanecer en el anonimato si hace constar claramente en la misma que no desea que su identidad sea revelada al gobierno en cuestión. Estas quejas y cualquier respuesta recibida del gobierno se envían a continuación al Grupo de trabajo sobre comunicaciones de la ONU. La ONU envía una carta reconociendo la recepción de la queja a su autor.

El grupo de trabajo sobre comunicaciones de la ONU se reúne únicamente una vez al año (normalmente en agosto). Tiene en cuenta todas las quejas y respuestas del gobierno que le han sido enviadas. Si el grupo de trabajo considera que alguna de las quejas revela una mala situación de los derechos humanos (p.ej. un patrón consistente de violaciones graves y confirmadas de forma fiable de los derechos humanos) en un país concreto, puede remitir su análisis de la situación en ese país al grupo de trabajo sobre situaciones.

La ONU informa a todos los Estados examinados por el grupo de trabajo sobre comunicaciones acerca de cualquier acción emprendida referente a ellos.

Los autores de las quejas no son informados de ningún progreso relativo a las mismas.

El grupo de trabajo sobre situaciones se reúne únicamente una vez al año (normalmente en marzo) para examinar los acontecimientos del país a los que ha hecho referencia el grupo de trabajo sobre comunicaciones. Si el grupo de trabajo considera que existe una mala situación evidente en un país, puede remitir su análisis de los hechos a la Comisión de Derechos Humanos de la ONU. También puede aconsejar las acciones que la comisión debería emprender para mejorar la situación en el país.

La Comisión de Derechos Humanos de la ONU examina lo acontecido en el país a que se ha hecho referencia por parte del grupo de trabajo sobre situaciones. La comisión se reúne únicamente una vez al año (normalmente en abril), y sus análisis se llevan a cabo en sesión cerrada (esto es, no abiertas al público).

Luego se discute la situación de los derechos humanos en el país basados en los informes recopilados por los dos grupos de trabajo anteriormente mencionados que ha examinado los acontecimientos. Al final de estas discusiones, la comisión puede decidir emprender alguna acción para denunciar la situación en un país concreto.

Las quejas pueden ser presentadas por individuos o grupos de individuos que afirmen ser víctimas de violaciones de los derechos humanos; cualquier persona, grupo de personas u organizaciones no gubernamentales que tenga conocimiento directo y fiable de violaciones de los derechos humanos. Las quejas anónimas no serán aceptadas por la ONU.

La queja debe incluir el nombre del autor, esto es, la persona o personas, organización u organizaciones que presentan la queja, también se deberá hacer constar si el autor desea permanecer en el anonimato, aunque se deberá tomar en cuenta que por mucho cuidado que tenga la ONU, un Estado aún puede averiguar el nombre del autor de una queja tanto por los hechos como por alguna otra fuente.

La queja deberá mostrar la existencia de un patrón consistente de violaciones de los derechos humanos graves y confirmadas de manera fiable, también deberá contener una descripción de los hechos incluyendo la identificación de las supuestas víctimas, la identificación de los supuestos autores de la violaciones, y una descripción detallada de los incidentes en los que se produjeron las supuestas violaciones. Esta descripción deberá intentar mostrar un patrón consistente de las violaciones.

La queja deberá incluir una prueba clara de la violación. Por ejemplo: declaraciones escritas de las víctimas o sus familiares describiendo la violación, declaraciones escritas de otros testigos de la misma, o un informe médico que describa los daños resultantes de dicha violación. Estas pruebas se pueden incluir en el texto de la queja o adjuntarse a ella como anexo.

La queja deberá hacer constar qué derechos han sido violados. Esto puede parecer obvio, pero deberá indicar claramente qué artículo de la Declaración Universal de los Derechos Humanos considera que ha sido violado.

La queja deberá incluir una declaración de intenciones, esto es, las razones por las que ha presentado la queja. Es suficiente con decir que está buscando una acción de la ONU que ponga fin a las violaciones de los derechos humanos reveladas en la queja. La queja deberá explicar cómo han sido agotados los recursos nacionales.

La queja no deberá incluir lenguaje ofensivo ni observaciones insultantes acerca del Estado en cuestión, y no deberá mostrar motivaciones políticas. Esto quiere decir que no deberá desafiar la legitimidad del gobierno en cuestión como tal, sino ceñirse a los hechos de la queja. No deberá basarse la queja únicamente en los medios de comunicación de masas. No deberá ser inconsistente con respecto a los principales instrumentos internacionales sobre derechos humanos.

No existen requisitos formales relativos al formato que deberá tener una queja; sin embargo una buena queja deberá constar de una carta adjunta indicando que ésta se presenta por el procedimiento 1503, y deberá incluir un resumen de las alegaciones realizadas, y una declaración de intenciones estableciendo los motivos por los que ha presentado la misma. Luego el texto de la queja, describiendo de forma detallada el patrón consistente de violaciones graves de los derechos humanos. De igual manera se agregarán los anexos que contengan las mejores pruebas documentales disponibles de las alegaciones (por ejemplo declaraciones de testigos, declaraciones de las víctimas, informes médicos, etcétera).

Finalmente, las quejas deberán enviarse a la sección de servicios de asistencia. Oficina del Alto Comisionado para los Derechos Humanos Naciones Unidas. 1211 Ginebra 10 Suiza. Tel. 00 41 22 917 90 00 Fax 00 41 22 917 90 11. [112]

En lo que se refiere al diverso organismo internacional de la Comisión Interamericana de los Derechos Humanos, a manera de información general sobre el mismo, podemos decir que es un órgano principal y autónomo de la Organización de los Estados Americanos (OEA) encargado de la promoción y protección de los derechos humanos en el continente americano. Está integrada por siete miembros independientes que se desempeñan en forma personal y tiene su sede en Washington, D.C. Fue creada por la OEA en 1959 y, en forma conjunta con la Corte Interamericana de Derechos Humanos (CIDH), instalada en 1979, es una institución del Sistema Interamericano de Protección de los Derechos Humanos (SIDH).

El SIDH se inició formalmente con la aprobación de la Declaración Americana de los Derechos y Deberes del Hombre en la Novena Conferencia Internacional Americana celebrada en Bogotá en 1948, en el marco de la cual también se adoptó la propia Carta de la OEA, que proclama los "derechos fundamentales de la persona humana" como uno de los principios en que se funda la Organización.

El pleno respeto a los derechos humanos aparece en diversas secciones de la Carta. De conformidad con ese instrumento, "el sentido genuino de la solidaridad americana y de la buena vecindad no puede ser otro que el de consolidar en este Continente, dentro del marco de las instituciones democráticas, un régimen de libertad individual y de justicia social, fundado en el respeto de los derechos esenciales del hombre". La Carta establece la Comisión como un órgano principal de la OEA, que tiene como función promover la observancia y la defensa de los derechos humanos y servir como órgano consultivo de la OEA en dicha materia.

---

[112]Islas Colín, Alfredo y Florence Lezé, Internacional de Altos Estudios Políticos y Económicos, Unesco. (Disco Óptico).

La CIDH realiza su trabajo con base en tres pilares de trabajo:

El Sistema de Petición Individual;

El monitoreo de la situación de los derechos humanos en los Estados miembros; y

La atención a líneas temáticas prioritarias.

A través de este andamiaje, la Comisión considera que en el contexto de la protección de los derechos de toda persona bajo la jurisdicción de los Estados americanos, es fundamental dar atención a las poblaciones, comunidades y grupos históricamente sometidos a discriminación. En forma complementaria, otros conceptos informan su trabajo: el principio *pro homine* – según el cual la interpretación de una norma debe hacerse de la manera más favorable al ser humano - , la necesidad de acceso a la justicia, y la incorporación de la perspectiva de género a todas sus actividades. [113]

Además, de acuerdo con lo que señala el artículo 44 de la propia Convención Americana sobre Derechos Humanos, cualquier persona o grupo de personas, o entidad no gubernamental legalmente reconocida en uno o más de los Estados miembros, puede acudir ante la Comisión a presentar denuncias o quejas sobre violaciones a dicha Convención, las cuales pueden presentarse o enviarse a la ciudad de Washington a la dirección ubicada en 1889 F STRET; N.W. WASHINGTON, D.C. 2006. ESTADOS UNIDOS. Email: cidhoea@oas.org, Tels. (202) 458-6002 Fax (202) 458-3992 [114]

Según el artículo 46 de la misma Convención, para su admisión es necesario que se hayan agotado e interpuesto los recursos que señala la jurisdicción interna, conforme a los principios del derecho internacional; que sea presentada dentro del plazo de seis meses, a partir de la fecha en que el presunto lesionado en sus derechos haya sido notificado de la decisión definitiva; que la materia de la petición no esté pendiente de otro procedimiento de tipo internacional y que en el caso del articulo 44 la petición contenga el nombre, la nacionalidad, la profesión, el domicilio y la firma de la persona o del representante legal de la entidad que somete la petición. Las disposiciones referentes a que se hayan agotado los recursos del derecho interno y que sea presentada dentro de los seis meses después de la notificación de la decisión definitiva del derecho interno, no se

---

[113] www.cidh.oas.org/es/cidh/mandato/que.asp (27/03/2013)
[114] *Ibídem.*

aplicarán cuando no exista en la legislación interna del Estado de que se trata el debido proceso legal para la protección de los derechos o no se haya permitido a quien presenta la queja el acceso a los recursos del derecho nacional o bien haya retardo injustificado en la decisión sobre los mencionados recursos.

No se admitirá la petición si falta alguno de los requisitos mencionados, no exponga hechos que caractericen una violación de los derechos garantizados por la Convención o bien resulte de la propia exposición de los hechos manifiestamente infundada la petición o sea sustancialmente la reproducción de petición anterior ya examinada por la Comisión u otro organismo internacional.

En cuanto al procedimiento o trámite, el mismo se encuentra regulado en los artículos 48 al 51, los cuales de manera general señalan que la Comisión, al recibir una petición en la que se alegue violación de este tipo de derechos, en caso de reconocer la admisibilidad de dicha petición, solicitará informaciones al gobierno del Estado demandado, transcribiendo las partes pertinentes de la petición. Dichas informaciones deberán ser enviadas dentro de un plazo razonable fijado por la Comisión considerando las circunstancias del caso; recibidas las informaciones o transcurrido el plazo, verificará si subsisten los motivos de la petición, de no existir, el expediente se archivara; podrá también declarar la inadmisibilidad o improcedencia por una información o prueba sobreviniente.

Si no se ha archivado el expediente y a fin de comprobar los hechos, la Comisión realizará un examen del asunto planteado, de ser necesario la Comisión llevará a cabo una investigación para lo cual los Estados parte le darán todas la facilidades al respecto. También podrá pedir a los Estados parte cualquier información que considere pertinente y recibirá si se le solicita, las exposiciones verbales o escritas que presenten los interesados, además de ponerse a disposición de las partes a fin de llegar a una solución amistosa del asunto; sin embargo en casos graves y urgentes, puede realizar una investigación previo consentimiento del Estado correspondiente, con tan solo la presentación de una petición que reúna todos los requisitos formales de admisibilidad.

En caso de haberse llegado a una solución amistosa, la Comisión redactará un informe que se trasmitirá al peticionario y a los Estados partes; para su publicación al Secretario General de la Organización de Estados Americanos, el cual contendrá una breve exposición de los hechos y de la solución del asunto.

De no haber solución amistosa y dentro del plazo que fija el estatuto, ésta redactará un informe en el que expondrá los hechos y sus conclusiones. Si dicho informe no representa en todo o en parte la opinión unánime de los miembros de la Comisión, cualquiera de ellos puede agregar su opinión por separado; también se agregarán a este informe las exposiciones verbales o escritas que hayan hecho las partes.

Este informe será trasmitido a los Estados interesados, quienes no pueden publicarlo; en dicho informe, la Comisión puede formular las proposiciones y recomendaciones que juzgue adecuadas.

Si en tres meses a partir de la remisión del informe a los Estados interesados, el asunto no ha sido solucionado o sometido a la decisión de la Corte por la Comisión o por el Estado interesado, la Comisión podrá emitir por mayoría absoluta de sus miembros, su opinión y conclusiones sobre la cuestión planteada.

Luego la Comisión hará las recomendaciones pertinentes y fijará un plazo dentro del cual el Estado parte debe tomar las medidas correspondientes para remediar el asunto.

Trascurrido el periodo fijado, la Comisión decidirá, por la mayoría absoluta de sus miembros, si el Estado ha tomado o no las medidas adecuadas y si publica o no su informe.

Finalmente en lo que se refiere a la Corte Interamericana de los Derechos Humanos, podemos comentar que a este organismo según lo dispone el propio artículo 61 de la Convención, únicamente pueden someter casos los Estados Parte y la Comisión Interamericana, previo agotamiento de los procedimientos previstos en los artículos 48 al 50 ya mencionados.

Cuando un Estado parte ha reconocido la competencia de la Corte, ésta tiene competencia para conocer de cualquier caso relativo a la interpretación y aplicación de las disposiciones de la Convención.

Una vez que decida que hubo alguna violación a un derecho o libertad protegido por la Convención, la Corte dispondrá que se garantice al lesionado en el goce de sus derechos violados, además podrá disponer que se reparen las consecuencias de la medida o situación que ha constituido la vulneración del derecho y el pago de una indemnización a la parte afectada.

En casos urgentes, la Corte podrá tomar las medidas provisionales que considere pertinentes para proteger a las personas y evitar daños. Si se trata de casos aún no sometidos a su conocimiento, puede actuar a petición de la Comisión.

Los Estados partes pueden consultar a la Corte acerca de la interpretación de la Convención o de otros tratados concernientes a la protección de los derechos humanos en los Estados Americanos.

El fallo de la Corte debe ser motivado, pero demás será definitivo e inapelable. Los Estados parte se comprometen a cumplir la decisión de la Corte en todo caso en que sean partes.

Cuando el fallo disponga una indemnización compensatoria, se podrá ejecutar en el respectivo país por el procedimiento interno vigente para la ejecución de sentencias contra el Estado, según lo señala el artículo 68 de la Convención Americana.

El fallo de la Corte será notificado a las partes y trasmitido a los Estados parte en dicha Convención.

FUENTES DE INFORMACIÓN

AGUIRRE Anguiano, Sergio Salvador. "El Derecho Procesal en la Globalización", en *Cátedra: "Por la Democracia y el Derecho"*, México, Oxford, 2008.

BALTAZAR Robles, Germán Eduardo, *El Nuevo Juicio de Amparo, Las reformas constitucionales de junio de 2011*, México, Complejo Educativo de Desarrollo Integral, 2011.

BUERGENTAL, Thomas, *Derechos Humanos Internacionales*, Trad. Ángel Carlos González Ruiz, 2° Ed. México, Gernika, 1996.

CASTRO y CASTRO, Juventino, *Garantías y Amparo*, 12 Ed., México, Porrúa, 2002.

CHACÓN Rodríguez, José Luis, *La última Instancia en la Protección y Defensa de los Derechos Humanos en México*, Chihuahua, México, Ediciones del Azar, 2012.

DEL CASTILLO Del valle, Alberto, *Garantías Individuales y Amparo en Materia Penal*, México, Duero, 1992.

GORDILLO Agustín, LOIANO Adelina, Et al., *Derechos Humanos*, 5° Ed., Buenos Aires, Fundación de Derecho Administrativo, 2005.

ISLAS Colín, Alfredo y LEZÉ Florence, Internacional de Altos Estudios Políticos y Económicos, unesco. (Disco Óptico).

ISLAS Colín, Alfredo, "Apuntes de clase de la materia de Derechos Humanos" en el Doctorado en Derecho de la Universidad de Durango Campus Chihuahua (Chihuahua) México, marzo de 2007.

MOREIRA, María Elena, *Derechos Humanos y Socorro Internacional*, s. f, s. l. s. e. s. a.www.humanrightsmoreira.com.

NOGUEIRA Alcalá, Humberto, *Teoría y Dogmática de los Derechos Fundamentales*, México, UNAM, 2003.

ROBERTSON A. H., *La Protección Internacional de los Derechos del Hombre, Balances y Perspectivas*, México, UNAM, 1983.

SALDIVAR Lelo de la Larrea, Arturo, *Hacia una Nueva Ley de Amparo*, México, Universidad Nacional Autónoma de México, 2002.

SILVA García, Fernando, *Jurisprudencia interamericana sobre Derechos Humanos, Criterios Esenciales*, México, s.e., 2011.

ZAMORA Pierce, Jesús, *Juicio Oral. Utopía y Realidad*, México, Porrúa, 2011.

Código Penal del Estado de Chihuahua

Boletín de vinculación de la Suprema Corte de Justicia de la Nación.   www.cidh.oas.org/es/cidh/mandato/que.asp (27/03/2013)

CAPÍTULO TERCERO

EVOLUCIÓN DEL CONTROL CONSTITUCIONAL EN MÉXICO

Oscar Arámbula Hernández[115]

Sumario:
I.- Introducción. II.- Constitución y supremacía constitucional. III.- Control constitucional. IV.- Evolución del control constitucional en México. V. Conclusión.

I. INTRODUCCIÓN.

El progreso y avance de una Nación va de la mano, invariablemente, con la protección constitucional, la cual en el caso de nuestra nación, ha evolucionado bajo la influencia de sus antecesoras, así también de constituciones extranjeras, dentro de lo cual va incluido el constitucional.

En cuanto al tema que nos interesa, la evolución del control constitucional en México, este ha sido por motivos sociales, otros políticos, y los más como consecuencia de la evolución del reconocimiento de los derechos fundamentales.

Actualmente nuestro ordenamiento máximo se pone a la par de las constituciones de países de mayor desarrollo en cuanto al derecho constitucional, sin embargo aún y cuando es necesario más, no podemos y no debemos, en ánimo de reconocimiento de las virtudes, de reconocer que ha

---

[115] Catedrático de la Facultad de Derecho de la Universidad Autónoma de Chihuahua y miembro fundador del Colegio San Felipe el Real de Doctores en Derecho

evolucionado en forma importante, lo cual se debe al aprendizaje que se ha tenido de las anteriores constituciones o cuerpos máximos.

Para entender la evolución de los controles constitucionales existentes en México, es preciso establecer claramente los que entendemos por interpretación y control constitucional, por este motivo, se analiza en primer lugar lo que es la interpretación y posteriormente el control constitucional para finalmente establecer los mecanismos existentes en las diversas constituciones mexicanas.

II. INTERPRETACIÓN Y CONTROL CONSTITUCIONAL.

1. Interpretación constitucional.

En términos generales, interpretar se puede definir como conocer la esencia de algo, así el diccionario de la Real Academia Española entiende por el término interpretación: (Del lat. *interpretāri*), Explicar o declarar el sentido de algo, y principalmente el de un texto; Explicar acciones, dichos o sucesos que pueden ser entendidos de diferentes modos; Concebir, ordenar o expresar de un modo personal la realidad. Por lo que en el ámbito jurídico deberíamos de entender como buscar el sentido y alcance de una disposición jurídica

La interpretación constitucional, exégesis jurídica, es el primero de los problemas a dilucidar, es decir; ¿Es igual el método interpretativo que se aplica a una ley que a la propia norma fundamental? Otra de las interrogantes importante es ¿Qué órganos son los que deben de encargarse de interpretar el ordenamiento máximo?

Para poder responder a las cuestiones anteriores es menester abordar diversos y variados temas, para estar en posibilidad de contestar sobre la interpretación constitucional.

No es una tarea fácil, la de explicar la constitución, ya que se necesitan conocimientos, nada sencillos de tener, previos al efectuar cualquier tipo de interpretación, y más cuando se trata del Código Político Fundamental de un país. Trascendentalmente dos circunstancias; primero, el vertiginoso cambio constitucional, por lo menos en nuestro país en donde se presenta el fenómeno de reformar la constitución como si fuera una competencia por sexenios[116], lo cual representa un obstáculo para los comentaristas de la

---

[116] En la historia de nuestra constitución se han efectuado aproximadamente 427 reformas a nuestro ordenamiento máximo, esto hasta el año 2005, en donde en el sexenio de Miguel de la Madrid Hurtado se efectuaron 60 reformas constitucionales. Dato extraído de; GONZALEZ OROPEZA, Manuel, *Recent problems and*

constitución ya que es posible que al efectuar el análisis, ésta sea obsoleta por el cambio del cuerpo legal y pueda llegarse a la confusión de los interesados en el campo del derecho, el segundo problema que nos dificulta esta tarea de analizar la constitución es precisamente el cambio constante, en ocasiones injustificadamente, de los criterios de la Suprema Corte de Justicia de la Nación en cuanto al orden máximo, ya un mismo precepto legal ha sido interpretado por este órgano de forma distinta en diferentes épocas, creando en no pocas ocasiones una confusión.

No debemos olvidar las dificultades que se presentan para efectuar la interpretación constitucional, tales como ¿Qué órgano la realiza? o bien el contexto histórico dentro de la cual se desenvuelve la actividad interpretativa, así como el origen de la misma, y la técnica utilizada. Bajo este rubro la Suprema Corte de Justicia de la Nación se ha manifestado en el sentido de que la constitución se puede interpretar con base en el análisis literal, causal, teleológico, histórico tradicional o histórico progresivo[117], esto mediante tesis jurisprudencial P/J. 61/2000 ;

INTERPRETACIÓN HISTÓRICA TRADICIONAL E HISTÓRICA PROGRESIVA DE LA CONSTITUCIÓN.

"Para fijar el justo alcance de una disposición contenida en la Constitución Política de los Estados Unidos Mexicanos, ante la insuficiencia de elementos que derivan de su análisis literal, sistemático, causal y teleológico, es factible acudir tanto a su interpretación histórica tradicional como histórica progresiva. En la primera de ellas, con el fin de averiguar los propósitos que tuvo el Constituyente para establecer una determinada norma constitucional, resulta necesario analizar los antecedentes legislativos que reflejan con mayor claridad en qué términos se reguló anteriormente una situación análoga y cuál fue el objeto de tales disposiciones, dado que por lo regular existe una conexión entre la ley vigente y la anterior; máxime, si a través de los diversos métodos de interpretación del precepto constitucional en estudio se advierte que fue intención de su creador plasmar en él un principio regulado en una disposición antes vigente, pues en tales circunstancias, la verdadera intención del Constituyente se puede ubicar en el mantenimiento del criterio que se sostenía en el ayer, ya que todo aquello que la nueva regulación no varía o suprime de lo que entonces era dado, conlleva la voluntad de mantener su vigencia.

---

developmets on the rule of low in México. Texas International Law Journal. Volumen 40. Numero 3, 2005. p. 577

Ahora bien, de resultar insuficientes los elementos que derivan de esta interpretación, será posible acudir a la diversa histórica progresiva, para lo cual deben tomarse en cuenta tanto las condiciones y necesidades existentes al momento de la sanción del precepto constitucional, como las que se advierten al llevar a cabo su interpretación y aplicación, ya que toda Norma Fundamental constituye un instrumento permanente de gobierno, cuyos preceptos aseguran la estabilidad y certeza necesarias para la existencia del Estado y del orden jurídico; por tanto, ante un precepto constitucional que por su redacción permite la adecuación de su sentido a determinadas circunstancias, ya sea jurídicas, o de otra índole, para fijar su alcance, sin imprimirle un cambio sustancial, debe atenderse precisamente a la estabilidad o modificación que han sufrido esas circunstancias, sin que con ello sea válido desconocer o desnaturalizar los propósitos que llevaron al Constituyente a establecer la disposición en estudio".

De lo anterior podemos asegurar que no es una tarea fácil el dilucidar la forma de interpretar la constitución y más aun si nos envolvemos en el tema de si el texto fundamental a interpretar es flexible o rígido[118]. Sin embargo, no debemos de olvidar que la exégesis constitucional tiene una relevancia e importancia tan trascendental en un país, que hace complicada la tarea de interpretar, porque tiende a mantener el Estado de Derecho, ya que esta norma es la fundamental y dependiendo de la interpretación que se efectúe de la misma puede tener consecuencias para un país.

2. Concepto de interpretación.

Para iniciar este estudio, debemos partir de que existe un gran número de doctrinarios que aportan con gran entusiasmo y verdadero acierto su propia idea y conceptualización del mismo, sin embargo en el presente

---

[118] Entendiendo que si la constitución es flexible, la interpretación constitucional, está a cargo del órgano legislativo, (cuando no existe un órgano legitimado) y no así a los jueces comunes, en cambio si es una constitución rígida podemos encontrar la posibilidad de que los jueces comunes tengan esta facultad de interpretar la ley, estaríamos hablando del control difuso, así como también encontraríamos la posibilidad de que existiera un órgano especializado y único facultado para llevar a cabo la interpretación constitucional, estaríamos en el control concentrado. BRYCE, *James, Constituciones flexibles y Constituciones rígidas*, Instituto de Estudios Políticos, Madrid 1952. p. 26.

indicaremos algunos.

Para Arteaga, "La interpretación constitucional es una parte de la interpretación jurídica, lo es en el fondo y en la forma"[119] Sin embargo, el autor citado, no logra establecer con claridad ¿qué es la interpretación?

Para De Pina, "Actividad intelectual encaminada al esclarecimiento del verdadero sentido de una norma legal..[120]".

Por su parte Enrique Sánchez Bríngas, con quien estamos de acuerdo, señala que en términos generales interpretar significa: "Conocer la esencia de algo, comprender su sentido, y que en el ámbito jurídico existe un consenso en que la interpretación normativa supone desentrañar el sentido y alcance de las disposiciones jurídicas."[121]

Kelsen señala que *la Interpretación:* "es una operación del espíritu que acompaña al proceso de creación del derecho al pasar de la norma superior a una inferior".[122]

Para Riccardo Guastini en forma amplia, interpretación se emplea: "... para referirse a cualquier atribución de significado a una formulación normativa, independientemente de dudas o controversias."[123]

En cambio, señala el mismo autor, que un sentido restringido, el término interpretación se emplea para referirse: "A la atribución del significado a una formación normativa en presencia de dudas o controversias en torno a su campo de aplicación: un texto, se dice, que requiere de interpretación sólo cuando su significado es oscuro o discutible." [124]

Para Rodolfo Vigo, la interpretación no debe de ser "de" la

---

[119] Arteaga Nava, Elisur, *Derecho Constitucional*, Vol.2, ed. Harla, 1997, México, D.F p. 88

[120] De Pina Vara, Rafael, *Diccionario de Derecho*, ed. Porrúa, 22 ed., 1996, México, D.F. p. 145

[121] Sánchez, Bringas, Enrique, *Derecho Constitucional*, ed. Porrúa, 11a ed. 2007 México D.F. p. 121

[122] Kelsen, Hans, *Teoría pura del derecho*, ed. Gernika, 2a Edición, 2009, México, pag. 64

[123] Guastinni, Ricardo, *Estudios sobre la interpretación jurídica*, ed. DJC, 1999, México D.F. p. 5

[124] *Ibid* pag. 6

constitución sino "desde" la misma, y afirma; "La cuestión se traslada al ordenamiento jurídico, más concretamente, se lo visualiza como un orden jerárquico presidido por la constitución e importa señalar la función que cumple esta última como "criterio hermenéutico fundamental de todo ordenamiento jurídico"[125]

Dentro de la exégesis constitucional debemos de atender a dos textos históricos que han trascendido de forma irrefutable en la historia constitucional mundial. El primero es el texto denominado el Federalista[126], el cual fue una interpretación anticipada de la Constitución de los Estados Unidos de Norteamérica, ya que el trabajo elaborado por Alejandro Hamilton, Santiago Madison y Juan Jay tenía la finalidad de dar a conocer a los Estados de la confederación los beneficios de un sistema Federal. Esto se lograría solamente explicando el contenido y significado de este cuerpo legal, lo que constituyó una interpretación constitucional anticipada[127], es decir antes de que fuera vigente. El segundo documento es el emanado por la Corte Suprema de los Estados Unidos, a través de las sentencias dictadas, y que a final de cuentas sentaron la interpretación de la Constitución estadounidense de 1787, dentro de estas sentencias interpretativas a las que hemos hecho alusión, encontramos la dictada en el caso *Marbury vs Madison* en el año de 1803 por el Juez Marshall, lo que implica además el principio de supremacía constitucional, textos que más delante veremos con mayor amplitud.

3.   Aspectos generales de la interpretación constitucional.

Distinguir entre la interpretación legal y la interpretación constitucional, es tarea obligada para continuar con nuestro tema. Debemos entender que la interpretación constitucional es una modalidad de la interpretación jurídica, y por tanto comparten las dificultades así como también las técnicas para efectuar su interpretación. Sin embargo, la efectuada sobre un ordenamiento máximo representa trabas especiales por el efecto que se origina al realizarla y la trascendencia de la misma. Así también por ser un orden fundamental el cual no requiere el respeto hacia otro diverso si no únicamente a sí

---

[125] Vigo, Rodolfo Luis, *Interpretación constitucional,* ed. Abeledo Perrot, Buenos Aires 1993. p. 54

[126] Alejandro Hamilton, Santiago Madison y Juan Jay. publicaron setenta y siete artículos de octubre de 1787 a mayo de 1788, en tres periódicos de la ciudad de Nueva York, más otros ocho que vieron la luz pública por primera vez al editarse la colección completa en dos volúmenes, siendo este un comentario de la Constitución de los Estados Unidos de América.

[127] Señalamos que se podría entender como una interpretación anticipada de la constitución, por la importancia que revistió dicho texto, claro que en estricto apego al término de interpretación constitucional no lo es, ya que aún no era una constitución, sólo un proyecto.

mismo, y junto con estas dificultades el órgano que ha de efectuarla. Por tal motivo, se debe de tomar en consideración que la constitución no contiene lineamientos específicos, sino al contrario contiene normas abstractas, indeterminadas y elásticas, por lo que una de sus diferencias entre la interpretación de una ley y la constitucional es más compleja que los que realizan tal función, tal y como hemos mencionado en líneas anteriores, el juez encargado de la interpretación legal es mediante la unidad de solución justa, y en la constitucional no siempre se da ésta, si no que va a la interpretación de lo intolerable, es decir las interpretaciones resultan contrarias a ella, por lo que al estar frente un creador libre, como lo es el legislador, se analiza el camino que siguió el mismo y que resulte admisible y no arbitraria, también tenemos que la interpretación legal se delimita a un caso en particular el cual puede influir en la misma interpretación y no así la efectuada sobre el orden máximo que en no pocas ocasiones se da sin tener un caso en concreto o especifico al cual aplicarle dicha actividad mental, esto como acertadamente lo señaló el Dr. Jorge Carpizo;

"Reforma constitucional y legal cuyo real propósito es que, en nuestro país, la interpretación constitucional se fortalezca como uno de los tres grandes procedimientos jurídicos que modifican y actualizan la norma constitucional con la cambiante realidad y los anhelos e ideales de los mexicanos, plasmados en la propia constitución como deber ser".

"La interpretación constitucional, entonces, constituye una técnica y una ingeniería jurídicas; responde a principios claros que se sustentan en una ciencia; pero, por su materia misma y por sus alcances y efectos, en ella no pueden ignorarse factores de índole histórica, social, política y económica. Por ello se ha afirmado, y afirmado bien, que el intérprete de los preceptos constitucionales debe contar con una particular sensibilidad para aplicar la técnica sin olvidarse de la realidad y de los principios que persiguen las constituciones, y por los cuales han sido creadas. Y en México el intérprete último de la constitución tiene un mandato preciso e ineludible: el que se contiene en la protesta que realiza para su designación se configure jurídicamente."[128]

En este sentido se ha pronunciado el Poder Judicial Federal en la siguiente tesis con registro No. 228583.

INTERPRETACIÓN DE NORMAS CONSTITUCIONALES Y DE NORMÁS LEGALES. SUS DIFERENCIAS.

---

[128] Discurso por el Dr. Jorge Carpizo publicado en la revista de la facultad de derecho de México, México, tomo XL, numero 169-170-171. Enero-junio de 1990. P 9-11

El exacto cumplimiento de la Constitución sólo puede lograrse si su intérprete, liberándose de las ataduras de quienes se encargan simplemente de aplicar los textos legales (expresión positivizada del Derecho), entiende que su función no se agota en la mera subsunción automática del supuesto de hecho al texto normativo, ni tampoco queda encerrada en un positivismo formalizado superado muchas décadas atrás, sino que comprende básicamente una labor de creación del Derecho en la búsqueda de la efectiva realización de los valores supremos de justicia. Es precisamente en el campo de las normas constitucionales, las que difieren esencialmente de las restantes que conforman un sistema jurídico determinado, en razón no únicamente de su jerarquía suprema, sino de sus contenidos, los que se inspiran rigurosamente en fenómenos sociales y políticos preexistentes de gran entidad para la conformación de la realidad jurídica en que se halla un pueblo determinado, que la jurisprudencia -pasada la época del legalismo-, se ha convertido en una fuente del Derecho que, aunque subordinada a la ley que le otorga eficacia normativa, se remonta más allá de ella cuando el lenguaje utilizado por el constituyente (al fin y al cabo una obra inacabada por naturaleza) exige una recreación por la vía de la interpretación, para el efecto de ajustarla a las exigencias impuestas por su conveniente aplicación. Así, el intérprete de la Constitución en el trance de aplicarla tiene por misión esencial magnificar los valores y principios inmanentes en la naturaleza de las instituciones, convirtiendo a la norma escrita en una expresión del Derecho vivo, el Derecho eficaz que resulta no sólo de la reconstrucción del pensamiento y voluntad que yace en el fondo de la ley escrita (a través de lo métodos clásicos de orden gramatical, lógico, histórico o sistemático), sino también de la búsqueda del fin que debe perseguir la norma para la consecución de los postulados fundamentales del Derecho."

4.   Métodos de interpretación constitucional.

De acuerdo con Kelsen,[129] no existe una fórmula que dé el significado real y preciso y que además sea aceptado por todos. En otras palabras el sacar el significado de un ordenamiento, ya sea la ley, constitución o bien un simple decreto, puede efectuarse de diversas y variadas formas, que son además aceptadas por todos, en cuanto al método hermenéutico, más no así el resultado del mismo, en los siguientes temas veremos los diversos

---

[129] Kelsen *op. cit.* pág. 6

tipos de interpretación constitucional, con la finalidad de conocer de los mismos y analizar cuáles serían los más acertados para tal efecto o bien si se pueden utilizar todos al mismo tiempo o se excluyen.

Manuel Aragón Reyes, con quien estamos de acuerdo, señala que la Constitución no es lo que el intérprete quiera que sea, y plantea:

"De este modo, la Constitución no tiene que ser lo que su intérprete quiere que sea, porque la norma constitucional no resulta enteramente disponible en su aplicación, de tal manera que cuando esa aplicación se produce jurisprudencialmente, el órgano judicial "no crea" la norma constitucional, sino que la "recrea". La Constitución no "es lo que los tribunales dicen que es" por la sencilla razón de que el órgano jurisdiccional tiene unos límites teóricos (lo que la Constitución dice de si misma), normativos (lo que el precepto constitucional literalmente dice) y argumentativos (el razonamiento jurídico) que le vienen dados y que no puede legítimamente traspasar. Ni el juez es simplemente "la boca que pronuncia las palabras de la Constitución" no, en nuestro sistema jurídico, es tampoco el libre conformador de ella. Ahora bien, lo que no cabe negar es que en la aplicación judicial de la Constitución existe un margen superior de "concretización" de "recreación", de adaptación de la norma, que en la aplicación judicial de la ley".[130]

En la actualidad existen diversos, numerosos y variados métodos de interpretar la constitución, que en la mayoría de las ocasiones se complementan, claro está que otras se deben de excluir, por lo que en el presente señalaremos algunos de los métodos de sacar el significado de la constitución.

De acuerdo con el Dr. Jorge Carpizo, nuestra Constitución no contiene reglas de interpretación sobre los preceptos de la misma,[131] agregando además que la exégesis constitucional puede ser examinada desde dos ángulos: a) Según quien la realiza, esa puede ser: legislativa, administrativa, judicial, doctrinal y popular. B) Desde el punto de vista de su contenido, pudiendo ser: gramatical, histórica, política y económica.[132]

A su vez, el Dr. Ignacio Burgoa[133], concluye que la interpretación constitucional debe de observar lo siguiente:

---

[130] Aragón Reyes, Manuel, *Estudios de Derecho Constitucional,* ed. Centro de Estudios Políticos y Constitucionales, Madrid 1998. p. 19

[131] Carpizo Mcgregor, Jorge, *La interpretación constitucional en México,* ed. Instituto de Investigaciones Jurídicas, UNAM, México 1983. p. 22

[132] *Ibídem*, pag. 25.

[133] Burgoa Orihuela, Ignacio, *Derecho Constitucional mexicano,* ed. Porrúa, México 1976. p. 239

a)　La interpretación constitucional consiste en establecer o declarar el sentido, el alcance, la extensión o el significado de las disposiciones que integran la Ley Fundamental del país.

b)　Para lograr el anterior objetivo, se deben de utilizar los métodos gramatical o literal, lógico o conceptual, sistemático y causal-teleológico.

c)　La interpretación constitucional incumbe, por modo definitivo o en grado máximo, a la Suprema Corte de Justicia de la Nación.

d)　Siendo la interpretación una operación intelectual, tanto los gobernados como los gobernantes, al aplicar o invocar cualquier disposición constitucional, deben previamente fijar su sentido o alcance normativo.

e)　La interpretación constitucional, como mera operación intelectual, no debe confundirse con la facultad de interpretar la constitución, que dentro del sistema mexicano sólo compete al congreso de la unión y a la suprema corte.

f)　Cuando se habla de interpretación extensiva o restrictiva de las Constitución, sustancialmente no se trata de dos especies distintas y diferenciadas de interpretación constitucional, sino de diversas conclusiones o resultados que a través de cualquiera de los métodos ya señalados se pueden obtener, para referir los preceptos constitucionales interpretados a los variadísimos casos que plantea la realidad social, política, económica y cultural.

A.　Método de interpretación gramatical

Elisur Arteaga señala: "Todo intento de interpretación de la Constitución, por ser un documento escrito, debe de partir de su texto"[134].

Este método es la base de la escuela de la hermenéutica, y pretende determinar el significado de los vocablos que componen el texto normativo, para el caso de no ser posible encontrar el significado de los vocablos se debe de acudir a la interpretación lógica, es decir primero se debe de antever al texto mismo por sí sólo.

También denominada literal; es indudablemente el punto de partida de toda labor interpretativa; a través de ésta se intenta investigar el sentido de

---

[134] Arteaga Nava, Elisur, *Tratado de derecho Constitucional*, Tomo II, ed. Oxford, México, 1999, p. 59

las palabras.[135] Utiliza las diversas técnicas otorgadas por la lingüística y la gramática, para precisar "el significado de los significados lingüísticos utilizados por el legislador así como de sus diversas combinaciones...".[136] Esta interpretación utiliza diversos elementos: el sintáctico, por el cual se acude a la sintaxis como parte de la gramática que enseña a unir y coordinar palabras para formar oraciones y conceptos; el gramatical, que busca el significado de las palabras de acuerdo al lenguaje común; el filológico, por el cual se reconstruyen los textos legales, se fija su alcance y se los interpreta.[137]

La interpretación gramatical fue aceptada por la Suprema Corte de Justicia, hasta que cambio de criterio, al señalar:

"El texto expreso del artículo 133 de la Constitución Federal previene que "Los Jueces de cada Estado se arreglarán a dicha Constitución, leyes y tratados a pesar de las disposiciones en contrario que pueda haber en las Constituciones o leyes de los Estados."

En dicho sentido literal llegó a pronunciarse la Suprema Corte de Justicia"[138]

B.   Método de interpretación lógico.

Este método consiste en estructurar los razonamientos que permiten descubrir el significado de la norma prescindiendo o no de la aceptación de los vocablos empleados, es aquél que utiliza los razonamientos de la lógica para alcanzar el verdadero significado de la norma. Así ha dicho Couture,[139] que el método lógico es el que procura que la tarea interpretativa no contravenga el cúmulo de preceptos que la lógica ha señalado para el pensamiento humano y agrega que, en cierto modo, está constituido por preceptos de higiene mental que conducen al razonamiento hasta su justo punto de llegada.

---

[135] Fernández Segado, Francisco, *Reflexiones en torno a la interpretación de la Constitución, en Interpretación Constitucional, una aproximación al debate*, Tribunal Constitucional, Konrad Adenauer, Sucre, Bolivia, 1999, P 9

[136] Velázquez, Fernando op. cit. Pag. 134

[137] *Ibídem*. P. 134-135.

[138] Registro No. 193435, Localización: Novena Época, Instancia: Pleno, Fuente: Semanario Judicial de la Federación y su Gaceta X, Agosto de 1999, Página: 5, Tesis: P./J. 74/99, Jurisprudencia, Materia(s): Constitucional

[139] Couture, Eduardo J. *Fundamentos del derecho procesal civil*, 3ª Edición, ed. Roque Depalma , Buenos Aires 1958.

C.   Método de interpretación sistemático

En este sistema se relaciona la norma que se quiere interpretar con el conjunto normativo al que pertenece para alcanzar un significado integral. El método sistemático introduce la idea de que una norma no es un mandato aislado, sino que responde al sistema jurídico normativo orientado hacia un determinado rumbo en el que, conjuntamente con otras normas, se encuentra vigente; que, por tanto, siendo parte de este sistema, y no pudiendo desafinar ni rehuir del mismo, el significado y sentido de la norma jurídica podrá ser obtenido de los principios que inspiran ese sistema.

Como anota Fernández Segado, "atiende a la estructura y posición de un instituto jurídico, de un precepto jurídico en el complejo global del ordenamiento".[140]

D. Método causal-teológico.

Consiste en buscar el significado existencial de la norma considerando sus causas, sus medios y sus fines dentro del marco de la realidad social, dejando a un lado la casualidad de las normas, ya que toda norma debe de surgir a la vida con un propósito específico que nunca nace por suerte o sin una causa generadora.

Indaga sobre la *ratio legis*, sobre el fundamento racional objetivo[141] de la norma; intenta descubrir el *telos* o la finalidad del precepto. Conforme a esto, toda interpretación contraria a la razón o fin de la norma, resultaría arbitraria.

E. Método de interpretación evolutiva

Esta modalidad de la interpretación, denominada también progresiva, es la cual se da al contexto de una ley antigua un significado en que no se pensó ni quiso el legislador, con el fin de ponerla en armonía con las necesidades y los fines de la vida jurídica en el momento en que es interpretado,[142] es el método de interpretación constitucional que adecua las

---

[140] Fernández Segado, *op. cit.* p. 17.

[141] Velásquez V., Fernando, *Derecho Penal, Parte general,* 3a Ed., ed. Temis, Santa Fé de Bogotá, Colombia, 1997, p. 131.

[142] De Pina Vara, Rafael, *"Diccionario de Derecho",* ed. Porrúa, 22 edición, 1996,

normas constitucionales a las exigencias actuales, lo cual es imprescindible, según sus partidarios, dada la naturaleza de la Constitución, su elasticidad y su constante remisión a sus contextos económicos y sociopolíticos que evolucionan constantemente, lo cual amplía las facultades del intérprete.

F. Método de interpretación extensiva

Se da a una norma un sentido más amplio de que debiera considerarse exacto, fundándose en que la intención del legislador tenía más amplitud que la que realmente expresa el texto legal que se trata.

G. Interpretación restrictiva

Se funda en la convicción de que el texto que se interpreta dice más de lo que el legislador quiso redactar, limitando, por lo tanto su alcance, para reducirlo a lo que se entiende por verdadera voluntad de su creador.

H. Interpretación pragmática

Según este criterio, debe ser interpretada con un criterio amplio, liberal y práctico y nunca estrecho, limitado y técnico, de manera que haya una aplicación efectiva de sus disposiciones y se cumplan cabalmente los fines que la informan. Es decir, lo pragmático es por la practicidad, la Constitución debe interpretarse de modo que lleve a la práctica los grandes principios de gobierno y que nunca los contraríe.

I. Interpretación Histórica.

Para este enfoque cada Constitución tiene su propia historia (antecedentes originarios de intereses, tradiciones, pasiones, costumbres) y debe necesariamente ser interpretada de acuerdo a ésta, de otro modo queda expuesta a que se le atribuyan propósitos que nunca estuvieron en la mente del pueblo que las aprobó, para llevar a cabo esta forma de interpretación se cuenta, afortunadamente, con el diario de debates del constituyente, en el cual se plasmaron los motivos y las corrientes ideológicas que dieron origen a la mayoría de los artículos de la constitución. La Constitución entonces, debe ser interpretada adecuadamente a la luz de las condiciones existentes al momento de su sanción, el espíritu general de los tiempos y el espíritu prevaleciente en el pueblo que la aprobó.

J. Interpretación jurisdiccional.

La interpretación jurisdiccional de las normas tiene por objeto determinar el sentido de la norma jurídica y precisar sus alcances para aplicarla al caso concreto. Se trata pues de la aplicación de una norma de carácter general a un caso concreto; y para ello es menester desentrañar el sentido, finalidad, propósito y alcances de la ley.[143] Conforme a esto, Alessandri Rodríguez señala que la interpretación es la "...determinación del significado, alcance, sentido, o valor de la ley frente a las situaciones jurídicas concretas a que dicha ley debe aplicarse"[144]

Resumiendo todo lo anterior podríamos citar a Linares Quintana,[145] quien da un catálogo de pautas que se deberían de tomar en cuenta, según dicho autor, para interpretar la constitución, dentro de estas pautas señala; a) La interpretación constitucional debe siempre prevalecer el contenido teleológico o finalista de la constitución que es la protección y garantía de la libertad y dignidad del hombre; b) La constitución debe interpretarse con un criterio amplio, liberal y práctico, c) las palabras empleadas en la constitución deben de ser entendidas en su sentido general y común, a menos que resulte claramente de su texto que el constituyente quiso referirse a su sentido legal técnico d) la constitución debe interpretarse como conjunto armónico, ninguna disposición debe de ser considerada aisladamente e) Se deben tener en cuenta, no solamente las condiciones existentes al tiempo de su sanción, sino también las condiciones sociales, económicas y políticas que existen al tiempo de su interpretación y aplicación, f) Las excepciones y los privilegios debe interpretarse con criterio restrictivo, g) Los actos públicos se presumen constitucionales en tanto mediante una interpretación razonable de la constitución puedan ser armonizados con ésta, esta clasificación nos la da el autor citado en su libro del tratado de las ciencia del derecho constitucional argentino.

5.   Sujetos que realizan la interpretación constitucional.

---

[143] Velázquez, Fernando, *Op. Cit.* P. 135.

[144] Monroy Cabra, Marco, *Introducción al Derecho*, ed. Temis, Santa Fé de Bogotá, Colombia, 1996 p. 276.

[145] Linares Quintana, Segundo V. *Tratado de interpretación Constitucional*, ed. Perrot, Buenos Aires 1998. p. 876

Por intérprete debemos de entender la persona que realiza la interpretación de un acto jurídico o de una norma de esta naturaleza.[146] De lo anterior desprendemos que cualquier persona pude efectuar una interpretación de la constitución. Sin embargo no todas las exégesis son válidas o mejor dicho obligatorias, ya que tenemos las orgánicas y las no orgánicas, siendo las primeras de ellas las que se realizan por los órganos autorizados para tal efecto, y las segundas las efectuadas por cualquier persona diferente a las primeras tales como doctrinarios, colegios entre otros, por lo que de forma por demás obvia y sobre todo obligatoria, en un estado de derecho, debe de existir una persona, órgano o instancia o varias que en el mismo cuerpo legal se encuentran autorizadas para descifrar el texto que interesa.

En nuestro sistema jurídico se da la interpretación judicial implícita, la efectuada por los jueces al llevar a cabo su función de solución de controversias, es decir que todas la leyes que apliquen deben de ser interpretadas en armonía con la constitución, así como su actuación debe guiarse por los principios derivados de la propia ley fundamental[147], desprendiéndose que existen varias figuras que se reconocen para el efecto anterior, interpretar, y dentro de estas encontramos la interpretación auténtica, que es la que realiza el mismo autor de la norma a explicar; así también tenemos la interpretación oficial, que es la realizada por un órgano del Estado en ejercicio de estas facultades que le han otorgado y finalmente la interpretación jurisprudencial, siendo esta la efectuada por los juristas o bien los profesores de derecho en sus obras académicas.

A Método de interpretación auténtica o legislativa.

Este sistema es buscar la intención del legislador al hacer la norma, es decir, es la realizada por el propio autor de la norma; se dice también que lleva el nombre de auténtica porque está efectuada por el autor de la norma es decir por el poder legislativo, de allí que a esta interpretación se le denomine también "interpretación legislativa". Pero lo importante para saber que estamos ante una interpretación auténtica es comprender que ésta ha sido hecha por el propio autor de la norma, con el propósito de dar luces sobre el significado verdadero de sus propias sentencias o resoluciones, igualmente se ha considerado interpretación auténtica a la que realizan las

---

[146] Carpizo, Jorge, *Op. Cit*, p.15

[147] Carmona Tinoco, Jorge Ulises, "*La interpretación judicial constitucional*, ed. Instituto de investigaciones jurídicas", México, 1996 p. 114

partes contratantes respecto del contrato que celebraron, a la efectuada por el funcionario público respecto del acto administrativo o norma que emitió, es así que incluso se ha denominado Interpretación auténtica a la interpretación realizada por el propio juez.

B. Interpretación judicial.

Llamada también usual, es la que realizan los órganos de jurisdicción como actividad previa a la aplicación del derecho por la causa del proceso.[148]

---

[148] *Idem,* p. 23

C. Interpretación doctrinal

Este tipo de interpretación de la constitución corresponde realizarla a los conocedores del derecho, y su importancia o peso dependerá de la trascendencia del autor que la realiza, tomando en consideración las publicaciones del mismo, así como en el ámbito académico y reconocimiento, inclusive pueden ser citados, y lo han hecho, por autoridades jurisdiccionales, tanto por órganos que tienen la facultad de interpretar la constitución como por los que no la tienen.

También denominada libre, es la que realizan los estudiosos del derecho, juristas o comentaristas; son las elaboraciones, las sistematizaciones de los doctrinarios, respecto a diversas ramas del derecho. Es libre porque no está vinculada a un caso concreto; es científica porque busca el progreso del derecho; y no tiene fuerza obligatoria, aunque puede influir en la labor legislativa y fundamentalmente, en la judicial.[149]

D. Interpretación popular

Es la realizada por personas que desconocen el derecho y que entran en contacto con una norma que por cualquier circunstancia les obliga a un particular comportamiento. La interpretación popular del derecho constituye un valiosísimo elemento de la reforma de la legislación teniendo en cuenta que el órgano legislativo se encuentra siempre obligado, en el momento de la creación de las normas jurídicas destinadas a integrar el régimen de legalidad nacional, a satisfacer las aspiraciones del pueblo para el que legisla.

III. CONTROL CONSTITUCIONAL.

Es un tanto complicado el hablar de un control o defensa constitucional, si tomamos en cuenta que la propia Constitución es el ordenamiento máximo de una Nación, que es en sí mismo un control de los órganos que integran el gobierno y un control en cuanto al reconocimiento de los derechos de las personas. Sin embargo, es reconocido por todos y cada uno de los estudiosos del derecho que la constitución debe de tener un mecanismo con el cual salvaguarde su texto y no se viole por ningún órgano del Estado, así como de los propios particulares, ya que en caso contrario sería un texto con alegorías que no tendría ningún valor en la vida de un país, esto por el daño que genera el poder a los encargados del gobierno, así también que en ningún momento sea sobrepasada por los ordenamientos inferiores, según la pirámide de Kelsen, esto tal lo ve Luis Carlos Sachica:

> 'Curiosamente, aunque un constitución es, en si misma, tomando su carácter servicial, un sistema de defensa de las libertades y derechos de los gobernados frente al poder político

---

[149] Dermizaky Peredo, Pablo, *La interpretación constitucional*, en Revista N° 1 del Tribunal Constitucional, Noviembre de 1999, Sucre, Bolivia, p. 277.

que procura racionalizar, resulta, por eso mismo, vulnerable y a su vez requiere mecanismos de conservación y tutela, de este modo el derecho en un alarde de tecnicismos y refinamiento se proteja a sí mismo." [150]

El establecimiento del algún mecanismo para limitar a los gobernantes, no es nada nuevo, así como tampoco la existencia de una norma superior a la cual se deben de sujetar diversas leyes, ya que la tendencia a limitar las actividades de los que están en el poder ha sido propia del hombre desde hace siglos.[151]

Se afirma que la idea de controlar tiene su origen hace lustros, ya que desde que el hombre puso en duda el carácter sobrehumano de sus líderes, exigió un ordenamiento que los controlara.[152] Antes de que se configurara la constitución como actualmente la conocemos, también han existido figuras que tienen niveles de respeto o jerarquía que deben de observarse, así tenemos que desde los griegos ya tenían su propia organización a la cual le denominaban *politeia*, la que actualmente sería la constitución en contraposición de la llamada, por ellos mismos, como la *psefismata* que en la actualidad sería la legislación ordinaria, la que no podía ser superior ni contraponerse a la primera mencionada, inclusive en Roma se utilizó el término de *constitutio*, el cual es el origen etimológico del término constitución, claro que debemos de estar en el entendido que estos términos son sólo el origen o la semilla de lo que hoy conocemos como una constitución, es decir, eran términos someros que inclusive son ahora una parte de lo que es la constitución moderna.

Fue hasta el siglo XX cuando se inició la organización de forma sistemática los conceptos y las ideas de una constitución, pudiendo nombrar a dos pensadores destacados el primero Carl Schmitt y la contra de Hans Kelsen,[153] el primero con su libro *La defensa de la Constitución* y el segundo con *¿Quién debe ser el protector de la constitución?*[154]

---

[150] Sachica, Luis Carlos, *La constitución y su defensa*, México, UNAM, 1984.

[151] Fix-Zamudio, Héctor y otro, *Derecho Constitucional Mexicano y Comparado*, 2ª Ed. Ed. Porrúa, México. 2001.p 231

[152] Aristóteles, *Política*, ed. Editores Mexicanos Unidos, México 2002. p. 13

[153] Pensador que influyo en el establecimiento de tribunales constitucionales de la republica española en la ley de 1931

[154] Controversia suscitada entre estos dos grandes pensadores de la época, donde el alemán Carl Schmitt, otorgaba la facultad del control constitucional al presidente del *Reich*, es decir un control político, con el cual se evitaba que se judicializara la política y que se politizara la justicia, y el segundo, el vienes Hans Kelsen, en contraposición y claro desacuerdo con el Alemán, señalaba que debe de existir un órgano especializado para proteger las normas constitucionales, que por cierto es la corriente seguida por México, con su diferencia de que el la teoría de Kelsen la

1. Concepto de constitución.

Según Kelsen,[155] la Constitución en su sentido lógico-jurídico, es:

> "La norma fundamental o hipótesis básica; la cual no es creada conforme a un procedimiento jurídico y, por lo tanto, no es una norma positiva, debido a que nadie la ha regulado y a que no es producto de una estructura jurídica, sólo es un presupuesto básico".

Precisamente, a partir de esa hipótesis se va a conformar el orden jurídico, cuyo contenido está subordinado a la norma fundamental, sobre la cual radica la validez de las normas que constituyen el sistema jurídico.

Por su parte, una Constitución en el sentido jurídico-positivo, se sustenta en el concepto lógico-jurídico, porque la Constitución es un supuesto que le otorga validez al sistema jurídico en su conjunto, y en norma fundamental descansa todo el sistema jurídico. En éste concepto la Constitución ya no es un supuesto, es una concepción de otra naturaleza, es una norma puesta, no supuesta. La Constitución en este sentido nace como un grado inmediatamente inferior al de la Constitución en su sentido lógico-jurídico.

A su vez Carl Schmitt señala que:

> "La Constitución es una decisión política por encima de lo jurídico que precisa para su existencia un poder constituyente que la legitime"[156]

Existen varias concepciones para definir una constitución, no es un tema que podríamos agotar en el presente trabajo ya que sería tan extenso que nos perderíamos en nuestro fin, así tenemos que uno de los más prolíferos constitucionalistas como lo es Ricardo Guastini nos señala que la constitución la debemos de entender:

> "Todo ordenamiento político de tipo lineal, . . . como un conjunto de normas jurídicas, grosso modo, el conjunto de normas en algún sentido fundamentales que caracteriza e identifican todo ordenamiento, una tercera acepción de constitución, denota simplemente, un documento normativo que tiene ese nombre, una última

---

sentencia de este tribunal tenia efectos *erga omnes* y en México no se da esta característica salvo en específicos casos.

[155] KELSEN, Hans y SCHMIT Carl, *La polémica constitucional: El defensor de la constitución vs ¿Quién debe ser el defensor de la constitución?*, ed. Tecnos, 2009. p. 321

[156] *Ídem*

y cuarta acepción como un particular texto normativo dotado de ciertas características formales, o sea de un particular régimen jurídico."[157]

También debemos de tomar en cuenta a Ferdinand Lassalle, al señalar que la constitución es "La suma de los factores reales de poder que rigen en ese país".[158] Aseveración que efectúo dentro de una conferencia la cual el mismo impartió, y que culminó otorgando una diferencia entre la constitución real y efectiva de la formal, ya que como se mencionó al momento de plasmar en un documento los factores reales de poder, estos se convierten en norma jurídica.

Herman Heller[159], tiene la idea de Constitución desde tres expresiones, la primera como una realidad social; la segunda como una expresión jurídica, es decir, el deber ser que afirma y objetiviza los valores de la comunidad, y; la tercera y última, como la expresión escrita o Constitución en sentido formal.

A su vez Carl Schmitt[160] en su texto denominado Teoría de la Constitución, señala que la Constitución puede ser conceptualizada en cuatro sentidos, el primero de ellos el absoluto, el cual se trata de un todo unitario, el segundo desde un punto de vista relativo, el cual sólo se refiere a la ley constitucional, el tercero el punto de vista positivo el cual se refiere al modo y forma de la unidad política y finalmente el ideal, el cual satisface los intereses del partido que se encuentra en el poder.

Como se ha visto existen varias y variados autores que nos dan la idea de lo que se debe de entender por constitución, ya sea desde el punto de vista real y el formal, y entendiendo que podríamos seguir dando conceptos tan importantes como los aquí vertidos tales como los de Hans Kelsen en su Teoría Pura del Derecho o bien los de Karl Loewestein[161]   quien nos manifiesta que una Constitución, debe de tener cinco elementos fundamentales mínimos, tales como; a) La diferenciación de tareas estatales y su asignación a los diferentes órganos, b) Un mecanismo que establezca la cooperación entre los detentadores del poder, dispositivos e instituciones en forma de pesos y contrapesos c) Un mecanismo preventivo de bloqueos respectivos entre los detentadores del poder autónomos para que uno de ellos resulta el impasse por sus propios medios, d) Un método para adaptar pací-

---

[157] Gustinni, Riccardo, *"Estudios de Teoría Constitucional"*, Editorial Fontamara, 2a ed., México D.F., 2003. p. 30

[158] Lassalle, Ferdinand, *¿Qué es una Constitución?*, Editorial Gernika, 3 ed., México D.F., 2006. p. 71

[159] Heller, Herman, *Teoría del Estado*, Editorial Gernika, México, 2004. p 200

ficamente el orden fundamental a las cambiantes condiciones sociales y políticas, e) Un reconocimiento de los derechos materiales y su protección frente a los detentadores del poder

También en nuestra doctrina nacional se han elaborado diversos conceptos de constitución, así tenemos que para Enrique Sánchez Bringas la constitución es:

"La norma constituyente, reguladora de la validez del sistema jurídico y determinante de las bases organizativas del Estado y de los fenómenos políticos fundamentales de la sociedad".[162]

También nuestro órgano máximo ha definido a la constitución como,

"La organización de los poderes públicos, repartiendo su competencia, y a los derechos de las personas"[163]

Bástenos estos conceptos para tener una idea clara acerca de lo que se debe de entender por constitución, sin que sea necesario entrar al tema de la clasificación de las constituciones, ya que tocarlo sería un tratado especial para el mismo. Sin embargo sólo mencionaremos que las constituciones pueden ser flexibles, rígidas, consuetudinarias y legisladas[164], esto desde el punto de vista netamente jurídico, y si pensáramos tratar la clasificación de las constituciones de forma política tendríamos que tocar las constituciones impuestas, las otorgadas, la monárquica y la popular[165]

---

[160] Schmitt, Carl, *Teoría de las constituciones*, Editorial Alianza, Madrid 1982 p. 46-48

[161] Loewenstein, Karl. *Teoría de la Constitución*, Editorial Ariel, Barcelona, 1979. p. 131

[162] Sánchez Bringas, Enrique, *Derecho Constitucional*, ed. Porrúa, 11a edición México 2007 p. 132.

[163] Coordinadores Mariano Azuela Guitron, Carlos González Blanco, José Ismael Álvarez Moreno "*Curso de derecho constitucional*", ed. Poder Judicial Federal, México 2010. p. 10

[164] Constitución consuetudinaria es aquella que no se traduce en una ley, radica ciertamente de modo fundamental sobre la costumbre. Constitución legislada, es aquella que sí está desarrollada en una ley que se encuentra codificada. Constitución flexible es aquella, en las constituciones consuetudinaria, no es necesario procedimiento especial para reformarlas. Constitución rígida, en esta constitución que forzosamente debe de ser legislada, es necesario un procedimiento especial para reformarla.

[165] Constituciones impuestas, es aquella en el que el monarca se ve obligado a aceptar la voluntad del pueblo. Constitucion otorgada, es aquella en forma anticipada efectúa una constitución, Luis XVIII en Francia. Constitución monárquica o soberanía compartida, es aquella que en una forma igualitaria se reconoce la autoridad del monarca así como la soberanía del pueblo. Constitución de pacto federal, en esta constitución los estados son miembros que conforman la federación y esta forma de gobierno se plasma en la constitución.
Constitución popular, teniendo su base en el pueblo mismo y no en otra fuente.
DE VERGOTTINI Giuseppe,

Estando de acuerdo con los elementos que enumera Karl Loewestein junto con la definición de Ferdinand Lasalle.

2. Objeto del control constitucional.

El control constitucional tiene en el fondo un significado esencial que es que el Estado de derecho se conserve y funcione una Nación de forma adecuada, esto sin que los órganos que integran el poder otorgado al gobierno se excedan en cuanto sus funciones. Sin embargo y más allá de esta finalidad, el control constitucional, tiene también como fin, el que se respeten los pesos y contrapesos de las instituciones (*checks and balaces*), cuyos precursores fueron precisamente, pesadores como John Locke[166] en su ensayo denominado sobre el gobierno civil.

Debemos de entender como el control de la constitución:

> "La defensa de la constitución está integrada por todos aquellos instrumentos jurídicos y procesales que se han establecido tanto para conservar la normativa constitucional como para prevenir su violación, reprimir su desconocimiento y, lo que es más importante, lograr el desarrollo y la evolución de las propias disposiciones constitucionales en un doble sentido; desde el punto de vista de la constitución formal, a fin de lograr su paulatina adaptación a los cambios de la realidad política social, y desde la perspectiva de la constitución real, su transformación de acuerdo con las normas programáticas de la propia carta fundamental.[167]"

3. Sistemas del control constitucional

Existen diversos y variados procedimientos para mantener inviolable la Constitución, estos sistemas son diferentes entre sí, pero todos persiguen un fin común, establecer la superioridad jerárquica de la constitución y la necesidad de mantenerla sin violación. Estos mecanismos se diferencian en cuanto a la forma de promoverlos, los efectos que tienen, el órgano que tiene encargada dicha facultad, entre los más conocidos tenemos el control de la constitución puede ser difuso, concentrado y el mixto,

Además de los mecanismos de control que hemos mencionado, tenemos, el instrumento político, que lo encontramos en la división de poderes, así como el instrumento social, siendo un factor de magnitudes poco imaginadas si fueran explotados.

Como se mencionó en párrafos anteriores, para proteger la constitución existen los controles difuso, concentrado y mixto, por lo que toca ahora ver

---

[166] Locke John, Ensayo sobre el gobierno civil, 7ª edición, Editorial Gernika, México 2008.

[167] Fix-Zamudio, Héctor, *Estudio de la defensa de la constitución en el ordenamiento mexicano*, editorial Porrúa, México 2005, p. 10

cada uno de ellos, ya que en México existe una controversia acerca de cual medio es que se encuentra autorizado en la propia Constitución para su protección y que se desarrolla, es decir, se da el problema de que en el orden máximo se autoriza un control difuso y en la práctica se da un control concentrado, sin embargo este control concentrado, recae en la Suprema Corte de Justicia actuado como órgano constitucional, quien debe de declarar la inconstitucionalidad de alguna ley, medio que a su vez no es totalmente concentrado, no es un sistema puro, ya que lo difumina en varios órganos, que si bien dependen finalmente de la Corte, se da por varios tribunales, y en el entendido de que actualmente nace la tendencia del control difuso, esto a partir de la reforma constitucional de 2011, cuyo tema será materia de otra investigación.

A. Control difuso

Dentro de los sistemas, que para proteger a la constitución hemos mencionado, tenemos el control difuso, este tiene su origen en el constitucionalismo norteamericano, en el cual se reconoció a la constitución como la norma suprema y se implantaba la obligación de los jueces de velar por la Constitución, en donde el mismo juez estaba obligado por la ley pero por encima de ésta se encontraba la constitución.[168]

Obligatorio es citar la sentencia del juez Marshall, quien dictó la sentencia en el caso de *Marbury vs Madison*, esto en el año de 1803,[169] en los Estados Unidos de Norteamérica, donde se estableció, con los razonamientos de dicha sentencia, que todos los jueces están obligados a velar por la constitución e ir en contra de los actos que sean adversos a la misma, de lo que se desprende que la protección de la Constitución no se encuentra únicamente limitado a una sola persona,

De lo anterior podemos distinguir que el control difuso es la facultad constitucional concedida a órganos revestidos de potestad jurisdiccional para revisar la constitucionalidad de las normas, haciendo prevalecer la constitución sobre la ley y esto sobre cualquier otra norma inferior.[170]

Algunas de las características que revisten este mecanismo de protección constitucional, claro aparte del órgano facultado, es que la sentencia que emite este tribunal es *inter partes*, es decir sólo afecta a las partes que intervienen en el conflicto, y nunca con efectos *erga omnes*, el cual es parte del sistema del control concentrado de la constitución, aunado a la carac-

---

[168]VILLASEÑOR, Alejandra. "El control constitucional difuso en México", Cuadernos de investigación del Instituto de la Judicatura Federal, Vol. I, número 1, México 2002, p. 14.

[169] CIENFUEGOS, David, Marbury vs Madison, *Una decisión histórica para la justicia constitucional*, Editorial Laguna, 2005, p. 1.

[170] *Ibídem.*

terística anterior el control difuso, declara sólo la inaplicabilidad del acto impugnado pero no deroga el acto impugnado.

El significado de Control Difuso es el de una facultad constitucional concedida a los órganos revestidos de potestad jurisdiccional para revisar la constitucionalidad de las normas, haciendo prevalecer la Constitución sobre la ley y ésta sobre cualquier otra norma de rango inferior.

De lo anterior se desprende que el control difuso tiene las siguientes características; En cuanto a su naturaleza jurídica es incidental, es decir se actualiza hasta en tanto se presente la necesidad de dilucidar una pretensión o cuestión con relevancia jurídica. El efecto es inter partes, esto es, sólo le causa efectos o tiene alcance entre las partes que se presentaron ante el órgano para dilucidar su controversia, y finalmente. Se tiene una declaración de inaplicabilidad de la norma cuestionada.

A él se le debe la construcción de uno de los principios básicos sobre los que se asienta el orden máximo, la supremacía constitucional[171]; principio que implica reconocer a la Constitución como norma fundamental de un Estado, otorgándole el valor de ley suprema colocándola por encima de las demás normas jurídicas que conforman el ordenamiento jurídico de un estado, de las cuales constituye su fuente primaria.

El sistema norteamericano constituyó una innovación frente al sistema inglés del cual surgió. Encontramos, no obstante en el derecho inglés, un importante antecedente de la formulación de la supremacía constitucional y es la sentencia del juez inglés Edward Coke[172], quien en el caso Bonham, del año 1610, introdujo la idea de un *"fundamental law"*, dicho magistrado sostuvo que "el *Common Law* gozaba de supremacía sobre los actos del rey y aún sobre las Leyes del Parlamento y de estos principios, dos iban a prosperar en Inglaterra: el de la limitación de las autoridades ejecutivas por la superioridad de la Ley y el de que los jueces hicieran valer tal supremacía"[173]

Esta idea encontró su pleno desarrollo en la Constitución Norteamericana, constitución escrita y rígida; pero ésta no se hubiera mantenido sin la teoría de la *"judicial review"*,[174] la que establece la

---

[171] GUDIÑO PELAYO, José de Jesús, *Lo confuso del control difuso*, consultado en Internet el 10 de Septiembre del año 2010, en la pagina; http://www2.scjn.gob.mx/ministrogudino/ documents/articulos/control_difuso.pdf

[172] GONZALEZ RIVAS, Juan José, *La justicia constitucional: derecho comparado y español*, Revista de Derecho Privado, Madrid 1985, p 33.

[173] Ibídem.

[174] GUDIÑO PELAYO, Op. Cit. Pag.32.

competencia de los jueces para realizar un control sobre la constitucionalidad de las leyes.

B. Control concentrado

Este sistema de origen austríaco, fue plasmado en la constitución de 1920 y perfeccionado en su reforma de 1929, obra de Hans Kelsen. Estructuralmente el sistema kelseniano introduce un cambio básico que es concentrar la jurisdicción de control de constitucionalidad de las leyes en un sólo Tribunal, y no como es el sistema americano genuino, en todos los Tribunales, si bien esta pluralidad de fuentes de decisión sobre la constitucionalidad de las leyes se ordene sobre el principio *"stare decisis"* que vincula todos los Tribunales a la jurisprudencia de la Corte Suprema. La fórmula kelseniana consagra así lo que se ha llamado un sistema de "jurisdicción concentrada", frente al sistema de "jurisdicción difusa", propio del constitucionalismo americano.

Para Kelsen el Tribunal Constitucional no enjuicia hechos concretos sino que se limita a controlar la compatibilidad entre dos normas igualmente abstractas: la Constitución y la Ley. No enjuicia situaciones concretas ni hechos específicos sino que limita su función a resolver el problema de la *"Vereinbarkeit"*, de la compatibilidad entre dos normas abstractas, eliminando la norma incompatible con la norma suprema pero haciéndolo *"ex nunc"*, no *"ex tunc"*, mediante una sentencia constitutiva.[175]

Este mecanismo se aísla del proceso donde la cuestión ha sido suscitada, y se remite la resolución del problema abstracto de compatibilidad como incidente previo. El Tribunal Constitucional es un legislador, sólo que no un legislador positivo sino un legislador negativo. El poder legislativo se ha escindido en dos: el legislador positivo, que toma la iniciativa de dictar y de innovar las leyes y el legislador negativo que elimina aquellas leyes que no son compatibles con la superior norma constitucional.

C. Control mixto.

El tercer tipo de control judicial concentrado de la constitucionalidad de las leyes atribuido a las Cortes Supremas de Justicia o a los Tribunales Constitucionales se encuentra en aquellos países que han adoptado un sistema mixto o integral de control de constitucionalidad, en el que funcio-

---

[175] García Enterría, op. Cit. pag. 33

nan, paralelamente, el control difuso y el control concentrado.

2. El control constitucional en las constituciones de México.

Hemos de decir que el control constitucional en México no siempre ha estado presente, ya que al contrario de muchas creencias, nuestro marco jurídico, en un primer momento, después de la independencia, fue precisamente las leyes que nos habían regido durante la colonización.

Ahora bien dentro del control constitucional con el que habremos de iniciar es con la primera constitución propiamente Mexicana, la Constitución de Apatzingán, que dicho de paso, es la primer legislación que prohibió cualquier legislación extranjera y estableció en absoluto la soberanía y autodeterminación en el pueblo Mexicano, esto enmarcado en el año de 1814, pero aclarando que no fue la primera ley que trató de regular la vida interna del país en forma de constitución, ya que pudiéramos mencionar la Constitución de Cádiz, Los Sentimientos de la Nación, y el Decreto para la Libertad Mexicana, mejor conocida como la Constitución de Apatzingán, pues bien volviendo al tema que nos ocupa, que es la protección de la constitución, o control constitucional, señalaremos que en esta constitución, la de Apatzingán, encontramos este medio en el artículo 128 que en un primer lugar trascribiremos y posteriormente señalaremos en que consiste:

> Artículo 128: Cualquiera de aquellas corporaciones tendrá facultad para representar en contra de la ley, pero ha de ser dentro del término perentorio de veinte días, y no verificándolo en este tiempo procederá el supremo gobierno a la promulgación previo aviso oportunamente le comunicara al congreso. [176]

En esta constitución se puede encontrar un control de constitucionalidad de forma que pudiéramos llamar preventiva, la cual en la actualidad no existe y pudiera ser un buen medio protección constitucional, ya que tal y como se desprende del texto del artículo 128, trascrito, el Supremo Congreso era el encargado de representar en contra de la ley, y que daba facultades tanto al supremo gobierno como al tribunal de impugnarlas dentro de los 20 días siguientes a la iniciativa, tomado esto del antecedente francés.

Encontrando además, que el control constitucional era del orden Legislativo, ya que era precisamente el supremo congreso el encargado de dar protección a la constitución, siendo además concentrado, ya que solamente este órgano tenia dichas facultades,

En la constitución de 1824 se daba continuidad al sistema establecido en la de 1814 ya que el artículo 165 señalaba:

---

[176] http://www.diputados.gob.mx/biblioteca/bibdig/const_mex/const-apat.pdf , consulta el 27 de Julio del 2013

Artículo 165. Sólo en congreso general podrá resolver las dudas que ocurran sobre inteligencia de los artículos de esta Constitución y del acta constitutiva.

Aquí nos encontramos que el interprete de la constitución seguía siendo el congreso, más no así los tribunales, sin embargo en virtud de un planteamiento de la Suprema Corte al congreso sobre el alcance de sus facultades, en virtud de una controversia planteada al mismo, por un despido de magistrados en dicho Estado, es decir en un caso particular de Oaxaca ratificaron la esencia del artículo en cita, manifestando que no existía elemento alguno dentro de la constitución que le diera competencia a la Suprema Corte la facultad de efectuar el examen de constitucionalidad. Por lo que le correspondía al congreso el decretar la inconstitucionalidad de leyes emitidas dentro de los congresos estatales,

En relación a las siente leyes constitucionales de 1836, en su artículo 12 que señala;

Art. 12. Las atribuciones de este Supremo Poder son las siguientes:

1.º Declarar la nulidad de una ley ó decreto dentro de dos meses después de su sanción, cuando sean contrarias á artículo expreso de la Constitución, y le exijan dicha declaración ó el Supremo Poder Ejecutivo ó la Alta Corte de Justicia, ó parte de los miembros del Poder Legislativo en representación que firmen diez y ocho por lo menos.

2.º Declarar, excitado por el Poder Legislativo ó por la Suprema Corte de Justicia la nulidad de los actos del Poder Ejecutivo, cuando sean contrarios á la Constitución ó á las leyes, haciendo esta declaración dentro de cuatro meses contados desde que se comuniquen esos actos á las autoridades respectivas.

3.º Declarar en el mismo término la nulidad de los actos de la Suprema Corte de Justicia, excitado por alguno de los otros dos poderes, y sólo en el caso de usurpación de facultades.=Si la declaración fuere afirmativa, se mandarán los datos al tribunal respectivo para que sin necesidad de otro requisito, proceda á la formación de causa, y al fallo que hubiere lugar.

4.º Declarar por excitación del Congreso general, la incapacidad física ó moral del Presidente de la República, cuando le sobrevenga.

5.º Suspender á la Alta Corte de Justicia, excitado por alguno de los otros dos Poderes Supremos, cuando desconozca alguno de ellos, ó trate de trastornar el orden público.

6.° Suspender hasta por dos meses (á lo más) las sesiones del Congreso general, ó resolver se llame á ellas á los suplentes por igual término cuando convenga al bien público, y lo excite para ello el Supremo Poder Ejecutivo.

7.° Restablecer constitucionalmente á cualquiera de dichos tres Poderes, ó á los tres, cuando hayan sido disueltos revolucionariamente.

8.° Declarar excitado por el Poder Legislativo, previa iniciativa de alguno de los otros dos Poderes, cuál es la voluntad de la nación, en cualquiera caso extraordinario en que sea conveniente conocerla.

9.° Declarar excitado por la mayoría de las Juntas departamentales, cuando está el Presidente de la República en el caso de renovar todo el ministerio por bien de la nación.

10.° Dar ó negar la sanción á las reformás de Constitución que acordare el Congreso, previas las iniciativas, y en el modo y forma que establece la ley constitucional respectiva.

11.° Calificar las elecciones de los Senadores.

12.° Nombrar el dia 1.° de cada año diez y ocho letrados entre los que no ejercen jurisdicción ninguna, para juzgar á los ministros de la Alta Corte de Justicia y de la Marcial, en el caso, y previos los requisitos constitucionales para esas causas.

Como se desprende de la redacción de esta constitución de corte centralista, le correspondía al Supremo Poder Conservador la declaratoria de nulidad de leyes, decretos, actos o sentencias tanto del congreso, el ejecutivo o la suprema corte, claro previa revisión de la constitución.

Siendo este un control concentrado de constitucionalidad, y de forma exclusiva al Supremo Poder Conservador el hacer preservar el ordenamiento máximo, destacando además, como lo habíamos mencionado, que el tipo de control constitucional está sujeto al interés político y en este caso al tipo de gobierno que se encuentra en el poder, ya que como vimos el poder absoluto recaía en el órgano del poder conservador.

A. Bases orgánicas de 1843.

En relación a las Bases Orgánicas de 1843, tenemos que se le dio a la Suprema Corte una mínima atribución para efectuar el control constitucional, esto al ver la redacción del artículo 118 de dichas bases que señala:

Artículo 118. Son facultades de la Corte Suprema de Justicia:

…

> XIV. Oír las dudas de los tribunales sobre la inteligencia de alguna ley, juzgándolas fundadas, iniciar la declaración correspondiente.

Se desprende el avance que se venía arrastrando del control constitucional, ya que en anterior cuerpo constitucional sólo tenía atribuciones el supremo poder conservador, sin embargo se da la pauta de la necesidad del control constitucional, dando lugar al artículo 118 de las Bases Orgánicas, ya que al señalar que son facultades de la Corte Suprema la de oír las dudas sobre la inteligencia de una ley, se inicia con las facultades de la suprema corte de ejercitar el control constitucional inclusive el de la interpretación de la misma.

Por lo que en estas bases orgánicas, seguía siendo competente para declarar la nulidad de estatutos y actos de la suprema corte de la nación el poder legislativo, en específico la cámara de diputados, ya que le correspondía al senado el declarar la nulidad los actos que contrariaran a las bases del poder ejecutivo.

B. **Acta constitutiva y de reformas, de 1847.**

este cuerpo legal, el cual en primer lugar cambia el federalismo en lugar del centralismo, da un brinco esencial para el control constitucional, ya que se establece la primera solución de forma jurisdiccional del control constitucional, es decir se le quita esta atribución al poder legislativo y se le otorga al poder judicial, esto aún y cuando algunos autores consideran que se insistía, en la fórmula otero, en que el control constitucional siguiera recayendo, precisamente en el poder legislativo. Sin embargo, es indudable que la aparición del juicio en este ordenamiento dio lugar, previas discusiones y argumentaciones, a que el control constitucional, vía juicio de amparo, recayera en los tribunales jurisdiccionales federales.

Indudable es que la evolución de la protección de la constitución, hasta este momento, se vio influenciada no solamente de la doctrina norteamericana, que si bien es cierto si tuvo mucho que ver, pero no de forma exclusiva, ya que no nació en forma automática el control constitucional a favor del órgano judicial, así como también podemos ver la tendencia del control constitucional político vía legislativo. Por lo que se ve, la influencia europea del control constitucional, aún y cuando en los debates de la redacción de dicho cuerpo legal se denotan las sentencias de *Marbury vs Madison* y otras.

C. Constitución de 1857.

Es a partir del constituyente que dio vida a la constitución de 1857 donde se da la verdadera pauta del nacimiento del control constitucional jurisdiccional y se denota la verdadera influencia del constitucionalismo norteamericano en la redacción de la carta magna en estudio, tal y como se ha señalado en el cuerpo del presente, al momento de ver la influencia del vecino país al momento de los debates legislativos.

La Constitución de 1857, como se ha visto, es el antecedente inmediato en cuanto al actual artículo 133 de la Constitución mexicana, por tal motivo lógico es pensar que si se dilucida la corriente ideológica que influenció al constituyente del 57, tendremos que esta misma fue la que se generó sobre el 133 de la actual constitución, es por este motivo que en el presente capítulo veremos cuál es la influencia que determinó la forma de redacción en cuanto a la supremacía constitucional.

Dentro de la corrientes ideológicas de la constitución del 57 podemos encontrar a diversos y variados pensadores, tanto de la antigüedad, como la época romana, como de los actuales en la fecha de discusión, dentro de los pensadores políticos que influyeron en la constitución están Montesquieu,[177] Hobbes con el pacto social, Locke, al manejarse ni el fanatismo ni el ateísmo, Rousseau, con la voluntad del pueblo convertida en la soberanía popular, y Bentham con el principio de felicidad para el mayor número, como se ve el constituyente de 1857 tuvo una influencia importante de pensadores, que además de los ya indicados también influyeron en este órgano colegiado Alfonso de Lamatien, Benjamn Constant, Tomás Jefferson, Alexis de Tocqueville y los pensadores nacionales Miguel Ramos Arispe, Manuel Crescencio Rejón, José María Luis de la Mora.

Los temas que más se debatieron y que dieron lugar a la mayor exposición de ideologías fueron, primero, la posible restauración de la constitución de 1824 y la segunda la cuestión religiosa, curiosamente, no encontramos nada con referencia a discusión alguna sobre el control constitucional o de la supremacía constitucional, es decir acerca del artículo 126 de la constitución del 57, existiendo sólo el juicio de amparo, que se confundía el control constitucional con el mismo juicio de amparo de corte jurisdiccional, así también encontramos influencia de la constitución norteamericana y en algunos casos de la constitución de Cádiz,[178] más sin embargo no podemos dejar de lado la gran influencia que tuvo la constitución de 1824, cuyos

---

[177] De este pensador se habló en el congreso de 1822, el mismo día en que Iturbide se reunió con ministros para arrestar a los diputados que supuestamente querían derrocar su gobierno, 16 de Agosto.

[178] Emilio O.Rabasa, en exposición otorgada en el Instituto Tecnológico y de Estudios Superiores de Monterrey, manifestó la intención del constituyente nacional de efectuar una separación de la constitución española mediante la elección de un sistema presidencialista, el cual es diferente al sistema político Español.

creadores contaron con poca información respecto al texto que intentaron imitar, la Constitución de los Estados Unidos de Norteamérica, en cuanto a su aplicación e interpretación doctrinal y jurisprudencial.

No debiendo olvidar que es durante la vigencia de esta constitución que se asentaron las bases técnicas de la ley de amparo mediante la ley orgánica de procedimientos de los tribunales federales, promulgada por Benito Juárez, así como la ley reglamentaria del Amparo.

No debiendo olvidar que durante la vigencia de esta constitución tal y como lo señala José Ramón Cossío Díaz,[179] se contaba con dos tipos de control constitucional tales como el jurisdiccional y el legislativo, esto con respecto al primero el del juicio de amparo y la controversia constitucional, así como el segundo de los tipos consistente en la facultad del senado de anular actos o leyes de un estado que resultaran contrarios a la constitución.

D.Constitución de 1917.

Como hemos visto en la constitución de 1857 se dio el control constitucional concentrado al órgano jurisdiccional, vía juicio de amparo, sin embargo es precisamente en esta etapa del constitucionalismo mexicano donde encontramos plenamente la judicialización de la protección de la constitución, esto claro está, con sus diversas interpretaciones de la forma del control constitucional, ya sea concentrado o difuso, ya ahora de forma difusa, y en definitiva se ve más la influencia del vecino país norteamericano, con los matices europeos en cuanto al procedimiento.

En nuestra era constitucional, está no ha dejado de evolucionar, encontrando como medio de protección constitucional diversas figuras, tales como el mismo juicio de amparo, así como los procedimientos jurisdiccionales ante tribunales electorales, el juicio de protección de derechos político electorales, el de revisión constitucional, la facultad de investigación de la Suprema Corte de Justicia , las acciones de inconstitucionalidad, así como las quejas ante las comisiones de derechos humanos, ésta no ha dejado de evolucionar y de sorprender por su dinamismo.

Dinamismo señalado consistente en la evolución, por lo menos bajo mi concepto, de dar un paso del control concentrado de la constitucionalidad a un control difuso de la misma, no olvidando el de convencionalidad, ya que es a nuestro criterio un control de la propia constitución.

V. CONCLUSIÓN.

La vida independiente de México inició con un inestabilidad tanto política, económica, social y por supuesto Constitucional, esto por varios moti-

---

[179] COSSIO DIAZ, José Ramón, Sistemas y Modelos de control constitucional en México, Instituto de investigaciones jurídicas, serie estudios jurídicos número 186, México D.F. 2011.

vos como la falta de uniformidad de las ideas políticas para regir a una nación, periodo en el cual se fueron formado plataformas de cohesión gracias
a eventos que tendieron a unir al pueblo, tales como invasiones de varias
naciones.

Todos los eventos que envolvieron a nuestra nación se ve reflejado en
la evolución del derecho constitucional, ya que a la par de que fueron deca-
yendo los actos de inestabilidad comenzaron con el desarrollo de la protección de la constitución y sobre todo de los derechos que en ella se incluían,
es por esto motivo que actualmente se vive en un proceso de estabilidad
política, en comparación con periodos anteriores, lo que ha puesto en un
lugar de avance a nuestra constitución, sobre todo bajo el tenor de las últimas reformas, que reconocen los derechos fundamentales como parte esencial de la vida interna de un país, lo que, además, a repercutido en los criterios de la Suprema Corte, que ha puesto de relieve el derecho fundamental
sobre todos los cuerpos legales.

BIBLIOGRAFIA.

ARISTOTELES, *Política*, Editorial Editores Mexicanos Unidos, México 2002.
___, *Derecho Constitucional*, Vol.2, Editorial Harla, 1997, México, D.F.
___, *Tratado de derecho Constitucional*, Tomo II, Editorial Oxford, México, 1999.

BRYCE, *James, Constituciones flexibles y Constituciones rígidas*, Instituto de Estudios Político, Madrid 1952.
Boletín Mexicano de Derecho Comparado, Nueva Serie Año II, Número 4 Enero-Abril, Año 1969.

BURGOA ORIHUELA, Ignacio, *Derecho Constitucional mexicano*, Editorial Porrúa, México 1976.
CARMONA TINOCO, Jorge Ulises, *"La interpretación judicial constitucional*, Editorial Instituto de investigaciones jurídicas", Primera edición, México, 1996.
CARBONEL SANCHEZ, Miguel, *Marbury versus Madison en los orígenes de la supremacía constitucional y el control de la constitucionalidad*, Editorial Laguna, México 2005.

CARPIZO MCGREGOR, Jorge, *La interpretación constitucional en México*, Editorial Instituto de Investigaciones Jurídicas, UNAM, México 1983.
CIENFUEGOS, David, Marbury vs Madison, *Una decisión histórica para la justicia constitucional*, Editorial Laguna, 2005.
CIENFUEGOS SALGADO, David, Compilador, *Marbury contra Madison*, Editorial Laguna, México 2005.

COUTURE, Eduardo J. *Fundamentos del derecho procesal civil*, 3ª Edición, Editorial Roque Depalma , Buenos Aires 1958.
DE PIÑA VARA, Rafael, *"Diccionario de Derecho"*, Editorial Porrúa, 22 edición, 1996, México, D.F.

DE PIÑA VARA, Rafael, *Diccionario de Derecho*, volumen II Editorial Porrúa, 22 ed., 1996, México, D.F.
DE VERGOTTINI Giuseppe, *Derecho constitucional Comparado*, Espasa Calpe, Madrid, 1983
DERMIZAKY Peredo, Pablo, *La interpretación constitucional*, en Revista N° 1 del Tribunal Constitucional, Noviembre de 1999, Sucre, Bolivia.

Discurso por el Dr. Jorge Carpizo publicado en la revista de la facultad de derecho de México, México, tomo XL, numero 169-170-171. Enero-junio de 1990. P 9-11 ARAGON REYES, Manuel, *Estudios de derecho Constitucional,* Editorial Centro de Estudios Políticos y Constitucionales, Madrid 1998.

FERNÁNDEZ SEGADO, Francisco, *Reflexiones en torno a la interpretación de la Constitución, en Interpretación Constitucional, una aproximación al debate,* Tribunal Constitucional, Konrad Adenauer, Sucre, Bolivia, 1999.

FERRER MUÑOZ, MANUEL, *"Presencia de doctrinas constitucionales extranjeras en el primer liberalismo mexicano"* Editorial Instituto de Investigaciones Jurídicas, México 1996.

FIX-ZAMUDIO, Héctor y otro, *Derecho Constitucional Mexicano y Comparado,* 2ª Ed. Editorial Porrúa, México. 2001.

FIX-ZAMUDIO, Héctor, *Estudio de la defensa de la constitución en el ordenamiento mexicano,* editorial Porrua, 1ª edición, México 2005.

GARCIA DE ENTERRIA, y otro *"La constitución como norma jurídica",* en la obra colectiva "La constitución española de 1978, Estudio sistemático." 2ª ed., Madrid, 1981.

GONZALEZ OROPEZA, Manuel, *Recent problems and developmets on the rule of low in México.* Texas Internationl Law Journal. Volumen 40. Numero 3, 2005

GONZALEZ RIVAS, Juan José, *"La justicia constitucional"* Derecho comparado y español, Revista de Derecho Privado, Madrid 1985.

GUASTINNI, Ricardo, *Estudios sobre la interpretación jurídica,* Editorial DJC, 1999, México D.F.

GUASTINNI, Ricardo, *"Estudios de Teoría Constitucional",* Editorial Fontamara, 2 ed., México D.F., 2003.

GUDIÑO PELAYO, José de Jesús, *Lo confuso del control difuso,* consultado en Internet el 10 de Septiembre del año 2010, en la pagina; http://www2.scjn.gob.mx/ministrogudino/documents/artículos/control_difuso.pdf

HELLER, Herman, *Teoría del Estado,* Editorial Gernika, México, 2004.

KELSEN, Hans, *Teoría general del derecho y del estado,* Editorial Editores Unidos, 2ª Edición, México 2005

RABASA, Emilio O. *"Historia de las constituciones mexicanas",* Editorial Instituto de Investigaciones Jurídicas, 2ª edición, México 2000.

LOCKE, John, *"Ensayo sobre el Gobierno Civil",* Gernika, 7ed., México, D.F., 2008.

KELSEN, Hans, *Teoría pura del derecho*, Editorial Gernika, Segunda Edición, 2009, México.

KELSEN, Hanss y SCHMIT Carl, *La polémica constitucional: El defensor de la constitución vs ¿Quién debe ser el defensor de la constitución?*, Editorial Tecnos, 2009.

LASSALLE, Ferdinand, *¿Qué es una Constitución?*, *Editorial* Gernika, 3 ed., México D.F., 2006.

LINARES QUINTANA, Segundo V. *Tratado de interpretación Constitucional*, Editorial Perrot, Buenos Aires 1998.

LOCKE John, Ensayo sobre el gobierno civil, 7ª edición, Editorial Gernika, México 2008.

LOEWENSTEIN, Karl. *Teoría de la Constitución*, Editorial Ariel, Barcelona, 1979.

MONROY CABRA, Marco, *Introducción al Derecho*, Editorial Temis, Santa Fé de Bogotá, Colombia, 1996.

SACHICA, Luis Carlos, *La constitución y su defensa*, México, UNAM, 1984

SANCHEZ BRINGAS, Enrique, *Derecho Constitucional*, Editorial Porrúa, 11 edición México 2007.

SCHMITT, Carl, *Teoría de las constituciones*, Editorial Alianza, Madrid 1982.

STOETZER, O. Carlos., *El pensamiento político en la America Española durante la emancipación.* Segundo volumen, Editorial Instituto de estudios Políticos, 1966. Madrid España.

TENA RAMIREZ, Felipe, *"Leyes fundamentales de México"*, Editorial Porrua, 7ª Edición, México 1976.

VELÁSQUEZ V., Fernando, *Derecho Penal, Parte general*, 3a Ed., Editorial Temis, Santa Fé de Bogotá, Colombia, 1997.

VIGO, RODOLFO Luis, *Interpretación constitucional*, Editorial Abeledo Perrot, Buenos Aires 1993.

VILLASEÑOR, Alejandra,."El control constitucional difuso en México", Cuadernos de investigación del Instituto de la Judicatura Federal, Vol. I, número 1, México 2002.

http://www.archives.gov/espanol/constitucion.html

CAPÍTULO CUARTO

EL CONTROL DIFUSO DE LA CONVENCIONALIDAD Y DE LA CONSTITUCIONALIDAD POR LOS JUECES MEXICANOS.

Pedro Valdez Aguirre.[180]

Sumario:

I. Introducción. II. El control de la constitucionalidad. III. La protección de la constitución en México. IV. El control de la convencionalidad. V. El control de la convencionalidad en México. VI. Conflicto entre normas. El test de constitucionalidad. VII. Conclusiones.

I. INTRODUCCIÓN.

Dentro del quehacer jurídico de los tribunales mexicanos del fuero común, se han incorporado de manera reciente dos aspectos de gran trascendencia: el control de la constitucionalidad y el control de la convencionalidad.

---

[180] *Doctor en Derecho por el IIDE Campus Chihuahua, Catedrático de la Facultad de Derecho de la Universidad Autónoma de Chihuahua y Secretario Proyectista de la Sexta Sala Civil del Supremo Tribunal de Justicia del Estado de Chihuahua.*

Aunque en la doctrina el primer tema es añejo, en nuestro país se mantuvo reducido a la actividad de los tribunales federales, debido a una interpretación restringida de la Suprema Corte de Justicia de la Nación (en adelante SCJN), y empezó a manejarse con mayor énfasis a partir de las reformas constitucionales de 1996, que introdujeron nuevos mecanismos de control constitucional como lo son las controversias constitucionales y las acciones de inconstitucionalidad; posteriormente el Tribunal Federal Electoral pretendió declarar la inconstitucionalidad de leyes, y nuevamente la SCJN limitó sus facultades. Es a partir de la reforma Constitucional del 10 de junio del 2011 en materia de derechos humanos, y de una serie de sentencias pronunciadas por la Corte Interamericana de Derechos Humanos (Corte IDH) en contra del Estado mexicano, que la SCJN cambia su postura y reconoce la facultad y el deber de todos los tribunales mexicanos de realizar estas actividades de control de la constitucionalidad y de la convencionalidad.

Este último tema es más reciente, pues es a partir de la instalación de los tribunales internacionales, sobre todo los de carácter regional, y específicamente por la Corte IDH, que se ha acuñado la denominación de "control de la convencionalidad" y se ha desarrollado, primero en el ámbito jurisdiccional y posteriormente en la doctrina.

En virtud de lo anterior, el presente trabajo tiene por objeto el análisis de la actividad que deben desarrollar los jueces mexicanos para el ejercicio de estas dos funciones. Y debido a que existe una similitud en cuanto a la actividad que deben desarrollar los jueces al ejercer una y otra, y a que doctrinaria y jurisprudencialmente el control de la constitucionalidad ha tenido un mayor desarrollo, es que en primer lugar se abordará el estudio panorámico del control de la constitucionalidad, y luego el del control de la convencionalidad.

En cuanto a éste último, se estudiará el origen y evolución en la Corte IDH, las posturas de la doctrina, y los lineamientos establecidos por la SCJN al respecto; para luego enunciar algunas formas de interpretación y finalmente formular algunas conclusiones.

II. EL CONTROL DE LA CONSTITUCIONALIDAD.

1. Principio de supremacía constitucional.

Hans Kelsen en su "Teoría General del Derecho y del

Estado"[181] afirma que el orden jurídico de un Estado no se integra por normas de un mismo nivel, sino que existe una norma fundamental que es la Constitución, la cual determina la producción de otras normas a las que denomina derivadas o secundarias cuya validez se remonta a la ley fundamental. Así pues, los ordenamientos jurídicos que derivan de la Constitución, ya sean leyes federales, tratados internacionales, constituciones y leyes locales, deben ser congruentes con la norma fundamental.

2. Defensa o protección constitucional.

Ahora bien, puede suceder que al expedirse las leyes secundarias su creador no haya cuidado su conformidad con la ley fundamental, y aún más; que el actuar de los órganos del Estado pudieran vulnerar las garantías contenidas en la propia Constitución, por ende se hacen necesarios mecanismos de defensa de la Constitución.

La Defensa de la Constitución tiene por objeto, según Héctor Fix-Zamudio,[182] el mantenimiento y conservación de las normas fundamentales, pero además, debe comprender su evolución y compenetración con su realidad política, para evitar que el documento escrito se convierta en una simple fórmula semántica, siendo digno proteger un ordenamiento con un grado razonable de eficacia y de proyección hacia el futuro. Por ende, debe preservarse la constitución, pero también debe atenderse a su evolución vinculándola con la realidad política, social y económica, y evitar un divorcio entre el texto escrito y una realidad distinta.

Conforme a dicho autor,[183] la defensa de la Constitución comprende dos aspectos: a) El de la protección preventiva, conformada por todos aquellos instrumentos políticos, económicos, sociales y de técnica jurídica establecidos en la propia ley fundamental para prevenir su violación, y; b) Las Garantías Constitucionales, que se integran por los instrumentos jurídicos de carácter predominantemente procesal, que tienen por objeto lograr

---

[181] Kelsen, Hans, *Teoría General del Derecho y del Estado*, México, Trad. Eduardo García Máynez, UNAM, 3ª edición, 2008, pp. 146-148.

[182] Fix-Zamudio, Héctor, *Introducción al derecho procesal constitucional*, México, Fundap, 2002. pp. 72 y73.

[183] *Ibídem.* p. 71.

la reintegración del orden constitucional.

3. Sistemas de defensa de la constitución.

A. Por Órgano Político.- Consiste en que la protección del orden constitucional se encuentra a cargo de un órgano político.

Luego del triunfo de la revolución francesa la actividad de los jueces fue seriamente cuestionada, se les consideró parte del aparato del viejo régimen que protegía a los poderosos. Por ende, se les asignó un papel de simples aplicadores mecánicos de la ley, y expresamente se les prohibió desaplicar las normas que se consideraran contrarios a la Constitución, bajo el argumento de que ésta al ser expedida por el Poder Legislativo, expresa la voluntad popular por medio de sus representantes, y por ende, no podía ser revisable por el desprestigiado Poder Judicial. Así, la tutela de la Constitución adquirió un valor político y quedó bajo instrumentos y órganos también políticos. En la formulación de este sistema influyeron determinantemente Juan Jacobo Rosseau[184], quien postuló la supremacía del Poder Legislativo como representante de la voluntad popular, y; Carlos Luis de Secondat Barón de Montesquie, el cual consideraba al juez como un simple aplicador mecánico de la ley, e inferior al legislativo.[185]

Este sistema fue defendido por Carl Schmitt[186], ideólogo del fascismo alemán con Hitler, quien afirmó que sólo el Ejecutivo – el Presidente del Reich-, con fundamento en las facultades extraordinarias previstas en la Constitución de Weimar de 1919, es capaz de defender la Constitución y que atribuirle ese rol a un tribunal no conduce a judicializar la política, sino a politizar la justicia.

B. Por Órgano Jurisdiccional.- Este sistema deja en manos de un Tribunal la facultad de declarar la inconstitucionalidad de

---

[184] Rosseau, Juan Jacobo. *El Contrato Social*. Trad. Rafael Rutiaga. 2ª. Edición. México. Ed. Tomo. 2005. Libro II, capítulo VI, p.p. 46-51.

[185] MONTESQUIE, *Del Espíritu de las Leyes*. Trad. Luis Enrique Prieto Marín. 2ª. Edición. México. Ed. Delma, 1999. Libro XI, capítulo VI, p. 108.

[186] *Cfr.* Schmitt, Carl. *La Defensa de la Constitución*. Trad. Manuel Sánchez Sarto. Barcelona, Ed. Tecnós, 1983.

leyes o actos. Fue expuesto por Hans Kelsen[187], quien planteó la necesidad de establecer instrumentos procesales para tutelar las normas constitucionales, con la creación de un Tribunal Constitucional.

Dentro del control jurisdiccional de la Constitución, a su vez existen dos sistemas encontrados y uno intermedio:

a. El Control Difuso.- Consiste en que la facultad de revisión de la constitucionalidad de leyes se otorga a todos los órganos jurisdiccionales de un determinado Estado o país, ya sean federales o locales.

Se originó en los Estados Unidos de Norteamérica, en la decisión asumida por la Corte Suprema, con el Juez John Marshall a la cabeza, en el caso *Marbury Vs. Madison*, en la que se afirmó que todos los jueces están facultados para revisar la constitucionalidad de leyes al decidir un caso concreto, de tal manera que el Juez que conoce del asunto no anula o invalida la norma, pues se limita a desaplicar la ley en el caso concreto. Sin embargo, dado el sistema del *common law* basado en el precedente judicial, la sentencia que declare la desaplicación de una ley por estimarla inconstitucional puede servir de base para resoluciones posteriores, lo cual además atenúa la disparidad de criterios judiciales respecto a una misma norma.

b. Control Concentrado.- Aquí el control de la constitucionalidad de las leyes se deposita en un solo tribunal especializado en aspectos de constitucionalidad, por lo general independiente de la justicia ordinaria e incluso de los otros dos poderes conforme a la teoría de los organismos constitucionales autónomos.[188]

En este sistema, la inconstitucionalidad de leyes se plantea en forma abstracta (no sujeta a un caso concreto), por vía de acción – cuestión prejudicial- ejercitada en un proceso autónomo específico dirigido a combatir directamente la ley. La sentencia que se emite declarando la invalidez de la norma tiene efectos generales (*erga*

---

[187] *Cfr.* Kelsen, Hans, *¿Quién debe ser el Defensor de la Constitución?*, Trad. Roberto J. Brie. Madrid, Ed. Tecnós, 1995.

[188] *Cfr.* Moreno Ramírez, Ileana, *Los órganos Constitucionales Autónomos en el Ordenamiento Mexicano*, Serie Brevarios Jurídicos, México, Ed. Porrúa, 2005.

omnes). También se le llama sistema austriaco o europeo.

c. Sistema Mixto.- La inconstitucionalidad se puede plantear a través de dos vías:

I).- Por vía de acción.- En este caso se plantea una acción principal en abstracto ante un Tribunal especializado.

II).- Por vía de excepción. Se plantea como cuestión prejudicial.[189] En este caso todos los jueces comunes están facultados para plantear ante el Tribunal Constitucional especializado la inconstitucionalidad de leyes; pero sólo en cuanto aquéllas sean pertinentes para resolver los casos sometidos a su consideración y sea indispensable dilucidar la validez o invalidez constitucional de la ley a aplicar, es decir, para resolver el caso concreto que se les presenta. Puede plantearse de manera oficiosa por el Juez o a petición de alguna de las partes involucradas en el juicio ordinario. Presenta como ventajas, la prontitud para los involucrados en el juicio ordinario, merced que, mediante el envío por el Juez ordinario al Tribunal Constitucional se resuelve la validez de la norma sin que se tenga que plantear la vía directa ante el órgano especializado.

Este sistema mixto ha cobrado relevancia en la medida que los sistemas concentrado y difuso en la práctica han atenuado sus extremos contrapuestos.

Por ejemplo, en los Estados Unidos, paradigma del sistema difuso, en el año de 1925 se introdujo el *Writ of Cerciorari*, que es una competencia discrecional que lo ha convertido en un verdadero Tribunal Constitucional, ya que la mayoría de los asuntos que conoce tienen carácter directamente constitucional. Así también en la mayoría de los países Latinoamericanos, en los que ha predominado el control difuso, han creado diversos recursos (acción popular de inconstitucionalidad en Colombia) por medio de los cuales cualquier persona puede acudir ante la Corte Suprema a solicitar la declaración con efectos generales de disposiciones legislativas; inclusive se han creado tribunales especializados en controversias constitucionales, pero sin abandonar el sistema

---

[189] Así lo llama la doctrina italiana, especialmente Mauro Cappelletti, *La pregiuzialità costituzionale del processo civile*. Milano, 1957. Citado por Fix-Zamudio, Héctor, *op. cit.* nota 25, p. 33.

difuso.[190]

En México, existen dos vías para el ejercicio de la acción directa: las acciones de inconstitucionalidad y las controversias constitucionales; y en cuanto a la vía de excepción (dentro de un juicio concreto) existen diversas vías, siendo la más significativa el amparo contra leyes.

III. LA PROTECCIÓN DE LA CONSTITUCIÓN EN MÉXICO.

A pesar de que el artículo 133 constitucional, tiene una redacción similar al artículo VI de la Constitución de los Estados Unidos de América, cuya interpretación por la Suprema Corte de Justicia estadounidense dio lugar a la creación del control difuso; en nuestro país durante muchos años se adoptó un sistema concentrado, exclusivo del Poder Judicial de la Federación, la SCJN mediante las tesis de jurisprudencia 73/99[191] y 74/99[192] sostuvo que tal atribución es exclusiva del Poder Judicial de la Federación, relacionando tal artículo con el 103 de la propia Ley Fundamental que reserva a los tribunales de la Federación el conocimiento de cualquier controversia que involucre los derechos humanos, invasión de competencias o inconstitucionalidad de leyes. De esta manera se prohibió a los jueces ordinarios el ejercicio de la protección constitucional. Fue necesaria una reforma constitucional y una serie de sentencias pronunciadas por la Corte IDH en contra del Estado mexicano, para que la Suprema Corte variara su postura, y accediera a la posibilidad del control difuso, modificando la jurisprudencia que había adoptado.

Por otra parte, en nuestro país la inconstitucionalidad de leyes se puede plantear tanto en vía de excepción, en el caso de amparo contra leyes, en donde los efectos de la sentencia hasta antes de junio del 2011 tuvieron sólo efectos particulares; o bien por vía de acción, tratándose de acciones de inconstitucionalidad y de controversias constitucionales, en las que la decisión puede llegar a producir efectos *erga omnes,* al igual que el amparo en

---

[190] Para mayor abundamiento *Cfr.* Fernández Segado, Fernando. *La Justicia Constitucional ante el siglo XXI: La progresiva convergencia de los sistemas americano y europeo-kelseniano.* México, UNAM, 2004.

[191] Tesis: P./J. 73/99, *Semanario Judicial de la Federación y su Gaceta,* Novena Época, Tomo X, Agosto de 1999, p. 18.

[192] Tesis: P./J. 74/99, *Semanario Judicial de la Federación y su Gaceta,* Novena Época, Tomo X, Agosto de 1999, p. 5

la actualidad, excepción hecha de leyes fiscales.[193] Pero en cuanto a los órganos encargados de ejercer el control de la constitucionalidad, durante largo tiempo y a pesar de la redacción del artículo 133 constitucional antes citado, se mantuvo el sistema de control concentrado por la Suprema Corte de Justicia de la Nación y por los tribunales federales tratándose de amparo contra leyes.

1. La internacionalización del derecho constitucional.

Las constituciones nacionales resultaron insuficientes e ineficaces para la protección de los derechos humanos, surgió así la necesidad de que los Estados nacionales se uniera para emitir documentos internacionales donde reconocieran derechos humanos a manera de un estándar internacional y se establecieron órganos de supervisión y control, lo cual se hizo aún más patente al término de la segunda guerra mundial. Comenzó una internacionalización del derecho constitucional de los derechos humanos y transformó el derecho internacional que se encontraba cimentado en las relaciones entre los estados, para tomar como valor preponderante la protección de los individuos.[194] Al aprobar estos tratados los estados se someten a un orden legal, asumiendo varias obligaciones, no en relación a otros Estados, sino frente a los individuos bajo su jurisdicción, ello es así, ya que los tratados de derechos humanos regulan obligaciones de un Estado frente a sus habitantes y no a favor de un Estado contraparte.[195]

Respecto a la naturaleza que adquieren los derechos humanos contenidos en los tratados internacionales, Herrerías y Del Rosario[196] aseveran que es el mismo que persiguen las constituciones en su núcleo de derechos fundamentales y garantías.

La presencia de un sistema mundial de múltiples niveles ha generado la pluralidad de órdenes jurídicos. Así, además del sistema universal existen diversos sistemas regionales como el europeo, el africano y el interamericano.[197]

---

[193] Artículo 231 de la Nueva Ley de Amparo.

[194] Ferrer Mac-Gregor, Eduardo, *Interpretación conforme y control difuso de la convencionalidad. El nuevo paradigma para el Juez Mexicano*, La reforma constitucional de derechos humanos. Un nuevo paradigma. México, IIJ-UNAM, 2011, pp. 345 y 346.

[195] Herrerías Cuevas, Ignacio F. y Del Rosario Rodríguez, Marcos. *El control de constitucionalidad y convencionalidad. Sentencias que han marcado un nuevo paradigma (2007-2012)*, México, Ubijus, 2012, pp. 21 y 22.

[196] *Ídem.* p. 23

[197] *Ídem.* p. 23.

A. México y los Tratados Internacionales

México ha suscrito un número muy significativo de tratados internacionales, y muchos de ellos se refieren a derechos humanos, los cuales podemos ubicar, unos en el sistema universal y otros en el sistema interamericano, siendo éstos los de mayor trascendencia en cuanto al control de la convencionalidad, pues es en éste en el que mediante jurisprudencia se acuñó ese término.,

En cuanto al sistema universal, según el Departamento de Información Pública de la ONU, nuestro país ha participado en más de 55 instrumentos jurídicos relativos a los derechos humanos;[198] entre los convenios destacados que ha suscrito se encuentran la Declaración Universal de los Derechos Humanos (1948) y el Pacto Internacional de Derechos Civiles y Políticos (1966) en tanto que en el sistema interamericano, hasta el mes de junio del 2013, había suscrito 72 tratados multilaterales.[199] Según Sergio García Ramírez,[200] el sistema interamericano tuvo su origen en 1945 con la Conferencia de Chapultepec sobre problemas de la guerra y de la paz; prosiguió en 1948 con la Carta de la OEA y la Declaración Americana de los Derechos y Deberes del Hombre; en 1969 con la Convención Americana de Derechos Humanos (Pacto de San José); 1978, año que inició la vigencia de ésta Convención; 1999, en que se produjo el último reconocimiento a la competencia contenciosa de la Corte Interamericana, y; año 2011, en que la Suprema Corte de México declara la recepción nacional del derecho internacional de los derechos humanos.

La firmeza vinculante de las sentencias de la Corte Interamericana de Derechos Humanos deriva, además de lo expuesto, de lo dispuesto en los artículos 62.3, 67 y 68 de la Convención Americana sobre Derechos Humanos que al efecto establecen:

"Artículo 62

[...]

3. La Corte tiene competencia para conocer de cualquier caso

---

[198] Organización de las Naciones Unidas, Departamento de Información Pública, http://www.cinu.org.mx/cinu/bienvenida.htm

[199] Organización de Estados Americanos, Secretaría de Asuntos Jurídicos, Departamento de Derecho Internacional, http://www.oas.org/es/sla/ddi/tratados multilaterales_interamericanos_firmas_estados_MX.asp

[200] García Ramírez, Sergio. *El Control Judicial Interno de Convencionalidad*. En El Control Difuso de la Convencionalidad, México, Fundap, 2012. pp. 216 y 217.

relativo a la interpretación y aplicación de las disposiciones de esta Convención que le sea sometido, siempre que los Estados Partes en el caso hayan reconocido o reconozcan dicha competencia, ora por declaración especial, como se indica en los incisos anteriores, ora por convención especial."

"Artículo 67

El fallo de la Corte será definitivo e inapelable. En caso de desacuerdo sobre el sentido o alcance del fallo, la Corte lo interpretará a solicitud de cualquiera de las partes, siempre que dicha solicitud se presente dentro de los noventa días a partir de la fecha de la notificación del fallo."

"Artículo 68

1. Los Estados Partes en la Convención se comprometen a cumplir la decisión de la Corte en todo caso en que sean partes.

2. La parte del fallo que disponga indemnización compensatoria se podrá ejecutar en el respectivo país por el procedimiento interno vigente para la ejecución de sentencias contra el Estado."

En cuanto al lugar que ocupan los tratados internacionales dentro del orden jurídico nacional, el alto tribunal del país ha asumido diferentes y contrastantes posturas. En 1992 afirmó que las leyes federales y los tratados internacionales tienen la misma jerarquía normativa,[201] luego en 1999 cambió su postura para sostener que los tratados internacionales se encuentran por debajo de la constitución, y por encima de las leyes federales y locales[202] y finalmente en el 2007 dijo que los tratados son parte integrante

---

[201] Tesis: P. C/92, *Gaceta del Semanario Judicial de la Federación*, Octava Época, Núm. 60, Diciembre de 1992, p. 27, Rubro: LEYES FEDERALES Y TRATADOS INTERNACIONALES. TIENEN LA MISMA JERARQUIA NORMATIVA.

[202] Tesis: P. LXXVII/99, *Semanario Judicial de la Federación y su Gaceta*, Novena Época, Tomo X, Noviembre de 1999, p. 46, Rubro: TRATADOS INTERNACIONALES. SE UBICAN JERÁRQUICAMENTE POR ENCIMA DE LAS

de la ley suprema de toda la unión y ratificó que se ubican debajo de la constitución y por encima de las leyes generales, federales y locales.[203]

Las tesis de mérito han generado una gran discusión en el foro y la academia, que no viene al caso abordar pues rebasa los límites del presente trabajo, basta mencionar que en otra ocasión sostuve[204] que los tratados relativos a derechos humanos no pueden estar supeditados a la Constitución y que lejos de contradecirla la complementan; y respecto a los demás tratados internacionales que no contienen derechos humanos, la Constitución no contempla supremacía alguna entre leyes federales o estatales y los tratados, sino que los coloca en el mismo nivel, es decir, que los conflictos entre tratados internacionales diversos a derechos humanos y leyes federales o locales, no se deben resolver con base a la jerarquía normativa, sino atendiendo al ámbito de aplicación, partiendo de la base que entre una ley federal o estatal y un tratado internacional no existe conflicto alguno, y que pueden válidamente coexistir, regulando incluso la misma materia de forma distinta, de tal forma que cuando en un asunto determinado se presente la disyuntiva de un tratado internacional que regula determinada materia de cierto modo, y una ley federal o estatal que regula la misma materia pero en otro sentido, el juez debe atender a la relación jurídica concreta que se pretende regular y no a la materia que se regula. Lo anterior merced a que el tratado constituye una regla especial frente a la ley que es la regla general. Por tanto, si algún particular se coloca en la hipótesis normativa especialmente contemplada en el tratado, debe aplicarse éste por ser una regla especial, y no la ley que es la regla general para todos los casos no contemplados en el tratado.

La doctrina tradicionalmente ha dicho que en el sistema federal mexicano existen dos órdenes: el federal y el local. Empero, algunos

---

LEYES FEDERALES Y EN UN SEGUNDO PLANO RESPECTO DE LA CONSTITUCIÓN FEDERAL.

[203] Tesis: P. IX/2007, *Semanario Judicial de la Federación y su Gaceta*, Novena Época, Tomo XXV, Abril de 2007, p.6, Rubro: TRATADOS INTERNACIONALES. SON PARTE INTEGRANTE DE LA LEY SUPREMA DE LA UNIÓN Y SE UBICAN JERÁRQUICAMENTE POR ENCIMA DE LAS LEYES GENERALES, FEDERALES Y LOCALES. INTERPRETACIÓN DEL ARTÍCULO 133 CONSTITUCIONAL.

[204] Valdez Aguirre, Pedro, y otros. *Los Tratados Internacionales y el Derecho Interno en México.* Tesina presentada en la materia Contratos, del Doctorado en Derecho, del Instituto Internacional del Derecho y del Estado, Campus Chihuahua, Julio del 2008. Sin publicar.

autores,[205] sostienen que en realidad existen tres órdenes: Orden Nacional, Orden Federal y Orden Local. Y afirman que se ha incurrido en el error de afirmar que la Constitución corresponde al Orden Federal.

Así pues, en nuestro sistema federal existe una división competencial en cuanto a las atribuciones de la federación y de las entidades federativas, de tal manera que ante un conflicto de normas entre una ley federal y una ley estatal, el conflicto no se resuelve atendiendo a la jerarquía normativa, sino a distribución de competencias, es decir, a cuál de los órdenes le está autorizado por la Constitución emitir una norma en determinada materia, caso en que el diverso orden se encuentra privado de facultades para emitirla y estará invadiendo la competencia del primero. Inclusive, para el caso de invasión de competencias, la misma Constitución contiene mecanismos para dirimir los conflictos que puedan surgir; así se obtiene del artículo 103 fracciones II y III.

Pero existe un orden jurídico de carácter nacional que se encuentra por encima de las leyes federales y locales, en tal sentido la Suprema Corte de Justicia de la Nación, emitió jurisprudencia interpretativa del artículo 133 constitucional, en la que se expresa que en el orden jurídico nacional existen distintos ordenes jurídicos parciales y que el principio de supremacía constitucional a que alude dicho artículo, claramente se traduce en que: "la Constitución General de la República, las leyes generales del Congreso de la Unión y los tratados internacionales que estén de acuerdo con ella, constituyen la Ley Suprema de la Unión, esto es, conforman un orden jurídico superior, de carácter nacional, en el cual la Constitución se ubica en la cúspide y, por debajo de ella los tratados internacionales y las leyes genera-

---

[205] Así lo sostienen Vázquez Pando, Fernando A. *"Jerarquía del Tratado de Libre Comercio entre México, Estados Unidos y Canadá en el sistema jurídico mexicano"*, en *Panorama Jurídico del Tratado de Libre Comercio, Memorias*, México, Universidad Iberoamericana, 1992. Walls Aurioles, Rodolfo. *Los Tratados Internacionales y su Regulación Jurídica en el Derecho Internacional y el Derecho Mexicano*. Ed. Porrúa. México, 2001. Ortiz Mayagoitia, Guillermo O. *El orden jurídico nacional a la luz de la Constitución Política de los Estados Unidos Mexicanos*. Anuario de Derecho Constitucional Latinoamericano. 2003. Instituto de Investigaciones Jurídicas de la Universidad Nacional Autónoma de México. Ruiz Muro, Eliseo. Ob. Cit. pág. 250 y251. En contra se pronuncia Cossío Díaz, José Ramón. *Jerarquía, División Competencial en Relación con los Tratados Internacionales* en Derecho Mexicano en Anuario Mexicano de Derecho Internacional, vol. VIII, 2008, pp. 867-882. Instituto de Investigaciones Jurídicas de la Universidad Nacional Autónoma de México.

les".[206]

Relacionado con este aspecto, se encuentra lo que se ha denominado el "bloque de constitucionalidad".

Este tema tiene antecedentes en la constitución de Estados Unidos de América y en Francia, como lo explican de manera detallada Herrerías y Del Rosario;[207] pero lo que interesa es su contenido actual y específicamente en lo que se refiere a nuestro país. De acuerdo con la interpretación armónica de los artículos 1º y 133 de la constitución, acorde con el nuevo texto del primero; así como los principios interpretativos contenidos en la propia carta magna, ya no es únicamente la Constitución, la ley suprema de toda la unión, sino que junto a ella están los tratados internacionales de derechos humanos, y la obligación de ejercer el control difuso y ex oficio de la convencionalidad, de ahí que varios autores, entre ellos Ferrer Mac Gregor, se atrevan a hablar de un "bloque de convencionalidad". Sin embargo, si se considera que por imperativo del propio artículo primero constitucional, todas las autoridades al ejercer el control difuso ya sea de convencionalidad o de constitucionalidad, deben atender a la norma que sea más conforme a los derechos humanos, aplicándose así la regla de la interpretación conforme; pero debe tomarse en cuenta que dicha regla interpretativa implica buscar la norma que sea más benévola con los derechos humanos; de tal manera que no sólo debe atenderse a la constitución o a los tratados internacionales, pues si alguna norma de derecho interno, sin importar su jerarquía normativa, pero cuidando la actuación de las autoridades dentro de su ámbito de competencias, debe aplicar la más favorable a los derechos humanos; lo cual quiere decir, que si una norma de inferior categoría resulta más favorable a los derechos humanos, debe aplicarse ésta, a pesar de la ínfima jerarquía normativa que pueda tener. En este caso, si se presenta un conflicto normativo entre la constitución y una norma ordinaria, o entre un tratado y una norma ordinaria, pero ésta contiene mayor protección al ser humano, se debe preferir a la norma. Así pues, pudiera también denominarse "bloque de los derechos humanos". Pero, si se toma en cuenta que lo que se busca es la protección a los derechos humanos, sin importar la jerarquía de la norma que contemple esa protección, entonces también podría

---

[206] Tesis: P. VIII/2007, *Semanario Judicial de la Federación y su Gaceta*. Novena Época, Tomo XXV, Abril de 2007; p. 6, Rubro: SUPREMACÍA CONSTITUCIONAL Y LEY SUPREMA DE LA UNIÓN. INTERPRETACIÓN DEL ARTÍCULO 133 CONSTITUCIONAL.

[207] Para un análisis detallada del origen del bloque de constitucionalidad, *Cfr.* Herrerías Cuevas, Ignacio F. y Del Rosario Rodríguez, Marcos. *Op. cit.* pp. ___

hablarse de un "bloque de los derechos humanos"; sin embargo, al estar ya contemplada esa aplicación amplia de los derechos humanos, el denominado "bloque de constitucionalidad tiene una connotación que comprende a todos los derechos humanos, en lo que les resulte más favorable, sin importar su jerarquía o ubicación dentro del orden jurídico nacional, sin necesidad de recurrir al bloque de convencionalidad o al de los derechos humanos.

IV. EL CONTROL DE LA CONVENCIONALIDAD.

El "control de convencionalidad" es un concepto de creación judicial bastante reciente, acuñado por Sergio García Ramírez como Juez de la Corte Interamericana de Derechos Humanos (Corte IDH), lo fue desarrollando a través de diversos votos particulares, y posteriormente el pleno de la Corte IDH lo ha acogido a partir del caso *Almonacid Arellano vs. Chile*, de 2006 y a partir de entonces lo ha venido reiterando y complementando.

El control de convencionalidad se refiere a una revisión de congruencia entre las normas nacionales y la Convención Americana de Derechos Humanos (CADH), en los mismos términos que acontece con el control de constitucionalidad. Así como los órganos jurisdiccionales encargados de aplicar en control de la constitucionalidad, en el ámbito de sus respectivas competencias, deben efectuar un análisis de un acto o norma, para confrontarla con la Constitución, y determinar si es congruente con la misma o no lo es, y en tal caso ya sea hacer una declaración de inconstitucionalidad o bien ordenar la desaplicación de esa norma; así, en el control de convencionalidad los jueces nacionales deben confrontar las normas internas con las contenidas en el orden internacional y especialmente respecto a aquellos tratados internacionales que contienen derechos humanos, aplicando la norma que sea más benéfica, y en caso de ser necesario, desaplicando las normas internas. Los jueces y las autoridades nacionales, deben realizar una confrontación "del orden supranacional, nacionalmente aceptado y colectivamente formulado, en lo que toca a definiciones de derechos y libertades, asignación de responsabilidades y consecuencias jurídicas de los hechos ilícitos contraventores de aquel orden.[208]

Existen dos sistemas para el control de la convencionalidad: Uno concentrado que es competencia de la Corte IDH; y otro difuso, a cargo de todos los jueces internos de los Estados parte de la CADH.

---

[208] García Ramírez, Sergio. *op.cit.* p. 215.

El **control concentrado** se ejerce por la Corte IDH, al resolver los casos contenciosos sometidos a su consideración en su función de guardián e intérprete final de la Convención Americana, con la facultad exclusiva de garantizar al lesionado en el goce de su derecho o libertad conculcados y reparar las consecuencias de la medida o situación que ha vulnerado esos derechos, además del pago de una indemnización justa a la parte lesionada, cuando resuelva que hubo violación de un derecho o libertad protegidos por la Convención (artículo 63, CADH), teniendo dicho fallo carácter definitivo e inapelable (artículo 67, CADH); por lo que los Estados se comprometen a cumplir con la decisión de la Corte en todo caso de que sean partes (artículo 68.1, CADH). El control de convencionalidad constituye la razón de ser de la Corte Interamericana: su labor es la de realizar un control de compatibilidad entre el acto de violación y la CADH o los tratados interamericanos. En caso de violación, la responsabilidad internacional recae sobre el Estado, y no sobre alguno de sus órganos o poderes.[209]

El **control difuso de convencionalidad** consiste en el deber de los jueces nacionales, de realizar un examen de compatibilidad entre los actos y normas nacionales y la CADH, con los protocolos adicionales y los tratados que contengan derechos humanos, así como también con la jurisprudencia de la Corte IDH.[210]

La doctrina del "control difuso de convencionalidad" fue introducida por primera vez, en el caso *Myrna Mack Chang*, en el año 2003,[211] por Sergio García Ramírez, en su calidad de Juez de la Corte IDH. El 7 de diciembre de 2004 en el caso *Tibi*,[212] el mismo juez realizó una comparación entre las labores de un Tribunal constitucional y la CIDH, afirmando que la tarea de los jueces trasnacionales se asemeja a la de los Tribunales Constitucionales, ya que estos últimos inspeccionan los actos impugnados a la luz de las reglas, los principios y valores de las leyes fundamentales, y que la Corte IDH, por su parte, analiza los actos que llegan a su conocimiento en relación con normas, principios y valores de los tratados en los que funda su competencia contenciosa. Dicho de otra manera, si los tribunales constitucionales controlan la constitucionalidad, el tribunal internacional de derechos humanos resuelve acerca de la "convencionalidad" de esos actos. A través del control de constitucionalidad, los órganos internos procuran conformar la

---

[209] Ferrer Mac Gregor, Eduardo. *op. cit.* p.368.

[210] *Ibídem.* p.371.

[211] Corte IDH, *Caso Myrna Mack Chang Vs. Guatemala*, Sentencia de 25 de noviembre de 2003, Serie C No. 101, Voto Concurrente Razonado del Juez Sergio García Ramírez.

[212] Corte IDH, *Caso Tibi Vs. Ecuador*, Sentencia de 7 de septiembre de 2004, Serie C No. 114.

actividad del poder público al orden que rige el Estado de Derecho en una sociedad democrática. El tribunal interamericano, por su parte, pretende conformar esa actividad al orden internacional acogido en la convención por la que se reconoció la jurisdicción interamericana y se aceptó por los Estados partes esa jurisdicción.

El pleno de la Corte IDH acogió esta doctrina en el *caso Almonacid Arellano y otros vs. Gobierno de Chile*, resuelto el 26 de septiembre de 2006,[213] queda reflejada en los párrafos 123 a 125 de dicha sentencia, en los siguientes términos:

> 123. La descrita obligación legislativa del artículo 2 de la Convención tiene también la finalidad de facilitar la función del Poder Judicial de tal forma que el aplicador de la ley tenga una opción clara de cómo resolver un caso particular.

> Sin embargo, cuando el Legislativo falla en su tarea de suprimir y/o no adoptar leyes contrarias a la Convención Americana, el Judicial permanece vinculado al deber de garantía establecido en el artículo 1.1 de la misma y, consecuentemente, debe abstenerse de aplicar cualquier normativa contraria a ella. El cumplimiento por parte de agentes o funcionarios del Estado de una ley violatoria de la Convención produce responsabilidad internacional del Estado, y es un principio básico del derecho de la responsabilidad internacional del Estado, recogido en el Derecho Internacional de los Derechos Humanos, en el sentido de que todo Estado es internacionalmente responsable por actos u omisiones de cualesquiera de sus poderes u órganos en violación de los derechos internacionalmente consagrados, según el artículo 1.1 de la Convención Americana.

> 124. La Corte es consciente que los jueces y tribunales internos están sujetos al imperio de la ley y, por ello, están obligados a aplicar las disposiciones vigentes en el ordenamiento jurídico. Pero cuando un Estado ha ratificado un tratado internacional como la Convención Americana, sus jueces, como parte del aparato del Estado, también están sometidos a ella, lo

---

[213] *Caso Almonacid Arellano vs. Chile*, excepciones preliminares, fondo, reparaciones y costas, sentencia del 26 de septiembre de 2006, serie C, núm. 154, párrs. 123-125.

que les obliga a velar porque los efectos de las disposiciones de la Convención no se vean mermadas por la aplicación de leyes contrarias a su objeto y fin, y que desde un inicio carecen de efectos jurídicos. En otras palabras, el Poder Judicial debe ejercer una especie de "control de convencionalidad" entre las normas jurídicas internas que aplican en los casos concretos y la Convención Americana sobre Derechos Humanos. En esta tarea, el Poder Judicial debe tener en cuenta no solamente el tratado, sino también la interpretación que del mismo ha hecho la Corte Interamericana, intérprete última de la Convención Americana.

125. En esta misma línea de ideas, esta Corte ha establecido que "[s]egún el derecho internacional las obligaciones que éste impone deben ser cumplidas de buena fe y no puede invocarse para su incumplimiento el derecho interno". Esta regla ha sido codificada en el artículo 27 de la Convención de Viena sobre el Derecho de los Tratados de 1969.

En la sentencia de *Trabajadores Cesados del Congreso,* la CIDH puntualizó que el control debe ejercerse *ex officio,* es decir, *motu propio* por los juzgadores, como expresión del deber estatal que comparten éstos. Y añadió que los tribunales internos deben despachar el control "evidentemente en el marco de sus respectivas competencias y de las regulaciones procesales correspondientes".

Posteriormente, la Corte IDH en diversas sentencias ha reiterado el control difuso de la convencionalidad. Entre ellas, algunas en contra del Estado mexicano: *Casos González y otras (Campo Algodonero), Radilla Pacheco, Fernández Ortega y otros, Rosendo Cantú y otra, y Cabrera García y Montiel Flores.*

4. Algunas particularidades del control de convencionalidad.

A. ¿Quiénes ejercen este control?

En el caso *Almonacid Arellano,* (entre otros casos, algunos de los cuales ya se han citado), quedó resuelto por la Corte IDH, que no sólo el Tribunal Interamericano debe llevar a cabo la labor de la defensa y protección de las normas convencionales que integran el sistema interamericano, sino también que los jueces locales pueden y deben previamente desempeñar esta labor, y solamente cando los tribunales internos no desarrollan de manera adecuada esa tarea, entonces el pleito podría llegar a la instancia internacional. Lo anterior, porque la intervención de la Corte IDH y la de los demás órganos internacionales que tienen competencia para conocer y resolver conflictos sobre la violación a tratados internacionales de derechos humanos, es subsidiaria y la regla es que los actos deban ser analizados por los tribunales locales, y sólo cuando éstos fallen, se podrá acudir a las instancias internacionales. Así por ejemplo, en artículo 46.1 apartado a) de la CADH se impone la necesidad de "agotar los derechos internos".

Se trata de aplicar primero el control de convencionalidad por los jueces nacionales, sucede algo similar a lo que ocurre en el orden interno con el control de constitucionalidad, ya que desde antes de la reforma constitucional, el mecanismo clásico era que la norma fuera analizada primero por los tribunales federales de menor rango, y luego si subsistía el agravio, por el más alto cuerpo de justicia del país. Pero dicho mecanismo cambia a partir de la reforma constitucional del 2011 y de la jurisprudencia emitida por la SCJN con motivo del caso Radilla, pues ahora todos los jueces, incluidos los de los estados, deben efectuar ese control difuso, analizando la posible incompatibilidad de la norma a aplicar, con la Constitución, y si ese juez no desaplica la norma, entonces se puede acudir ante los tribunales federales, quienes según la competencia y facultades de que dispongan pueden no sólo de desaplicarla sino además, realizar una declaratoria de inconstitucionalidad, la cual tiene efectos generales, a excepción de las leyes fiscales, según lo dispuesto en el artículo 131 de la Ley de Amparo,.

B. ¿Sobre qué normas supranacionales se debe ejercitar el control de convencionalidad?

En primer lugar, los jueces deben buscar la compatibilidad entre las normas locales y los tratados internacionales, los cuales no se limitan a los derivados del sistema interamericano, sino que abarcan a todos aquellos ratificados por México; además debe atender a la jurisprudencia emitida por órganos internacionales, y en general a las normas del derecho internacional.

En el sistema interamericano algunos de los tratados más importantes son: La Convención Americana de Derechos Humanos; el Protocolo Relativo a la Abolición de la Pena de Muerte; la Convención para Prevenir y Sancionar la Tortura; la Convención de Belém do Pará para la Erradicación de la Violencia contra la Mujer y la Convención sobre Desaparición Forzada de Personas.

C. ¿Sobre qué normas nacionales se debe ejercer la comparación?

Sobre las normas de derecho interno. La labor tanto del control concentrado, que corresponde a la Corte IDH y a otros órganos internacionales; como la del control difuso, encomendado a los jueces internos; consiste en adecuar, amoldar o adaptar, las reglas del derecho interno a los tratados. Esto implica que si las normas internas – independientemente del órgano emisor, sea el legislativo o cualquier otro–, y los actos de autoridad de cualquiera de los tres poderes, o de cualquier nivel de gobierno, ya sea federal, estatal o municipal, no protegen debidamente los derechos fundamentales contenidos en el derecho internacional, cualquier autoridad, incluidos los jueces, deben ejercer el control de convencionalidad, ya sea aplicando la norma de mayor protección, interpretarla en el sentido que más favorezca a los derechos humanos, y sólo cuando esto no sea posible, desaplicando la norma o declarando su inconvencionalidad, atendiendo a las facultades que legalmente le correspondan a cada autoridad. Entonces, en un deber general del Estado, es decir, de todas sus autoridades, la de aplicar estas reglas para el ejercicio del control de convencionalidad sobre las normas de derecho interno (arts. 1.2 y 2 de la Convención).

El control de convencionalidad tiene que hacerse a través de una comparación entre las reglas internas de origen legislativo, administrativo o de cualquier otro carácter, por un lado; y los tratados internacionales que contienen derechos humanos, la jurisprudencia pronunciada por la Corte IDH y por otros órganos internacionales, así como el derecho internacional, por otro lado.

Debe destacarse que la Corte IDH no ha hecho una descripción de qué tipo de preceptos locales deben ser controlados, pero se considera que debe ser sobre cualquier norma de carácter general y abstracta (ley, decreto, ordenanza, actos administrativos, constituciones provinciales y nacional).

En los países donde la jurisprudencia fijada por el Tribunal Constitucional o por la Corte Suprema es obligatoria para los tribunales inferiores, esos criterios revisten el carácter de norma o ley, y por ende debe ser incluida en el parámetro que sirve para analizar la posible inconstitucionalidad de leyes; así también las resoluciones interpretativas de los tratados internacionales, emitidas por la Corte IDH y por otros tribunales internacionales, debe servir de medida para realizar el control de convencionalidad.[214]

---

[214] Hitters, Juan Carlos. *Control de Constitucionalidad y Control de Convencionalidad. Comparación.* en Estudios Constitucionales Vol. 7, Núm. 2, Centro de Estuduios Constitucionales, Chile, 2009. p. 121.

D. Control de oficio.

Según la interpretación de la Corte IDH "...los órganos del Poder Judicial deben ejercer no sólo un control de constitucionalidad, sino también de convencionalidad67 *ex officio* entre las normas locales y la Convención Americana, evidentemente en el marco de sus respectivas competencias y de las regulaciones procesales correspondientes.68 Esta función no debe quedar limitada a los casos en que existe una petición de parte interesada, sino que el tribunal o autoridad correspondiente, debe llevar a cabo de manera oficiosa en control de convencionalidad.69

Lo cierto es que cuando las actuaciones llegan a la Corte regional, ella realiza esta verificación, aun de oficio, considerando que es la última intérprete de la normativa interamericana y que por una cuestión meramente procesal no puede permitir que el Estado infrinja, en este caso la Convención o las normas del sistema interamericano.

E. ¿Qué consecuencias derivan del control de convencionalidad hecho por la Corte IDH?

Cuando dicho órgano jurisdiccional, al realizar el control concentrado de la convencionalidad, resuelve que en el caso concreto se violó la convención, esa resolución es vinculatoria para el Estado parte (arts. 62.3 y 68.1 del Pacto), quien tiene la obligación de adaptar y en su caso modificar el derecho interno, incluyendo la propia Constitución, bajo apercibimiento de incurrir en Responsabilidad Estatal.[215]

Esto significa que la sentencia de la CIDH, que determina que una norma interna es contraria a algún derecho contenido en un tratado interamericano, esa decisión no implica una abrogación automática del precepto local, pues es el país condenado quien al dar cumplimiento a la sentencia de la CIDH, debe pronunciarse al respecto, es decir, debe declarar la invalidez de la norma, y en su caso, derogar o modificar la legislación contraventora de los tratados internacionales que vulneren derechos humanos.

---

[215] Como ocurrió en el caso de La Ultima Tentación de Cristo. Corte IDH, Caso "La Última Tentación de Cristo" [Olmedo Bustos y otros] Vs. Chile, Sentencia de 5 de febrero de 2001, Serie C No. 73.

IV. EL CONTROL DE LA CONVENCIONALIDAD EN MÉXICO.

1.   Actos que consideró la SCJN para cambiar su criterio.

Como se ha dicho, en nuestro país hasta julio del 2011, sólo existió el control concentrado de la constitucionalidad, pues la SCJN no aceptó que los tribunales ordinarios tuvieran facultades para desaplicar leyes. Sin embargo, con motivo de la reforma constitucional del 10 de junio del 2011 en materia de derechos humanos, y el análisis del expediente Varios 29/2011 derivado de la sentencia pronunciada por la Corte IDH en el caso *Rosendo Radilla vs. México*, en la que condena al Estado mexicano, el alto tribunal ordenó suspender la jurisprudencia que había emitido con anterioridad y emitió otra admitiendo el control difuso de la convencionalidad, pero también el control difuso de la constitucionalidad.

2.   EL NUEVO ARTÍCULO 1° CONSTITUCIONAL (Reforma del 10 de junio del 2011).

El día 10 de junio del 2011 se publicó en el Diario Oficial de la Federación, un decreto por el que se reforman diversos artículos de la CPEUM, entre ellos, el artículo 1°, cuyos párrafos segundo y tercero, quedaron redactados de la siguiente manera:

> *Las normas relativas a los derechos humanos se interpretarán de conformidad con esta Constitución y con los tratados internacionales de la materia favoreciendo en todo tiempo a las personas la protección más amplia.*

> *Todas las autoridades, en el ámbito de sus competencias, tienen la obligación de promover, respetar, proteger y garantizar los derechos humanos de conformidad con los principios de universalidad, interdependencia, indivisibilidad y progresividad. En consecuencia, el Estado deberá prevenir, investigar, sancionar y reparar las violaciones a los derechos humanos, en los términos que establezca la ley.*

A.   Derivaciones de la Reforma en cuanto al Control Difuso de la Convencionalidad y de la Constitucionalidad

De esta redacción se desprenden consecuencias de trascendental importancia:

a. El control difuso de la constitucionalidad y de la convencionalidad. La obligación para todas las autoridades –no sólo para los jueces- de promover, respetar, proteger y garantizar los derechos humanos, lo cual está íntimamente ligado al control difuso de la constitucionalidad y de la convencionalidad, rompiendo con el sistema del control concentrado que había regido en nuestro país;

b. Recoge el principio pro persona y la cláusula de interpretación conforme; en virtud de lo cual las normas relativas a derechos humanos, sin importar su jerarquía, deben interpretarse conforme a la constitución y los tratados internacionales de la materia favoreciendo en todo tiempo a las personas la protección más amplia; lo que trajo como consecuencia la modificación de la jurisprudencia que ubicó a los tratados internaciones (incluidos los que contienen derechos humanos) por debajo de la Constitución;

c. Implica la conformación de lo que la doctrina ha denominado "bloque de constitucionalidad" que ha sido expuesto en el apartado III. 2.

d. Impone una regla interpretativa que debe atender a los principios de universalidad, interdependencia, indivisibilidad y progresividad que deben seguir todas las autoridades, incluidos los jueces, (para una mejor comprensión del contenido y alcance de estos principios, véanse los trabajos elaborados por Jaime Acevedo Balcorta y José Luis Chacón Rodríguez, incluidos al inicio de ese libro). De esta obligación y de la señalada en el punto anterior, se deriva una ardua tarea de los juzgadores mexicanos en cuanto a estudio y capacitación, acerca del derecho internacional, especialmente al contenido de los tratados internacionales suscritos por México, al funcionamiento y conocimiento de las resoluciones y precedentes emitidos por tribunales internacionales y en cuanto a estudio del contenido e implicaciones de los principios que rigen a los derechos humanos y a las reglas de interpretación en caso de colisión de derechos.

e. Sanción a los jueces y autoridades que violen los derechos humanos, así como la obligación de repararlos. Impone al Estado la obligación de realizar acciones efectivas para prevenir, investigar, sancionar y reparar las violaciones a los derechos humanos, en los términos que establezca la ley. Desprendiéndose así, no sólo la posibilidad, sino el deber de sancionar a los jueces que no ejerzan en control difuso de la constitucionalidad o de la convencionalidad, o que no atiendan a los derechos humanos contenidos en la constitución, en los tratados internacionales y en cualquier cuerpo legal, sin importar que sea una ley ordinaria.

B.   La Cláusula de Interpretación Conforme.

Se trata de un criterio o principio interpretativo para lograr la armonización entre el derecho nacional y el derecho internacional. Es la técnica hermenéutica por medio de la cual los derechos y libertados constitucionales son armonizados con los valores, principios y normas contenidos en los tratados internacionales sobre derechos humanos que resultan obligatorios para los Estados que los han suscrito, así como con los criterios interpretativos (no es jurisprudencia en el sentido que la conocemos en México, porque ésta requiere de cinco casos resueltos en el mismos sentido) de los tribunales internacionales para lograr una mayor eficacia y protección de esos derechos fundamentales.

No se trata de una imposición de la norma internacional sobre la nacional, sino de un proceso interpretativo de armonización derivado del principio pro persona, y también de la obligación general de respetar los derechos y libertades previstos en los tratados internacionales que en algunas ocasiones implica la posibilidad de dejar de aplicar el tratado, si la norma nacional resulta de mayor alcance protector. A través de la interpretación conforme se amplia y se refuerza el contenido y alcance de los derechos y libertades fundamentales. Los jueces e intérpretes mexicanos, siempre deben acudir a la interpretación conforme debido al nuevo mandato constitucional del artículo 1° constitucional, que se dirige a todos los intérpretes de normas en materia de derechos humanos.

Ferrer Mac Gregor[216] expone algunas características y consecuencias que se desprenden del criterio hermenéutico contenido en el párrafo segundo del artículo 1o. constitucional:

a. Los destinatarios de esta cláusula constitucional son todos los intérpretes de las normas en materia de derechos humanos, sean autoridades o particulares. Luego, todas las autoridades del Estado mexicano, dentro de sus competencias, tienen que seguir este criterio interpretativo.

Esto implica que los **jueces** deben acudir a esta técnica de interpretación en todos los casos que se les sometan a su jurisdicción y que se relacionen con normas de derechos humanos; los **legisladores** tendrán que adecuar la normativa existente utilizando este criterio y aplicarlo como parte de la técnica legislativa al emitir la norma; y todos los órganos de la **administración pública** deberán ajustar su actuación conforme a la nueva pauta interpretativa de derechos humanos, especialmente cuando se trate de restricción de los mismos.

b. Resulta obligatoria en todo caso que involucre normas de derechos humanos, lo que implica que es un mandato constitucional "no disponible" por el intérprete. Constituye un "deber", y no puede nunca ser "optativo" o "facultativo" para el intérprete de la norma en materia de derechos humanos.

---

[216] Ferrer Mac Gregor, Eduardo. *Op cit.* pp. 361-368.

c. El objeto materia de la interpretación conforme no se restringe a:

I). Los derechos humanos exclusivamente de rango constitucional (sea de fuente constitucional o internacional), sino también comprende a los derechos infraconstitucionales, ya que este criterio interpretativo se aplica con independencia del rango o jerarquía que tenga la norma en cuestión, de tal manera que las normas que los contengan deberán interpretarse de conformidad con los derechos humanos previstos en la Constitución y en los tratados internacionales; en este sentido se trata de una interpretación desde el texto fundamental hacia abajo;

II). Los derechos humanos previstos en el capítulo I del Título primero de la Constitución federal, sino a todos los derechos humanos, sea cual sea su ubicación en el texto fundamental (como sucede por ejemplo, con los derechos humanos de tipo laboral previstos en el artículo 123);

III). Los derechos humanos contenidos en los tratados internacionales específicos en dicha materia, sino también a aquellos derechos humanos previstos en cualquier tratado internacional, sea cual sea su denominación o la materia que regule; por ejemplo, los derechos humanos contenidos en los tratados en materia de derecho internacional humanitario o de derecho internacional en general, y

IV). Normas de tipo sustantivas que contengan derechos humanos, sino también a las de carácter adjetivo, es decir, la norma para interpretar derechos humanos puede ser objeto, a su vez, de interpretación conforme.

d. La expresión "tratados internacionales" contenida en dicha cláusula comprende la connotación amplia del término que le otorga el artículo 2.1.a) de la Convención de Viena sobre el Derecho de los Tratados (1969), vigente en México a partir del 27 de enero de 1980, conforme al cual se entiende por "tratado" un acuerdo internacional celebrado por escrito entre Estados y regido por el derecho internacional, ya conste en un instrumento único o en dos o más instrumentos conexos y cualquiera que sea su denominación particular;

e. La expresión "tratados internacionales" debe comprender también la interpretación que establezcan los órganos que el propio tratado autoriza para su interpretación (órganos de supervisión, cumplimiento e interpretación, como comités, comisiones, tribunales, etcétera); con mayor intensidad si existen órganos jurisdiccionales cuya misión es la aplicación e interpretación del tratado.

f. La cláusula contiene un principio de armonización entre la Constitución y el tratado internacional. Lo anterior significa que el intérprete debe procurar una interpretación que permita "armonizar" la norma nacional y la internacional. No se trata de dos interpretaciones sucesivas (primero la interpretación conforme a la Constitución y luego la interpretación conforme al tratado internacional), sino de una interpretación conforme que armonice ambas. Cuando la fórmula constitucional se refiere a que las normas de derechos humanos se interpretarán "de conformidad con esta Constitución *y* con los tratados internacionales...", la conjunción "y" gramaticalmente constituye una conjunción copulativa, que sirve para reunir en una sola unidad funcional dos o más elementos homogéneos al indicar su adición. De ahí que esta cláusula cumple con una función hermenéutica de armonización. Y entre las posibles interpretaciones conformes de armonización, el intérprete deberá optar por la protección más amplia. En todo caso, ante una eventual antinomia debe aplicarse la norma que provea a las personas la protección más amplia como solución interpretativa que la parte final de la cláusula establece; de ahí que podría prevalecer la norma nacional en términos del artículo 29.b) de la CADH .

Constituye, en palabras de Bidart Campos,[217] una "interpretación conciliadora" en una doble vía, en la medida de que efectúa interpretación "de" la Constitución (derechos humanos de fuente constitucional e internacional) y "desde" la Constitución hacia abajo (con la norma subconstitucional, cuya interpretación debe ser conforme a la Constitución y a los tratados internacionales).

g. El criterio hermenéutico incorpora el principio pro persona, esto implica favorecer "en todo tiempo a las personas la protección más amplia", lo que significa interpretación más estricta cuando se trate de restricción o limitaciones a derechos y libertades.

h. Esta pauta interpretativa debe complementarse, necesariamente, con lo previsto en el párrafo tercero del propio artículo 1o. constitucional, de tal manera que la interpretación que se realice debe ser "de conformidad con los principios de universalidad, interdependencia, indivisibilidad y progresividad". Cada uno de estos principios debe ser considerado en la interpretación conforme que se efectúe para favorecer "en todo tiempo a las personas la protección más amplia". Este tercer párrafo del artículo 1o. constitucional parte de la premisa de que todas las autoridades tienen la obligación de promover, respetar, proteger y garantizar los derechos humanos (ya sean de de fuente nacional o internacional), por lo que la interpretación conforme que se realice debe considerar este aspecto para proporcionar en todo mo-

---

[217] Bidart, Campos, Germán. *El derecho de la Constitución y su fuerza normativa.* México. Ediar, 2003. p. 388.

mento "la protección más amplia".

i. Esta regla de interpretación tiene una relación estrecha con los diversos párrafos del propio artículo 1o. constitucional, que en su conjunto guardan relación con otros preceptos constitucionales; por ejemplo, la interpretación sistemática de los artículos 1o., 99, 103, 105, 107 y 133 constitucionales, llevan a la configuración del "bloque de constitucionalidad", es decir, el parámetro para ejercer el control difuso, concentrado o semiconcentrado de la constitucionalidad y de la convencionalidad, según las competencias de cada órgano jurisdiccional y el tipo de proceso de que se trate.

j. La cláusula de interpretación conforme que prevé el artículo 1o. constitucional guarda una estrecha relación con el control difuso de convencionalidad. Para que se ejerza ese control por cualquier juez mexicano, debe previamente realizarse una interpretación conforme en términos del mandato constitucional, para realizar un control sobre aquella interpretación incompatible con los parámetros constitucionales o convencionales; y sólo en caso de incompatibilidad absoluta donde no pueda realizarse ningún tipo de interpretación conforme posible, el control consistirá en dejar de aplicar la norma o declarar la invalidez de la misma, según la competencia de cada juez y el tipo de proceso de que se trate.

3. La SCJN y el caso Radilla

La resolución pronunciada por la SCJN en el expediente "Varios 912/2010", relativo al cumplimiento y ejecución de la sentencia pronunciada por la Corte IDH en al asunto *Rosendo Radilla vs. Los Estados Unidos Mexicanos*, tiene diversas implicaciones, de las cuales, en relación al control de la constitucionalidad y de la convencionalidad, se pueden mencionar las siguientes:

A. Las sentencias condenatorias contra el Estado Mexicano de la Corte Interamericana de Derechos Humanos (Corte IDH) son obligatorias para el Poder Judicial. Técnicamente esta fue una discusión y una decisión innecesaria, pues como lo afirma Ferrer Mac Gregor,[218] era inútil discutir si las sentencias de la Corte IDH son obligatorias o no para México porque nuestro país se adhirió a la CADH en 1981 y reconoció la competencia de la Corte IDH en 1998; desde entonces el Estado mexicano aceptó la jurisdicción de la Corte IDH, y a partir de ese momento sus sentencias son obligatorias para el Estado mexicano, quien ejercita su

---

[218] Ferrer Mac Gregor, Eduardo. *Op.cit.* p. 399.

soberanía por medio de los Poderes de la Unión y por los de los Estados, es decir, es un Estado Federal (artículo 41 constitucional). El Poder se divide para su ejercicio en Ejecutivo, Legislativo y Judicial (artículo 49 constitucional), de manera que los ministros no tenían competencia alguna para determinar si las sentencias de la Corte IDH eran obligatorias para el Poder Judicial o no. La aceptación de la jurisdicción de la Corte IDH fue una decisión soberana, lo cual implica la aceptación y reconocimiento de sus determinaciones. Luego, el Estado mexicano como un todo, está obligado a cumplir dichas sentencias a través de los órganos en cada caso, es decir, cada poder deberá cumplirla en lo que le toca de acuerdo con las facultades que la Constitución o las leyes le han conferido. De esta forma, la sentencia Radilla establece obligaciones para el Estado mexicano que como sujeto internacional debe cumplir, y en caso de no hacerlo se abre la posibilidad de que se le impongan sanciones en el ámbito internacional.

Sin embargo, en el sistema judicial mexicano estamos acostumbrados a seguir toda decisión pronunciada por la SCJN y generalmente es acatada por todos los tribunales mexicanos, aún cuando la interpretación del alto tribunal formalmente no sea obligatoria y el texto de la Constitución o la ley sea clara; y desde esa perspectiva, el máximo tribunal del país, envía un mensaje directo a todos los juzgadores y autoridades de cualquier índole, de que el cumplimiento de las sentencias de la Corte IDH deben cumplirse y no están sujetas a discusión.

B. Los criterios interpretativos de la Corte IDH son orientadores para el Poder Judicial de la Federación cuando México no sea parte de los casos que generan dicha jurisprudencia. Esta determinación ha sido muy criticada por la doctrina y por los juristas, pues resulta claro que de acuerdo con la CADH, la autoridad competente para interpretar las normas de dicha convención y de todos los tratados del sistema interamericano, lo es la Corte IDH; y si las normas de la CADH son obligatorias para México y conforme al nuevo artículo 1° esas normas gozan de jerarquía constitucional. Entonces si la Corte IDH mediante sus resoluciones puede determinar el alcance y significado de las normas contenidas en los tratados del sistema interamericano, resulta lógico que dichas interpretaciones también sean obligatorias para los Estados que forman parte de la Convención y más aún para los Estados, como nuestro país, que han admitido la jurisdicción de la Corte IDH.

Ahora bien, a pesar de esta decisión, lo cierto es que de acuerdo con el artículo 1° Constitucional, los criterios pronunciados por la Corte IDH son obligatorios para el Estado mexicano. En efecto, el nuevo artículo 1°

establece que: a. Los derechos humanos reconocidos en los Tratados Internacionales tienen rango constitucional, es decir, gozan de supremacía; b. La interpretación y aplicación de los derechos deberá hacerse de acuerdo con el principio pro persona, lo que implica que la autoridad, cualquiera que ésta sea, deberá preferir aquella interpretación que favorezca a los derechos de la persona, es decir, la más extensiva cuando se trate de reconocerlos y la más restrictiva cuando se trate de limitarlos, y; c. Que todas las autoridades, en el ámbito de sus competencias, tienen la obligación de promover, respetar, proteger y garantizar los derechos humanos de conformidad con los principios de universalidad, interdependencia, indivisibilidad y progresividad. Ello quiere decir, que los derechos humanos deberán ser siempre iguales para todos; que los derechos dependen unos de otros y por ello deberá vigilarse que tanto para su protección como para su limitación no se lastimen otros derechos; que los derechos no son fragmentables pues tienen un núcleo esencial que debe ser siempre respetado y protegido totalmente; y que se debe tomar en cuenta siempre el momento histórico para satisfacerlos, es decir, que para interpretar las normas de derechos humanos, la autoridad deberá atender a la realidad.

Luego entonces, el artículo 1° hace de los criterios interamericanos normas obligatorias cuando éstas beneficien a la persona, y la autoridad que no lo contemple estará incumpliendo con una obligación constitucional.

C. Todos los jueces del Estado Mexicano están obligados a inaplicar las normas contrarias a la Constitución y a los tratados internacionales en materia de derechos humanos (modificación de las jurisprudencias P./J. 73/99 y P./J. 74/99).

Aunque la inconstitucionalidad de una norma sea evidente, su invalidez debe ser declarada por una autoridad competente, pues resulta indispensable que la incompatibilidad sea declarada por la autoridad que cuente con facultades para ello.

La jurisdicción constitucional lleva a cabo el control de constitucionalidad, es decir, controla que las normas inferiores sean material y formalmente compatibles con la Constitución y en caso de no serlo, puede declararlas inválidas e inaplicarlas por ser contrarias a los derechos humanos contenidos, ya sea a la Constitución, en un tratado internacional o en una norma que contemple algún derecho en favor de la persona, que pueda ser considerado como derecho fundamental.

Sin embargo, la Corte mexicana hasta ahora había interpretado que el control difuso de constitucionalidad, esto es, por parte de todos los jueces, no está permitido por la Constitución[219] al considerar que la Ley Suprema únicamente le otorgar competencia material de control constitucional al Poder Judicial de la Federación. Con ello, se privó a los jueces de la facultad de revisar la compatibilidad de una norma con la Constitución, y que aunque advirtiera esa contradicción, ante la imposibilidad de pronunciarse al respecto, el juez estaba obligado a aplicar la norma.

Al resolver al Caso Radilla, la SCJN varió su criterio, lo cual implica que los jueces ordinarios deberán ejercer un control de las normas, de conformidad con los principios contenidos en los artículos 133 y 1° de la Constitución; y en caso de encontrar una contradicción, no necesariamente desaplicarán la ley contrapuesta a la Constitución, sino que la norma aplicable será aquella que sea más favorable a los derechos de la persona. Lo anterior implica un control difuso de la constitucionalidad.

Como consecuencia de lo anterior, se solicitó por parte del Presidente de la Corte la modificación de la tesis P./J. 74/99, y luego el Pleno emitió jurisprudencia en la que se sostiene que el control difuso de la constitucionalidad es obligatorio para todos los jueces mexicanos y declaró la interrupción de la jurisprudencia anterior, por lo que dejó de tener carácter obligatorio y la tesis nueva se convierte en el nuevo criterio orientador. La nueva tesis es la siguiente:

Décima Época

Registro: 160480

Instancia: Pleno

Tesis Aislada

Fuente: Semanario Judicial de la Federación y su Gaceta

Libro III, Diciembre de 2011, Tomo 1

Materia(s): Constitucional

---

[219] Tesis: P./J. 74/99, *Semanario Judicial de la Federación y su Gaceta*, Novena Época , Tomo X, Agosto de 1999, p. 5, rubro: CONTROL DIFUSO DE LA CONSTITUCIONALIDAD DE NORMAS GENERALES. NO LO AUTORIZA EL ARTÍCULO 133 DE LA CONSTITUCIÓN.

Tesis: P. LXX/2011 (9a.)

Página: 557

SISTEMA DE CONTROL CONSTITUCIONAL EN EL ORDEN JURÍDICO MEXICANO.

Actualmente existen dos grandes vertientes dentro del modelo de control de constitucionalidad en el orden jurídico mexicano, que son acordes con el modelo de control de convencionalidad ex officio en materia de derechos humanos a cargo del Poder Judicial. En primer término, el control concentrado en los órganos del Poder Judicial de la Federación con vías directas de control: acciones de inconstitucionalidad, controversias constitucionales y amparo directo e indirecto; en segundo término, el control por parte del resto de los jueces del país en forma incidental durante los procesos ordinarios en los que son competentes, esto es, sin necesidad de abrir un expediente por cuerda separada. Ambas vertientes de control se ejercen de manera independiente y la existencia de este modelo general de control no requiere que todos los casos sean revisables e impugnables en ambas. Es un sistema concentrado en una parte y difuso en otra, lo que permite que sean los criterios e interpretaciones constitucionales, ya sea por declaración de inconstitucionalidad o por inaplicación, de los que conozca la Suprema Corte para que determine cuál es la interpretación constitucional que finalmente debe prevalecer en el orden jurídico nacional. Finalmente, debe señalarse que todas las demás autoridades del país en el ámbito de sus competencias tienen la obligación de aplicar las normas correspondientes haciendo la interpretación más favorable a la persona para lograr su protección más amplia, sin tener la posibilidad de inaplicar o declarar su incompatibilidad.

Varios 912/2010. 14 de julio de 2011. Mayoría de siete votos; votaron en contra: Sergio Salvador Aguirre Anguiano, Jorge Mario Pardo Rebolledo con salvedades y Luis María Aguilar Morales con salvedades. Ausente: y Ponente: Margarita Beatriz Luna Ramos. Encargado del engrose: José Ramón Cossío Díaz. Secretarios: Raúl Manuel Mejía Garza y Laura Patricia Rojas Zamudio.

El Tribunal Pleno, el veintiocho de noviembre en curso, aprobó, con el número LXX/2011(9a.), la tesis aislada que antecede. México, Distrito Federal, a veintiocho de noviembre de dos mil once.

Notas: En la resolución emitida el 25 de octubre de 2011 por el Pleno de la Suprema Corte de Justicia de la Nación en la solicitud de modificación de jurisprudencia 22/2011, en el punto único se determinó: "Único. Han quedado sin efectos las tesis jurisprudenciales números P./J. 73/99 y P./J. 74/99, cuyos rubros son los siguientes: 'CONTROL JUDICIAL DE LA CONSTITUCIÓN. ES ATRIBUCIÓN EXCLUSIVA DEL PODER JUDICIAL DE LA FEDERACIÓN.' y 'CONTROL DIFUSO DE LA CONSTITUCIONALIDAD DE NORMAS GENERALES. NO LO AUTORIZA EL ARTÍCULO 133 DE LA CONSTITUCIÓN.'", conclusión a la que se arribó en virtud del marco constitucional generado con motivo de la entrada en vigor del Decreto por el que se modifica la denominación del Capítulo I del Título Primero y reforma diversos artículos de la Constitución Política de los Estados Unidos Mexicanos, publicado en el Diario Oficial de la Federación de 10 de junio de 2011.

La tesis P./J. 73/99 y P./J. 74/99 anteriormente citadas aparecen publicadas en el Semanario Judicial de la Federación y su Gaceta, Novena Época, Tomo X, agosto de 1999, páginas 18 y 5, respectivamente.

Tal decisión es coherente con el sistema constitucional, pues de acuerdo con el nuevo artículo 1° y en relación con el 133 si un juez aplica una norma contraria a los derechos humanos estaría actuando de forma contraria a la Constitución violentando no sólo estos dos artículos, sino también el principio de legalidad. Y si bien es cierto que la experiencia de descentralizar la función del control de la constitucionalidad, ha producido cierto caos jurídico, porque los tribunales colegiados frecuentemente emiten criterios contradictorios ante una misma norma y ante normas similares, que incluso llegan a ser obligatorias a pesar de la contradicción, de tal manera que fue necesario idear un sistema para dirimir esas contradicciones; así pues, resulta natural que al encontrarse facultados todos los jueces ordinarios a ejercer el control de la constitucionalidad y de la convencionalidad, lleguen a sustentar criterios discordantes o aún contradictorios entre un tribunal y otro, lo cual tendría algunas implicaciones en cuanto al principio de seguridad jurídica. Sin embargo, la realidad es que con esta decisión la Constitución a todos los jueces, quienes en el ámbito de sus competencias deberán siempre observar la norma suprema. Si los jueces equivocan su criterio, existen los remedios legítimos para recurrir sus determinaciones, ya sean en segunda instancia o por la vía del amparo, quienes podrán revisar y aún corregir los criterios discordantes; llegando hasta las determinaciones que asuman los órganos facultados para pronunciarse sobre la validez o invalidez de la norma, e incluso emitir una declaratoria general de inconstitucionalidad y de inconvencionalidad. Con ello, el sistema se volverá más eficiente y mucho más amigable con los derechos humanos.

D. El Poder Judicial de la Federación debe ejercer el control de convencionalidad *ex officio* **entre las normas internas y la Convención Americana en el marco de sus respectivas competencias y de las regulaciones procesales correspondientes.**

Aunque la obligación de realizar el control de convencionalidad es para todos los jueces del Estado Mexicano, no todos los jueces tienen las mismas facultades constitucionales, y aunque todos deben llevar a cabo un análisis de la probable inconstitucionalidad o inconvencionalidad de las normas y actos sometidos a su jurisdicción; lo cierto es que el pronunciamiento que al respecto realicen tendrá alcances distintos según las facultades con las que cuente cada órgano o autoridad en cargada de realizar el examen de compatibilidad constitucional o convencional. Así existen órganos con facultades de declarar la invalidez de la norma, en cambio existen autoridades y tribunales que no cuentan con esa facultad, quienes se limitarán a desaplicar la ley incompatible al caso concreto que deban resolver.

a. Parámetros establecidos por la Suprema Corte de Justicia para el control de la convencionalidad.

I) En primer lugar, la SCJN determinó, acatando lo resuelto por la Corte IDH, que los jueces nacionales deben buscar la aplicación de la norma más favorable para la protección de los derechos huma-

nos. Así, en el párrafo 21 del Caso Radilla, se sostuvo:

> 21. De este modo, los jueces nacionales deben inicialmente observar los derechos humanos establecidos en la Constitución Mexicana y en los tratados internacionales de los que el Estado mexicano sea parte, así como los criterios emitidos por el Poder Judicial de la Federación al interpretarlos y acudir a los criterios interpretativos de la Corte Interamericana para evaluar si existe alguno que resulte más favorecedor y procure una protección más amplia del derecho que se pretende proteger. Esto no prejuzga sobre la posibilidad de que sean los criterios internos aquellos que cumplan de mejor manera con lo establecido por la Constitución en términos de su artículo 1o., lo cual tendrá que valorarse caso por caso a fin de garantizar siempre la mayor protección de los derechos humanos.

II) Luego resolvió que ese Control de Convencionalidad debe realizarse *ex officio* por todos los jueces nacionales. Con esta determinación, aceptó el control difuso, no sólo de la convencionalidad, sino también el de la constitucionalidad, dado lo explícito de los párrafos relativos, se transcriben a continuación.

> 24. Lo conducente ahora es determinar si el Poder Judicial debe ejercer un control de convencionalidad ex officio y cómo es que debe realizarse este control, ya que en cada Estado se tendrá que adecuar al modelo de control de constitucionalidad existente.

> 25. En este sentido, en el caso mexicano se presenta una situación peculiar, ya que hasta ahora y derivado de una interpretación jurisprudencial, el control de constitucionalidad se ha ejercido de manera exclusiva por el Poder Judicial Federal mediante los mecanismos de amparo, controversias y acciones de inconstitucionalidad. De manera expresa, a estos medios de control, se adicionó el que realiza el Tribunal Electoral mediante reforma constitucional de primero de julio de dos mil ocho, en el sexto párrafo del artículo 99 de la Constitución Federal, otorgándole la facultad de no aplicar las leyes sobre la materia contrarias a la Constitución. Así, la determinación de si en México ha operado un sistema

de control difuso de la constitucionalidad de las leyes en algún momento, no ha dependido directamente de una disposición constitucional clara sino que, durante el tiempo, ha resultado de distintas construcciones jurisprudenciales

27. De este modo, todas las autoridades del país, dentro del ámbito de sus competencias, se encuentran obligadas a velar no sólo por los derechos humanos contenidos en los instrumentos internacionales firmados por el Estado mexicano, sino también por los derechos humanos contenidos en la Constitución Federal, adoptando la interpretación más favorable al derecho humano de que se trate, lo que se entiende en la doctrina como el principio pro persona.

28. Estos mandatos contenidos en el nuevo artículo 1o. constitucional, deben leerse junto con lo establecido por el diverso artículo 133 de la Constitución Federal para determinar el marco dentro del que debe realizarse este control de convencionalidad, lo cual claramente será distinto al control concentrado que tradicionalmente operaba en nuestro sistema jurídico.

III). Determinó lineamientos en cuanto a la forma en que debe realizarse el control difuso.

1). Inaplicación de las normas por los Jueces Ordinarios.

29. Es en el caso de la función jurisdiccional, como está indicado en la última parte del artículo 133 en relación con el artículo 1o. en donde los jueces están obligados a preferir los derechos humanos contenidos en la Constitución y en los Tratados Internacionales, aun a pesar de las disposiciones en contrario establecidas en cualquier norma inferior. Si bien los jueces no pueden hacer una declaración general sobre la invalidez o expulsar del orden jurídico las normas que consideren contrarias a los derechos humanos contenidos en la Constitución y en los tratados (como sí sucede en las vías de control directas establecidas expresamente en los artículos 103, 107 y 105 de la Constitución), sí están

obligados a dejar de aplicar estas normas inferiores dando preferencia a los contenidos de la Constitución y de los tratados en esta materia.

2). Cada órgano debe realizar el control dentro del ámbito de sus competencias y de acuerdo al alcance de sus facultades.

30. De este modo, el mecanismo para el control de convencionalidad ex officio en materia de derechos humanos debe ser acorde con el modelo general de control establecido constitucionalmente, pues no podría entenderse un control como el que se indica en la sentencia que analizamos si el mismo no parte de un control de constitucionalidad general que se desprende del análisis sistemático de los artículos 1o. y 133 de la Constitución y es parte de la esencia de la función judicial.

3). Debe partir de la presunción de constitucionalidad y convencionalidad de las normas.

32. Esta posibilidad de inaplicación por parte de los jueces del país en ningún momento supone la eliminación o el desconocimiento de la presunción de constitucionalidad de las leyes, sino que, precisamente, parte de esta presunción al permitir hacer el contraste previo a su aplicación.

4). Parámetros que los jueces deben seguir para el análisis de las normas.

En el párrafo 31, establece el parámetro de análisis de este tipo de control que deberán ejercer todos los jueces del país, el cual se integra de la manera siguiente:

- Todos los derechos humanos contenidos en la Constitución Federal (con fundamento en los artículos 1o. y 133), así como la jurisprudencia emitida por el Poder Judicial de la Federación;

- Todos los derechos humanos contenidos en Tratados Internacionales en los que el Estado mexicano sea parte.

- Criterios vinculantes de la Corte Interamericana de Derechos Humanos establecidos en las sentencias en las que el Estado mexicano haya sido parte, y criterios orientadores de la jurisprudencia y precedentes de la citada Corte, cuando el Estado mexicano no haya sido parte.

5) Pasos a seguir por parte de los jueces para el control de la convencionalidad

33. De este modo, este tipo de interpretación por parte de los jueces presupone realizar tres pasos:

A) Interpretación conforme en sentido amplio. Ello significa que los jueces del país, al igual que todas las demás autoridades del Estado mexicano, deben interpretar el orden jurídico a la luz y conforme a los derechos humanos establecidos en la Constitución y en los tratados internacionales en los cuales el Estado mexicano sea parte, favoreciendo en todo tiempo a las personas la protección más amplia.

B) Interpretación conforme en sentido estricto. Ello significa que cuando hay varias interpretaciones jurídicamente válidas, los jueces deben, partiendo de la presunción de constitucionalidad de las leyes, preferir aquélla que hace a la ley acorde a los derechos humanos establecidos en la Constitución y en los tratados internacionales en los que el Estado mexicano sea parte, para evitar incidir o vulnerar el contenido esencial de estos derechos.

C) Inaplicación de la ley cuando las alternativas anteriores no son posibles. Ello no afecta o rompe con la lógica del principio de división de poderes y del federalismo, sino que fortalece el papel de los jueces al ser el último recurso para asegurar la primacía y aplicación efectiva de los derechos humanos establecidos en la Constitución y en los tratados internacionales de los cuales el Estado mexicano es parte.

6) Coexistencia del control difuso y del control concentrado.

34. Actualmente existen dos grandes vertientes dentro del modelo de control de constitucionalidad en el orden jurídico mexicano que son acordes con un modelo de control de

convencionalidad en los términos apuntados. En primer término, el control concentrado en los órganos del Poder Judicial de la Federación con vías directas de control: acciones de inconstitucionalidad, controversias constitucionales y amparo directo e indirecto; en segundo término, el control por parte del resto de los jueces del país en forma incidental durante los procesos ordinarios en los que son competentes, esto es, sin necesidad de abrir un expediente por cuerda separada.

35. Finalmente, es preciso reiterar que todas las autoridades del país en el ámbito de sus competencias tienen la obligación de aplicar las normas correspondientes haciendo la interpretación más favorable a la persona para lograr su protección más amplia, sin tener la posibilidad de inaplicar o declarar la incompatibilidad de las mismas.

36. Ambas vertientes de control se ejercen de manera independiente y la existencia de este modelo general de control no requiere que todos los casos sean revisables e impugnables en ambas. Es un sistema que, como hemos visto, es concentrado en una parte y difuso en otra y que permite que sean los criterios e interpretaciones constitucionales, ya sea por declaración de inconstitucionalidad o por inaplicación, los que finalmente fluyan hacia la Suprema Corte para que sea ésta la que determine cuál es la interpretación constitucional que finalmente debe prevalecer en el orden jurídico nacional. Puede haber ejemplos de casos de inaplicación que no sean revisables en las vías directas o concentradas de control, pero esto no hace inviable la otra vertiente del modelo general. Provoca que durante su operación, la misma Suprema Corte y el Legislador revisen respectivamente los criterios y normas que establecen las condiciones de procedencia en las vías directas de control para procesos específicos y evalúen puntualmente la necesidad de su modificación (véase el modelo siguiente).

Modelo general de control de constitucionalidad y convencionalidad

Tipo de control	Organo y medios de control	Fundamento constitucional	Posible Resultado	Forma
Concentrado:	Poder Judicial de la Federación (tribunales de amparo): a) Controversias Constitucionales y Acciones de Inconstitucionalidad b) Amparo Indirecto c) Amparo Directo	105, fracciones I y II 103, 107, fracción VII 103, 107, fracción IX	Declaración de inconstitucionalidad con efectos generales o interpartes No hay declaratoria de inconstitucionalidad	Directa
Control por determinación constitucional específica:	a) Tribunal Electoral en Juicio de revisión constitucional electoral de actos o resoluciones definitivos y firmes de las autoridades electorales locales en organización y calificación de comicios o controversias en los mismos b) Tribunal Electoral del Poder Judicial de la Federación	Art. 41, fracción VI, 99, párrafo 6o. 99, párrafo 6o.	No hay declaración de inconstitucionalidad, sólo inaplicación	Directa e incidental*

Difuso:	a) Resto de los tribunales a. Federales: Juzgados de Distrito y Tribunales Unitarios de proceso federal y Tribunales Administrativos b. Locales: Judiciales, administrativos y electorales	1o., 133, 104 y derechos humanos en tratados 1o., 133, 116 y derechos humanos en tratados	No hay declaración de inconstitucionalidad, sólo inaplicación	Incidental*
Interpretación más favorable:	Todas los autoridades del Estado mexicano	Artículo 1o. y derechos humanos en tratados	Solamente interpretación aplicando la norma más favorable a las personas sin inaplicación o declaración de inconstitucionalidad	Fundamentación y motivación.

7). Medidas Administrativas que deben implementarse.

En el considerando noveno, y específicamente en los párrafos 46 a 52, se enumeran las medidas de carácter administrativo que el Poder Judicial de la Federación debe adoptar, derivadas de la sentencia del Caso Radilla, pero no porque la SCJN las haya adoptado por iniciativa propia, sino que están contenidas en la propia sentencia pronunciada por la Corte IDH. De ahí se deriva el establecimiento de cursos y programas de capacitación para todos los jueces y magistrados y para todos aquellos funcionarios públicos que realicen labores jurisdiccionales y jurídicas en el Poder Judicial de la Federación, con el fin de generar: A) Capacitación permanente respecto del sistema en general y de la jurisprudencia de la Corte Interamericana, especialmente sobre los límites de la jurisdicción militar, garantías judiciales y protección judicial y estándares internacionales aplicables a la administración de justicia, y; B) Capacitación para el debido juzgamiento del delito de desaparición forzada y de los hechos constitutivos del mismo, con especial énfasis en los elementos legales, técnicos y científicos necesarios para evaluar integralmente el fenómeno de la desaparición forzada, así como en la utilización de la prueba circunstancial, los indicios y las presunciones; el objetivo es conseguir una correcta valoración judicial de este tipo de casos de acuerdo a la especial naturaleza de la desaparición forzada.

Para este efecto, la SCJN dispuso que dicha Corte como el Consejo de la Judicatura Federal, auxiliados por el Instituto de la Judicatura Federal, deberían implementar a la brevedad todas las medidas necesarias para concretar estas medidas; y también dispuso que los cursos de capacitación, deben ser obligatorios para todos los funcionarios del Poder Judicial Federal, pero que quedarán abiertos al público en general que esté interesado en el conocimiento del tema, pudiendo incluso tenerse algún tipo de coordinación con los poderes judiciales locales para que sus funcionarios también sean capacitados.

VI. CONFLICTO ENTRE NORMAS. EL TEST DE CONSTITU-CIONALIDAD[220]

La Suprema Corte de Justicia publicó en el Diario Oficial la sentencia de la Acción de Inconstitucionalidad 19/2011 que declara inválido el requisito de ser "hijo de madre o padre mexicano por nacimiento" para poder ser Gobernador del estado de Morelos por ser contrario a la Constitución.

En dicha resolución el ministro Ortíz Mayagoitia emitió un voto particular en el que propone que la Corte aplique el test de constitucionalidad a las medidas que pudieran vulnerar derechos humanos. Así, explica que en el mismo acto legislativo se promulgó todo el artículo 58, que incorpora también otros requisitos para acceder al cargo de Gobernador del Estado de Morelos que, aunque no fueron expresamente impugnados, también debieron ser sujetos de control oficioso de constitucionalidad a la luz del texto fundamental y de los referentes internacionales, para procurar así la protección más amplia de los derechos humanos a la que está obligada toda sede jurisdiccional a partir de la sentencia dictada por la Suprema Corte de Justicia de la Nación en el Expediente Varios 912/2010, conocido como "Caso

---

[220] Para el desarrollo de este tema he seguido lo expuesto por De la Vega González, Geraldine, en el artículo denominado *Control de Convencionalidad y de Constitucionalidad en la SCJN*, publicado en su columna Treinta y siete grados, localizada en el sitio web de internet animal político, http://www.animalpolitico.com/blogueros-treinta-y-siete-grados/2012/01/09/control-de-constitucionalidad-y-de-convencionalidad-en-la-scjn/#axzz2ihP6zgv2

Radilla".

Para el ministro Ortíz Mayagoitia, existen tres tipos de requisitos que la Constitución Federal puede establecer para acceder a cargos públicos: 1. Tasados, 2. Modificables, 3. Agregables. Los requisitos tasados están claramente impuestos en la Constitución Política de los Estados Unidos Mexicanos, de modo que la validez de cualquier otra norma relacionada con ellos, será evidente pues no es admisible cambio, omisión o modificación alguna respecto de su contenido normativo.

Sin embargo, explica que tanto los requisitos modificables como los agregables, deben cumplir reunir tres condiciones:

A. Ajustarse a la Constitución Federal, tanto en su contenido orgánico, como respecto de los derechos humanos y los derechos políticos.

B. Guardar razonabilidad constitucionalidad en cuanto a los fines que persiguen, y

C. Deben ser acordes con los Tratados Internacionales.

Y explica que la Corte IDH ha precisado ya las condiciones y requisitos que deben cumplirse al momento de regular o restringir los derechos y libertades consagrados en la Convención Americana sobre Derechos Humanos, y ha elaborado una metodología o test, en que se incluyen los siguientes aspectos que deben ser evaluados al momento de establecer requisitos o restricciones para el ejercicio de los derechos políticos, que son también derechos humanos:

a. Legalidad de la medida restrictiva

b. Finalidad de la medida restrictiva

c. Necesidad en una sociedad democrática y proporcionalidad de la medida restrictiva

Sobre el principio de proporcionalidad. Efectivamente, la manera de abordar las presuntas vulneraciones de derechos tanto por parte de la Corte IDH, como por parte de la Corte Europea de Derechos Humanos es esencialmente el mismo. La revisión de las medidas de acuerdo con el principio de proporcionalidad desarrollado en la dogmática alemana y utilizado en los Tribunales Constitucionales de la Europa continental. Este principio consta de las siguientes premisas: Para que una medida pueda entenderse como justificada, el Estado tendrá que probar que:

a. Tiene un fin legítimo

b. La medida que vulnera derechos es adecuada o idónea para alcanzar el fin (es decir que existe una causalidad lógica entre medio y fin)

c. Que la medida es necesaria, es decir que no hay otro medio que sea adecuado para el fin y que no implique una carga menor

d. Que la medida es proporcional, aquí es donde se realiza un balanceo entre derechos o entre políticas y derechos para buscar una concordancia práctica entre ambos y lograr optimizarles.

Esto implica que para realizar el control de constitucionalidad de las leyes, los jueces deberán primero examinar si la norma impugnada constituye efectivamente una posible vulneración en un derecho fundamental. Así, se deberá entonces en primer lugar detectar el derecho presuntamente vulnerado e identificar si la medida puede o no vulnerarlo. Una vez detectado ello, se deberán analizar una a una las exigencias de los subprincipios de la proporcionalidad.

1. Fin Legítimo. De acuerdo con este subprincipio toda intervención en los derechos fundamentales debe ser adecuada para contribuir a la obtención de un fin constitucionalmente legítimo, no prohibido explícita o implícitamente por la Constitución.

Además, el Tribunal Constitucional debe determinar cada uno de los fines principales y secundarios de una medida legislativa, debe examinar por separado la legitimidad de cada uno de ellos y la idoneidad que revista la intervención legislativa para favorecerlos. (Páginas 689, 692 y 719 Bernal Pulido)

2. Idoneidad. Una medida adoptada por una intervención legislativa en un derecho fundamental, no es idónea, cuando no contribuye de ningún modo a la obtención de su fin inmediato. La idoneidad de una medida adoptada por el Parlamento dependerá de que ésta guarde una relación positiva de cualquier tipo con su fin inmediato, es decir, de que facilite su realización de algún modo, con independencia de su grado de eficacia, rapidez, plenitud, seguridad.

3. Subprincipio de Necesidad. Toda medida de intervención en los derechos fundamentales debe ser la más beninga con el derecho fundamental intervenido, entre todas aquéllas que revisten por lo menos la misma idoneidad para contribuir a alcanzar el objetivo propuesto.

4. Subprincipio de Proporcionalidad en Sentido Estricto. La importancia de la intervención en el derecho fundamental debe estar justificada por la importancia de la realización del fin perseguido por la intervención legislativa.

La Comisión Interamericana de Derechos Humanos estableció en el Informe N° 38/96, caso 10.506, sobre la base de la OC-5 de la Corte Interamericana que: "[L]a razonabilidad y proporcionalidad de una medida se pueden determinar únicamente por la vía del examen de un caso específico… Por tanto, el equilibrio de intereses que debe hacer al analizar la legitimidad de dicha medida, necesariamente requiere sujetar al Estado a una pauta más alta con respecto al interés de realizar 'la medida y 'que para su 'legitimidad… tiene que ser absolutamente necesaria para lograr el objetivo de seguridad en el caso específico… no debe existir alternativa alguna". Es decir, en cada caso que analice un juez se deberá realizar este ejercicio de ponderación para identificar los derechos presuntamente vulnerados y determinar si la limitación es legítima.

La Corte mexicana no es ajena a este test ni a ese tipo de razonamiento, aunque lo aplica de forma constante a medidas que presuntamente contravienen el principio de igualdad y no discriminación: En la Tesis de Jurisprudencia: 2a./J. 42/2010 lo ha aplicado a casos de discriminación: IGUALDAD. CRITERIOS QUE DEBEN OBSERVARSE EN EL CONTROL DE LA CONSTITUCIONALIDAD DE NORMAS QUE SE ESTIMAN VIOLATORIAS DE DICHA GARANTÍA. Asimismo en la Tesis aislada: 2a. LXXXV/2008. IGUALDAD. CASOS EN LOS QUE EL JUZGADOR CONSTITUCIONAL DEBE ANALIZAR EL RESPETO A DICHA GARANTÍA CON MAYOR INTENSIDAD. En la Tesis aislada: 1a. LXVI/2008 la Corte se refiere a las presuntas vulneraciones de los derechos de forma genérica: RESTRICCIONES A LOS DERECHOS FUNDAMENTALES. ELEMENTOS QUE EL JUEZ CONSTITUCIONAL DEBE TOMAR EN CUENTA PARA CONSIDERARLAS VÁLIDAS. Así como en la Tesis aislada: I.4o.A.666 A. PROPORCIONALIDAD EN LA PONDERACIÓN. PRINCIPIOS DEL MÉTODO RELATIVO QUE DEBEN ATENDERSE PARA EVALUAR LA LEGITIMIDAD DE LAS MEDIDAS ADOPTADAS POR EL LEGISLADOR, EN EL JUICIO DE AMPARO EN QUE LA LITIS IMPLICA LA CONCURRENCIA Y TENSIÓN ENTRE LOS DERECHOS FUNDAMENTALES DE LIBERTAD DE COMERCIO Y LOS RELATIVOS A LA PROTECCIÓN DE LA SALUD, AL PLANTEARSE LA INCONSTITUCIONALIDAD DE UNA NORMA DE OBSERVANCIA GENERAL QUE PROHÍBE LA VENTA DE PRODUCTOS DERIVADOS DEL TABACO.

Fundamentación del Test en el Derecho mexicano

La propuesta del Ministro Ortíz Mayagoitia se sustenta en la redacción del artículo 1° constitucional:

> En los Estados Unidos Mexicanos todas las personas gozarán de los derechos humanos reconocidos en esta Constitución y en los tratados internacionales de los que el estado mexicano sea parte, así como de las garantías para su protección, cuyo ejercicio no podrá restringirse ni suspenderse, salvo en los casos y bajo las condiciones que esta Constitución establece.

> Las normas relativas a los derechos humanos se interpretarán de conformidad con esta Constitución y con los tratados internacionales de la materia favoreciendo en todo tiempo a las personas la protección más amplia.

Y en seguida, se refiere a la resolución Radilla en la que la Corte resolvió que son obligatorios los criterios de la Corte IDH, en las sentencias dictadas en juicios en los que el Estado Mexicano ha sido parte, se refiere específicamente a los párrafos 14,19,20,21,23,31 de la sentencia. Ello significa que la Convención Americana sobre Derechos Humanos y los Criterios Interpretativos de la Corte IDH, que emanan de juicios en los que México ha sido parte, son referentes normativos de carácter obligatorio para la jurisdicción constitucional mexicana, cuando ha resuelto asuntos relacionados con el goce y ejercicio de los Derechos Humanos consagrados en ese instrumento internacional. Tal es el caso que se analiza porque se refiere a los requisitos para ser gobernador del Estado de Morelos.

Explica en su voto que el análisis de constitucionalidad de la norma impugnada, debe tomar en cuenta forzosamente esas normas y criterios, para obtener una conclusión adecuada y conforme con los criterios de esta Suprema Corte y con los de la Corte Internacional.

La sentencia de la AI 19/2011 contempla de manera muy escueta el artículo 23 de la CADH sobre Derechos Políticos, pero definitivamente no considera el *Caso Jorge Castañeda Gutman vs Estados Unidos Mexicanos*, resuelto en agosto de 2008 ante la Corte IDH y que debido a que el Estado Mexicano fue parte, la resolución y sus precedentes son obligatorios para la Corte. En este la Corte IDH se refiere a las condiciones que deben cumplirse al momento de regular o restringir los derechos y libertades consagrados en la

CADH, y que deben examinarse al juzgar ese tipo de normas:

a. Legalidad de la medida restrictiva,

b. Finalidad de la medida restrictiva,

c. Necesidad en una sociedad democrática y proporcionalidad de la medida restrictiva,

d. Existencia de una necesidad social imperiosa- interés público imperativo,

e. Medio idóneo menos restrictivo-requisito de proporcionalidad,

f. Proporcionalidad respecto del interés que se justifica y adecuación al logro del objetivo legítimo.

Por lo anterior, argumenta el ministro Ortíz Mayagoitia, este test para establecer el apego de las normas a los estándares generales del derecho internacional, es la metodología jurisdiccional que a juicio de la Corte IDH, debe emplearse para juzgar las normas que rigen el ejercicio de los derechos políticos. Y en consecuencia concluye su voto explicando que: El control oficioso de la constitucionalidad es una característica del marco constitucional propio de la Décima Época. En la Acción de Inconstitucionalidad 19/2011, propuse la adopción expresa de esa metodología y criterios de la Corte Interamericana de Derechos Humanos, para que al hacerla suya, la Suprema Corte de Justicia de la Nación interiorice esos parámetros de forma expresa, contundente y certera a nuestro sistema de control de constitucionalidad, incluyendo la revisión oficiosa de aquéllas porciones normativas no impugnadas, pero que son evidentemente contrarias a la protección más amplia de los derechos fundamentales.

El test de proporcionalidad o racionalidad que propone Ortíz Mayagoitia es utilizado también en el Tribunal Europeo, así como en el Tribunal Constitucional Federal de Alemania, en ambos casos resulta una herramienta útil para el dictamen de presuntas vulneraciones de derechos ya que sistematiza su análisis y lo presenta de una manera lógica, de forma que se obtiene un silogismo: parte de la definición del derecho(s) vulnerado(s) para después analizar la justificación de tal limitación -en las facultades de la autoridad y en el ejercicio de ponderación- y se concluye si es legítima (constitucional) o no.

El voto del ministro Ortíz Mayagoitia constituye una importante aportación para la renovación metodológica que la décima época de la SCJN supone. La aplicación de este test de racionalidad con premisas muy claras permite que la argumentación del Tribunal Constitucional sea más limpia y transparente al adquirir un carácter analítico que tanta falta le hace. La legitimidad de las decisiones de la Corte descansa en buena medida en la fuerza de su argumentación.

FUENTES:

CARBONELL, Miguel y SALAZAR, Pedro. *La Reforma Constitucional de Derechos Humanos. Un nuevo Paradigma.* México. UNAM, 2011.

DE LA VEGA González, Geraldina, en el artículo denominado *Control de Convencionalidad y de Constitucionalidad en la SCJN*, publicado en su columna *Treinta y siete grados*, localizada en el sitio web de internet animal político, *http://www.animalpolitico.com/blogueros-treinta-y-siete-grados/2012/01/09/control-de-constitucionalidad-y-de-convencionalidad-en-la-scjn/#axzz2ihP6zgv2*

FERNÁNDEZ Segado Francisco. *Estudios Jurídico-Constitucionales.* UNAM. México. 2003.

FERNANDEZ Segado, Fernando. *La Justicia Constitucional ante el siglo XXI: La progresiva convergencia de los sistemas americano y europeo-kelseniano.* México, UNAM, 2004.

FERRER McGregor Eduardo. *El Control Difuso de Convencionalidad.* Querétaro, Fundap. 2012.

FIX-ZAMUDIO, Héctor, *Introducción al Derecho Procesal Constitucional,* Querétaro, Fundap. 2002.

GIL Rendón Raymundo, *Derecho Procesal Constitucional.* Querétaro, Fundap. 2004

INSTITUTO DE INVESTIGACIONES JURÍDICAS. *Diccionario Jurídico Mexicano.* México. Edit. Porrúa, 1994.

Herrerías Cuevas, Ignacio F. y Del Rosario Rodríguez, Marcos. *El control de constitucionalidad y convencionalidad. Sentencias que han marcado un nuevo paradigma* (2007-2012), México, Ubijus, 2012

HITTERS, Juan Carlos. *Control de Constitucionalidad y Control de Convencionalidad. Comparación,* en Estudios Constitucionales Vol. 7, Núm. 2, Centro de Estudios Constitucionales, Chile, 2009. p. 121.

KELSEN Hans. *Teoría General del Derecho y del Estado,* México, Trad. Eduardo García Máynez, UNAM, 3ª edición, 2008,

MONTESQUIE, Del Espíritu de las Leyes. Trad. Luis Enrique Prieto Marín. 2ª. Edición. México. Ed. Delma, 1999.

MORENO Ramírez, Ileana, *Los órganos Constitucionales Autónomos en el Ordenamiento Mexicano*, Serie *Brevarios Jurídicos*, México, Ed. Porrúa, 2005

ROSSEAU, Juan Jacobo. El Contrato Social. Trad. Rafael Rutiaga. 2ª. Edición. México. Ed. Tomo. 2005.

SUPREMA CORTE DE JUSTICIA DE LA NACIÓN, *La Defensa de la Constitución, Serie Grandes Temas del Constitucionalismo Mexicano*, México, 2003.

SUPREMA CORTE DE JUSTICIA DE LA NACIÓN. *La Supremacía Constitucional, Serie Grandes Temas del Constitucionalismo Mexicano*, México 2003.

SUPREMA CORTE DE JUSTICIA DE LA NACIÓN, *Elementos de Derecho Procesal Constitucional, 2ª edición*, México, 2008, primera reimpresión, 2012.

VEGA Hernández Rodolfo, *Derechos Humanos y Constitución. Alternativas para su Protección en México*. Querétaro, Fundap, 2003.

WALLS Aureoles. Rodolfo. *Los Tratados Internacionales y su regulación jurídica en el Derecho Internacional y en el Derecho Mexicano*. México, Porrúa, 2001.

CAPÍTULO QUINTO.

EFICACIA Y REPERCUSIONES DE LA JURISPRUDENCIA DE LA CORTE INTERAMERICANA DE DERECHOS HUMANOS EN LA CONSTRUCCIÓN DE LOS DERECHOS HUMANOS EN LATINOAMÉRICA

Amalia Patricia Cobos Campos[221]

El hombre de honor no tiene más patria que aquella

en que se protegen los derechos de los ciudadanos

y se respeta el carácter sagrado de la humanidad

Simón Bolívar

Sumario:

I. *Introducción;* II. *Antecedentes;* III. *La jurisprudencia de la Corte Interamericana de Derechos Humanos: 3.1 Construcción, 3.2 Algunas jurisprudencias relevantes 3.3 Alcances y avances;* IV. *Fuentes de consulta*

---

[221] Profesora de tiempo completo y Coordinadora del Centro de Investigaciones Jurídicas de la Facultad de Derecho de la Universidad Autónoma de Chihuahua, Doctora en Derecho, Presidenta del Consejo Directivo del Colegio San Felipe El Real de Doctores de Derecho A.C., correos electrónicos: pcobos@uach.mx , cobospatrcia1@gmail.com

I. INTRODUCCIÓN

La trascendencia de las resoluciones emitidas en los últimos tiempos por la Corte Interamericana de Derechos Humanos, no puede ser puesta en tela de duda, ello, a la luz de su importante papel en la construcción de los derechos humanos, si bien los procesos deben realizar un largo recorrido hasta alcanzar una resolución, la construcción jurídica de ésta, será sin lugar a dudas, un verdadero documento de análisis jurídico, en el que plasmarán conceptos que van mucha más allá de su noción doctrinaria o jurídica y cuya vinculación hacia el país demandado será un punto de partida hacia una mejor construcción de su derecho interno.

Es importante resaltar que la edificación que se realiza en la Corte, a la que hemos aludido, no se ve reflejada, ni se restringe, únicamente hacia el país demandado, por el contrario, incide en otras legislaciones Latinoamericanas, lo que hace aún más relevante su labor jurisdiccional, que en ocasiones ha sido puesta en tela de juicio, pero que claramente se desprende de la normatividad que la rige, a la que aludiremos con brevedad más adelante.

En un mundo en el que el respeto a los derechos humanos, se ha convertido en la gran preocupación internacional, lo cual, evidentemente no es gratuito, ya que pese a los incontables esfuerzos de todos los organismos internacionales e internos, involucrados en estos esfuerzos, debemos reconocer, que la vulneración de derechos fundamentales es parte de la vida cotidiana de las personas, en la mayoría de nuestros países de América Latina; así vemos situaciones tales como la violencia de género, los abusos policiales y de miembros de las fuerzas armadas, la falta de acceso a la justicia y los atentados contra la integridad, intimidad e identidad de las personas, que permean con una cotidianeidad alarmante, frente a una sociedad que parece haber perdido su capacidad de asombro ante ellos.

Y qué decir, de los inalcanzables derechos sociales, cuya debida edificación pareciera alejarse a la luz de los retrocesos legales que muchos países viven, ante las exigencias internacionales, en aras de intereses económicos que les son totalmente ajenos, pero que les son impuestos por los llamados países de primer mundo.

Ante este panorama, se deja sentir la influencia de la Corte Interamericana de Derechos Humanos, cuya injerencia se cuestiona por algunos de los países miembros de la Convención y que, sin embargo, se han sometido a su Jurisdicción, influencia que se da a través de sus resoluciones.

El presente trabajo pretende analizar precisamente cuánta relevancia tienen estas resoluciones, es decir cuál es su impacto en los estados demandados y cuánta eficacia tienen a la luz del cumplimiento o ausencia de éste y, en última instancia a qué podemos atribuirle tales consecuencias.

II. ANTECEDENTES

La Corte Interamericana de Derechos Humanos surge realmente a la vida jurisdiccional, cuando en mayo de 1979 los Estados Partes de la Convención, eligieron a juristas que, por su trayectoria y capacidad personal, serían los primeros jueces en integrarla,[222] celebrándose su primera sesión los días 29 y 30 de junio de 1979 en la sede de la OEA en Washington, D. C., toda vez que aún no se realizaba el convenio con Costa Rica para la sede, lo cual ocurrió posteriormente.

Desde el año anterior, la Asamblea General había recomendado que se aprobara el ofrecimiento realizado por Costa Rica, para que la sede de la Corte se estableciera en dicho país; visto lo cual, en septiembre de 1981, la Corte y el Gobierno de Costa Rica suscribieron un Convenio de Sede, que incluye el régimen de inmunidades y privilegios de la Corte, de los jueces, del personal y de las personas que comparezcan ante ella.

La Corte está integrada por siete jueces, que deben reunir como características, el ser nacionales de los estado miembros de la OEA, elegidos a título personal, deben ser seleccionados entre juristas de la más alta autoridad moral, con amplios conocimientos en materia de derechos humanos, que además reúnan las condiciones requeridas para el ejercicio de las más elevadas funciones judiciales, conforme a la ley del Estado del cual sean nacionales o del Estado que los postule como candidatos y no puede haber más de un juez de la misma nacionalidad. Debemos resaltar que en dicho organismo nuestro país ha estado representado por juristas de gran relevancia.

Este órgano posee su sustento normativo en todos los instrumentos internacionales, teniendo como punto de partida, en términos generales, la Convención Americana de Derechos Humanos, y en particular por el estatuto[223] y reglamento que la rigen.

---

[222] En el Séptimo Período Extraordinario de Sesiones de la Asamblea General de la OEA.

[223] Estatuto de la Corte Interamericana de Derechos Humanos, Aprobado mediante Resolución N° 448 adoptada por la Asamblea General de la OEA en su

La elección de los jueces se realiza en los términos de la apuntada normatividad, en particular de los artículos 7 y 8 del estatuto, trámite que se promueve con una petición por escrito a cada estado parte de la Convención Americana, realizada por el Secretario General de la OEA, con el fin de que presenten sus candidatos, que podrán ser hasta tres, pero solo dos nacionales de su estado.

La naturaleza jurídica de la Corte, la define con meridiana claridad el artículo 1° del referido estatuto[224], que es del siguiente tenor literal:

Artículo 1. Naturaleza y Régimen Jurídico

La Corte Interamericana de Derechos Humanos es una institución judicial autónoma cuyo objetivo es la aplicación e interpretación de la Convención Americana sobre Derechos Humanos. La Corte ejerce sus funciones de conformidad con las disposiciones de la citada Convención y del presente Estatuto.

En consecuencia resulta claro que desempeña una actividad formal y materialmente jurisdiccional, enfocada a un objetivo determinado que es la tutela de los derechos humanos, sin embargo su función es también consultiva y en consecuencia debemos separar para clarificar, ambas funciones[225].

El problema de la interpretación y discusión, en cuanto a su función jurisdiccional, se ha gestado por la redacción inadecuada del precitado artículo primero, que le denomina institución en lugar de asentar claramente que es un órgano, empero sus funciones jurisdiccionales son claras no solo de *iure* sino también de *facto*.

III. LA JURISPRUDENCIA DE LA CORTE INTERAMERICANA DE DERECHOS HUMANOS

Dada la complejidad que representa la jurisprudencia cuando aludimos a su construcción por los tribunales transnacionales, estimamos necesario

---

noveno período de sesiones, celebrado en La Paz, Bolivia, octubre de 1979 y reformado por la Asamblea General de OEA, decimosegundo período ordinario de sesiones en Washington, D.C., noviembre de 1982, AG/RES. 625 (XII-0/82) y por resolución general AG/RES. 1098 (XXI-91).

[224]*Ídem*, Art. 1°.

[225] Cobos Campos, Amalia Patricia, *Breves notas de la jurisdicción constitucional transnacional en México*, Germany, Ed. Académica Española LAP Lambert Academic Publishing GmbH&, Saarbrücken, 2012, p. 69

realizar una breve introducción a sus connotaciones doctrinarias, previo a proceder al análisis de la materia de nuestro estudio.

Como sabemos el término ha sido adjudicado a diversas significaciones, y es así como se le utiliza hasta cierto punto de manera indiscriminada para designar a la ciencia misma del derecho, llegándose a denominar facultades de jurisprudencia[226] a muchas escuelas y facultades de derecho en Latinoamérica y Europa.

Igualmente la doctrina alude a ella como una técnica, y así se ha dicho, que este tipo de jurisprudencia no es otra cosa que una *"exposición ordenada y coherente de los preceptos jurídicos que se hallan en vigor en una época y un lugar determinados, y el estudio de los problemas relativos a su interpretación y aplicación"*[227].

Podemos parafraseando a Radbruch, entenderla como una ciencia de índole práctica, que está *"llamada a dar una respuesta inmediata a toda pregunta jurídica, sin que pueda negarse a contestar por razón de las lagunas, las contradicciones o las ambigüedades de que la ley pueda adolecer"*[228], lo cual añade el precitado autor, la obliga a un conocimiento mayor de la ley que el de quienes la redactaron o aprobaron.

La jurisprudencia que nos interesa analizar, en consecuencia, se vincula a una labor de interpretación de las normas realizada por los órganos jurisdiccionales[229] y que cuando es vinculante la doctrina jurídica ha estimado que se pudiera aludir a ella como norma jurídica, es aquella que contribuye día a día a la edificación del derecho y a la tutela de éste, como celoso guardián de los derechos humanos.

Al respecto Pérez Vásquez[230] afirma que:

El significado y alcances de la jurisprudencia no ha sido siempre el

---

[226] Aún lleva esa denominación verbigracia en la Universidad Autónoma de Coahuila y la Universidad de El Salvador entre otras, y como olvidar la representativa Escuela Nacional de Jurisprudencia, con el que se conoció a la actual Facultad de Derecho de la UNAM.

[227] García Máynez, Eduardo, *Introducción al estudio del Derecho*, 56ª Reimp. México, Porrúa, 2004, p. 124.

[228] Radbruch, Gustav, *Introducción a la Filosofía del Derecho*, Breviarios 24, 9ª Reimp., México, Fondo de Cultura Económica, 2005, p. 10.

[229] Aunque debemos tener presente que países como México tienen tribunales formalmente administrativos que emiten jurisprudencia como es el caso del Tribunal Superior Agrario o el Tribunal Federal de Justicia Fiscal y Administrativa.

[230] Pérez Vásquez, Rodolfo, "La jurisprudencia vinculante como norma jurídica", *Justicia Juris*, Barranquilla, Colombia, v. 7, Abril-Sept. 2007, pp. 9-14.

mismo. Ha estado sujeto a un discurrir histórico en el que ha ido adquiriendo no solo el carácter de fuente del Derecho sino vinculatoriedad como norma jurídica. En este último aspecto, se destaca la labor del juez ya que a partir de sus decisiones frente a casos concretos se va generando el precedente judicial que podrá ser invocado para la resolución de problemas jurídicos a los cuales el mismo resulte aplicable.

No pretendemos introducirnos al debate relativo a esta cuestión, sino únicamente esbozar los significados polisémicos que ésta figura jurídica presenta en el derecho moderno, para estar en posibilidad de ubicar la que emite la Corte Interamericana en tal contexto, ya que como sabemos sus efectos vinculantes son uno de los puntos álgidos de discusión al respecto.

En nuestro país, la corte ha establecido con meridiana claridad lo que este término implica y ha determinado al respecto:

JURISPRUDENCIA. CONCEPTO, CLASES Y FINES,
La jurisprudencia es la interpretación de la ley, de observancia obligatoria, que emana de las ejecutorias que pronuncia la Suprema Corte de Justicia de la Nación funcionando en Pleno o en Salas, y por los Tribunales Colegiados de Circuito. Doctrinariamente la jurisprudencia puede ser confirmatoria de la ley, supletoria e interpretativa. Mediante la primera, las sentencias ratifican lo preceptuado por la ley; la supletoria colma los vacíos de la ley, creando una norma que la complementa; mientras que la interpretativa explica el sentido del precepto legal y pone de manifiesto el pensamiento del legislador. La jurisprudencia interpretativa está contemplada en el artículo 14 de la Constitución Federal, en tanto previene que en los juicios del orden civil la sentencia definitiva deberá ser conforme a la letra o a la interpretación jurídica de la ley; y la jurisprudencia tiene una función reguladora consistente en mantener la exacta observancia de la ley y unificar su interpretación, y como tal, es decir, en tanto constituye la interpretación de la ley, la jurisprudencia será válida mientras esté vigente la norma que interpreta.[231]

Como vemos, en dicha tesis, para nuestro máximo tribunal existen tres tipos de jurisprudencia, la confirmatoria de la ley, la supletoria, que está llamada a llenar las lagunas del legislador y la interpretativa que se genera en la búsqueda del sentido que el legislador le da a la norma en el caso que se encuentra *sub júdice*.

---

[231] Tesis Aislada, T.C.C., *Seminario Judicial de la Federación y su Gaceta*, 9a. Época, t. XVIII, octubre de 2003, Pág. 1039

La pregunta obligada será entonces ¿porqué las resoluciones de la Corte Interamericana son jurisprudencia? Y sumado a lo anterior ¿qué clase de jurisprudencia constituye?

En los siguientes párrafos trataremos de dar respuesta a estos interrogantes, analizando las diferentes formas de construcción de la jurisprudencia, haciendo hincapié en cuestiones esenciales como la vinculatoriedad de la misma en cada estado y, hacia los estados miembros en el caso de la Corte Interamericana, así como la fuerza que en ésta última puede ejercerse al respecto y los retos de la Corte a futuro en la edificación de los derechos humanos.

1. Construcción

La jurisprudencia se construye de varias formas, la primera y más común es la reiteración de criterios, nuestro país regula esta forma de integrar jurisprudencia en su ley de Amparo desde 1882, la Ley de la materia[232] establece en su artículo 215 tres formas de establecerla, por reiteración, por contradicción y por sustitución; igualmente determina su construcción en el primero de los mencionados según lo prevén los numerales 212 y 213 del mismo ordenamiento en los siguientes términos:

> **Artículo 222.** La jurisprudencia por reiteración del pleno de la Suprema Corte de Justicia de la Nación se establece cuando se sustente un mismo criterio en cinco sentencias no interrumpidas por otra en contrario, resueltas en diferentes sesiones, por una mayoría de cuando menos ocho votos.

> **Artículo 223.** La jurisprudencia por reiteración de las salas de la Suprema Corte de Justicia de la Nación se establece cuando se sustente un mismo criterio en cinco sentencias no interrumpidas por otra en contrario, resueltas en diferentes sesiones, por una mayoría de cuando menos cuatro votos.

La esencia de la jurisprudencia por reiteración, es como su nombre lo indica que exista un número determinado de resoluciones, el cual es establecido por la ley que rige al órgano respectivo, resoluciones que

---

[232] Ley de Amparo Reglamentaria de los Artículos 103 y 107 de la Constitución Política de los Estados Unidos Mexicanos, publicada en el D.O.F. el 2 de abril de 2013.

deberán ser en un mismo sentido, sin ser interrumpidas por alguna en sentido inverso.

Otra forma diversa de construcción es la contradicción, que se actualiza cuando existen resoluciones contradictorias entre los tribunales que integran jurisprudencia; el mecanismo para iniciar el procedimiento respectivo se denomina denuncia de la contradicción por quienes están legitimados de conformidad con la respectiva legislación.

Lo esencial en este tipo de construcción de jurisprudencia es que no se puede emitir un nuevo criterio sino que se determina cuál de los denunciados en contradicción deberá prevalecer, sin afectar los procedimientos de los que emanaron dichas tesis.

La legislación mexicana lo prevé en los siguientes términos

> Artículo 225.[233] La jurisprudencia por contradicción se establece al dilucidar los criterios discrepantes sostenidos entre las salas de la Suprema Corte de Justicia de la Nación, entre los Plenos de Circuito o entre los tribunales colegiados de circuito, en los asuntos de su competencia.

Artículo 226.[234] Las contradicciones de tesis serán resueltas por:

I. El pleno de la Suprema Corte de Justicia de la Nación cuando deban dilucidarse las tesis contradictorias sostenidas entre sus salas;

II. El pleno o las salas de la Suprema Corte de Justicia de la Nación, según la materia, cuando deban dilucidarse las tesis contradictorias sostenidas entre los Plenos de Circuito de distintos Circuitos, entre los Plenos de Circuito en materia especializada de un mismo Circuito, o sus tribunales de diversa especialidad, así como entre los tribunales colegiados de diferente circuito; y

III. Los Plenos de Circuito cuando deban dilucidarse las tesis contradictorias sostenidas entre los tribunales colegiados del circuito correspondiente.

En algunos países como Chile y Alemania se ha establecido la jurisprudencia por unificación.

---

[233] *Ibídem*, Art. 225.
[234] *Ibídem*, Art. 226.

Existe igualmente el precedente judicial, característico del *Common law*, el cual cabría preguntarse si se puede considerar una forma de reiteración, sin embargo, estimamos que no, en virtud de que su fuerza no proviene de que se repitan sentencias en el mismo sentido, sino de la autoridad que emite la resolución, bastando una sola para ello, sin que obste tal circunstancia para que la misma Corte sustente las nuevas resoluciones en la jurisprudencia emitida en las anteriores.

La sustitución, por otra parte, comprende la posibilidad de reemplazar una jurisprudencia, mediante un nuevo fallo, la legislación mexicana lo prevé en el numeral 230 de la multicitada Ley de Amparo, que a la letra dice:

> Artículo 230.[235] La jurisprudencia que por reiteración o contradicción establezcan el pleno o las salas de la Suprema Corte de Justicia de la Nación, así como los Plenos de Circuito, podrá ser sustituida conforme a las siguientes reglas:
>
> **I.** Cualquier tribunal colegiado de circuito, previa petición de alguno de sus magistrados, con motivo de un caso concreto una vez resuelto, podrán solicitar al Pleno de Circuito al que pertenezcan que sustituya la jurisprudencia que por contradicción haya establecido, para lo cual expresarán las razones por las cuales se estima debe hacerse. [...]
> **II.** Cualquiera de los Plenos de Circuito, previa petición de alguno de los magistrados de los tribunales colegiados de su circuito y con motivo de un caso concreto una vez resuelto, podrán solicitar al pleno de la Suprema Corte de Justicia de la Nación, o a la sala correspondiente, que sustituya la jurisprudencia que hayan establecido, para lo cual expresarán las razones por las cuales se estima debe hacerse. [...]
>
> **III.** Cualquiera de las salas de la Suprema Corte de Justicia de la Nación, previa petición de alguno de los ministros que las integran, y sólo con motivo de un caso concreto una vez resuelto, podrán solicitar al pleno de la Suprema Corte de Justicia de la Nación que sustituya la jurisprudencia que haya establecido, para lo cual expresarán las razones por las cuales se estima debe hacerse. [...]
> **IV.** Para que la Suprema Corte de Justicia de la Nación sustituya la jurisprudencia en términos de las fracciones II y III del

---

[235] *Ibídem*, Art. 230.

presente artículo, se requerirá mayoría de cuando menos ocho votos en pleno y cuatro en sala.

V. Cuando se resuelva sustituir la jurisprudencia, dicha resolución no afectará las situaciones jurídicas concretas derivadas de los juicios en los que se hayan dictado las sentencias que la integraron, ni la que se resolvió en el caso concreto que haya motivado la solicitud. Esta resolución se publicará y distribuirá en los términos establecidos en esta Ley.

La Corte Interamericana en cuanto a la naturaleza de su jurisprudencia y su inserción en alguno de los criterios utilizados por la legislación interna, antes mencionados, no se ubica de entrada, en los previstos por el sistema jurídico mexicano ya que estos criterios que forman parte de los sistemas jurídicos vigentes, consideramos resultan de difícil aplicación a la Corte, dada sus propias características; su regulación normativa determina en principio que:

Artículo 2.[236]

Competencia y Funciones

La Corte ejerce función jurisdiccional y consultiva:

1. Su función jurisdiccional se rige por las disposiciones de los artículos 61, 62 y 63 de la Convención.

Por su parte la Convención, alude al desempeño de la Corte en principio en el artículo 33, que determina a la letra:

Artículo 33.[237] Son competentes para conocer de los asuntos relacionados con el cumplimiento de los compromisos contraídos por los Estados Partes en esta Convención:

a) la Comisión Interamericana de Derechos Humanos, llamada en adelante la Comisión, y

b) la Corte Interamericana de Derechos Humanos, llamada en adelante la Corte.

---

[236] Estatuto de la Corte Interamericana de Derechos Humanos, Art. 2.
[237] Convención Americana sobre Derechos Humanos, suscrita en la conferencia especializada Interamericana sobre Derechos Humanos (B-32), celebrada en San José, Costa Rica 7 al 22 de noviembre de 1969.

El artículo 53[238] por su parte determina que el quórum para las deliberaciones de la corte es de 5 jueces.

Los artículos 61 al 63[239] determinan la función jurisdiccional que realiza la corte en los siguientes términos:

Artículo 61.

1. Sólo los Estados Partes y la Comisión tienen derecho a someter un caso a la decisión de la Corte.

2. Para que la Corte pueda conocer de cualquier caso, es necesario que sean agotados los procedimientos previstos en los artículos 48 a 50[240].

Artículo 62.

1. Todo Estado parte puede, en el momento del depósito de su instrumento de ratificación o adhesión de esta Convención, o en cualquier momento posterior, declarar que reconoce como obligatoria de pleno derecho y sin convención especial, la competencia de la Corte sobre todos los casos relativos a la interpretación o aplicación de esta convención.

2. La declaración puede ser hecha incondicionalmente, o bajo condición de reciprocidad, por un plazo determinado o para casos específicos [...]

3. La Corte tiene competencia para conocer de cualquier caso relativo a la interpretación y aplicación de las disposiciones de esta Convención que le sea sometido, siempre que los Estados Partes en el caso hayan reconocido o reconozcan dicha competencia.[...]

Artículo 63.

1. Cuando decida que hubo violación de un derecho o libertad protegidos en esta Convención, la Corte dispondrá que se garantice al lesionado en el goce de su derecho o libertad conculcados. Dispondrá asimismo, si ello fuera procedente, que se reparen las consecuencias de la medida o situación que ha configurado la vulneración de esos derechos y el pago de una justa indemnización a la parte lesionada.

---

[238] *Ibídem*, Art. 53.

[239] De la Convención Americana sobre derechos Humanos.

[240] Alude a los trámites que se deben realizar ante la Comisión Interamericana de Derechos Humanos previo a cualquier procedimiento ante la Corte.

2. En casos de extrema gravedad y urgencia, y cuando se haga necesario evitar daños irreparables a las personas, la Corte, en los asuntos que esté conociendo, podrá tomar las medidas provisionales que considere pertinentes. Si se tratare de asuntos que aún no están sometidos a su conocimiento, podrá actuar a solicitud de la Comisión.

Para García Ramírez,[241] es éste precepto el que sustenta la jurisprudencia de la Corte en su parágrafo primero, estimando que el contenido del mismo ha sido interpretado reiteradamente por la Corte en dicho sentido.

En lo relativo a la modificación, el reglamento de la Corte únicamente alude a ello en lo relativo a errores accidentales en el artículo 76[242], que determina:

La Corte podrá, a iniciativa propia o a solicitud de parte, presentada dentro del mes siguiente a la notificación de la sentencia o resolución de que se trate, rectificar errores notorios, de edición o de cálculo. De efectuarse alguna rectificación la Corte la notificará a la Comisión, a las víctimas o sus representantes, al Estado demandado y, en su caso, al Estado demandante.

Resulta sencillo desprender del anterior precepto que no se trata de una modificación o sustitución de la jurisprudencia sino de un mecanismo de corrección de errores accidentales del acuerdo o sentencia respectivo, por lo que más podría asimilarse a una aclaración de la legislación ordinaria que a alguna de las figuras jurídicas de modificación o sustitución de la jurisprudencia, y así se desprende claramente del rubro del título IV que comprende únicamente el precitado numeral.

2. Algunas jurisprudencias relevantes

Dada la imposibilidad de insertar la totalidad de la jurisprudencia mencionaremos algunas de especial relevancia eligiéndolas tal vez de manera

---

[241] García Ramírez, Sergio, *et al*, *La libertad de expresión en la jurisprudencia de la Corte Interamericana de Derechos Humanos*, México, Corte Interamericana de Derechos Humanos/Comisión de Derechos Humanos del D.F., 2007, p. 56.

[242] Reglamento de la Corte Interamericana de Derechos Humanos, Aprobado por la Corte en su LXXXV Período Ordinario de Sesiones celebrado del 16 al 28 de noviembre de 2009, Art. 76.

arbitraria y únicamente en vía de ejemplificación, buscando destacar sentencias que no han sido tan difundidas por la doctrina jurídica.

Pretendemos reflexionar respecto a lo que las resoluciones de la Corte pueden incidir en la construcción del derecho interno de los países involucrados, y la indudable eficacia del control de la convencionalidad que la misma ejerce como función *prima facie*.

A. Perú

En el caso de Perú encontramos multiplicidad de casos que han modificado los ordenamientos internos, transformándolos y con ello alcanzando una mejor tutela de los derechos humanos en dicho país, aquejado antaño por una dictadura, cuyas heridas aún están abiertas para el pueblo peruano que sigue reclamando su acceso a la justicia por conducto de las víctimas de delitos de lesa humanidad, por lo que no es de extrañarse que como afirma Bazán Chacón[243] entre 1995 y 2009 se dictaran 25 resoluciones de fondo en casos contra Perú en la Corte.

Se elige Perú, además de las razones antes apuntadas, en virtud de que, dicho estado se somete a la competencia contenciosa de la corte a partir del 21 de enero de 1981, lo que representa un punto de partida interesante, puesto que ésta pareciera de entrada incompetente para conocer de todos los abusos y crímenes de la dictadura, empero, esto no ha sido así como veremos en el caso que se analizará a continuación y en el que el cese de la dictadura no pareció repercutir para cesar las violaciones a los derechos humanos de la víctima.

Caso De La Cruz Flores vs Perú

El caso de María Teresa De La Cruz Flores, se puede resumir en que dicha persona, médica de profesión, es detenida por la policía el 27 de marzo de 1996, por cargos de terrorismo, respecto de los cuales se integró el expediente No. 113/95, encontrándose detenida, le fue notificada diversa orden de arresto en expediente No. 723/93, igualmente por el delito de terrorismo.

Cabe aclarar que según la Comisión Interamericana de Derechos Humanos,[244] éste último expediente aún al momento del caso, era reportado

---

[243] Bazán Chacón, Iván Arturo, "El impacto de la jurisprudencia de la Corte Interamericana de Derechos Humanos en el Perú. Una evaluación preliminar", *Revista Ars Boni et Aequi*, año 7, No. 2, 2011, pp. 283-317.

[244] Caso De la Cruz Flores vs Perú, Corte Interamericana de Derechos Humanos, Sentencia de 18 de noviembre de 2004, Fondo, reparaciones y costas, disponible

como extraviado. Dicha persona fue procesada ante un tribunal compuesto por jueces sin rostro, condenándola el 21 de noviembre de 1996, por el referido delito a la pena de 20 años de prisión, sustentándose en lo dispuesto en el Decreto Ley No. 25.475;[245] la sentencia fue confirmada por la Sala Penal Especial de la Corte Suprema de Justicia de la República del Perú el 8 de junio de 1998.

La Comisión Interamericana de Derechos Humanos, incoa el procedimiento como Caso 12.138, con fecha 28 de abril de 1999, decretando su admisibilidad hasta el 5 de marzo de 2003.[246]

El 3 de enero de 2003 el Tribunal Constitucional del Perú emitió una sentencia en la cual declaró la inconstitucionalidad de algunas normas de dicho decreto, pero sin pronunciarse en relación con la inconstitucionalidad del artículo 2 del mismo, que tipificaba el delito de terrorismo.

Derivado de lo anterior, se emitieron los Decretos Legislativos Nos. 923, 924, 925, 926 y 927 de fecha 19 de febrero de 2003, según los cuales la Sala Nacional de Terrorismo, en un plazo no mayor de sesenta días hábiles desde la entrada en vigor de los mismos, anularía de oficio, salvo renuncia del reo, la sentencia y el juicio oral y declararía, de ser el caso, la insubsistencia de la acusación fiscal en los procesos penales por los delitos de terrorismo, empero, la doctora De La Cruz Flores no fue beneficiada con ello, y a la fecha de la admisión del caso, continuaba recluida condenada por el delito de terrorismo.

La Comisión al admitir la demanda realiza al estado peruano la siguiente recomendación:

> De acuerdo con las disposiciones de su derecho interno, adoptar[a] todas las medidas necesarias para reparar de una manera integral las violaciones   a los derechos humanos de la señora María Teresa De La Cruz Flores que se determinaron en el [...] Informe [de fondo], en especial ofrecer un nuevo   juzgamiento

---

en: http://www.corteidh.or.cr/docs/casos/articulos/seriec_115_esp.pdf, accedida el 7 de julio de 2013.

[245] Este decreto Ley, emitido durante la dictadura, contenía normas claramente vulneratorias de los derechos humanos tales como la incomunicación absoluta del imputado durante la etapa de investigación preliminar, intervención del abogado después de la declaración preliminar del imputado y la exclusión de cualquier tipo de libertad entre otras.

[246] El 5 de marzo de 2003 la Comisión aprobó, en su 117° Período Ordinario de Sesiones, el Informe No. 29/03 sobre la admisibilidad y el fondo del caso.

con la observancia plena al principio de legalidad que no puede estar representado en interpretaciones discrecionales y flexibles de la norma penal, al debido proceso y a un juicio justo.

Adoptar[a] las medidas necesarias para reformar el Decreto Ley 25475, de manera de hacerlo compatible con la Convención Americana sobre Derechos Humanos.[247]

La demanda fue presentada ante la Corte en junio de 2003, posteriormente el 8 de julio de 2004, el estado demandado informó que con esa fecha,

30. [...] el 4° Juzgado Penal de Terrorismo del Perú había "variado el mandato de detención por comparescencia(*sic*) restringida (libertad)"[248] respecto de la señora María Teresa De La Cruz Flores. En consecuencia, la presunta víctima "obtendr[ía] su libertad inmediata en el transcurso de las siguientes horas."[249]

La corte concluyó entre otras cosas que:

130. La sola constatación de que la presunta víctima fue privada durante un mes de toda comunicación con el mundo exterior permite a la Corte concluir que la señora María Teresa De La Cruz Flores fue sometida a tratos crueles, inhumanos y degradantes. Durante su incomunicación, estuvo en condiciones insalubres y no pudo cambiarse de ropa durante un mes (*supra* párr. 73.55). Por otra parte, en aplicación del artículo 20 del Decreto Ley No. 25.475, durante el año que estuvo en aislamiento sólo podía salir al patio durante 30 minutos por día, tenía muy limitadas las

---

[247] Pese a que el estado peruano el 15 de mayo de 2003 el Estado presentó un escrito en el que señaló que "la sentencia del Tribunal Constitucional de "4 de enero de 2003 (*sic*)", así como los decretos legislativos expedidos por el Poder Ejecutivo a raíz de dicho fallo, se orientaban a la búsqueda de un sistema eficiente de administración de justicia, lográndose significativos avances, entre los cuales se encontraba un nuevo juzgamiento con plena observancia de los principios de legalidad y debido proceso, que estaría próximo a definirse en aplicación del Decreto Legislativo No. 926, en el cual la señora María Teresa De La Cruz Flores tendría derecho a un procedimiento justo, imparcial y rápido "en [el] que debe[ría] demostrar la inocencia alegada", no cumplió con las recomendaciones.

[248] Comillas en el original

[249] Caso De la Cruz Flores *vs* Perú, *cfr.* Nota 24, III. Procedimiento ante la Comisión, párr. 30.

posibilidades de lo que podía leer y contaba con un régimen de visitas en extremo restringido. Todos estos hechos confieren al tratamiento a que fue sometida la señora De La Cruz Flores la característica de cruel, inhumano y degradante.[250]

En este caso lo relevante de la resolución no se refleja únicamente en la condena a la reparación del daño material causado a la víctima, sin desestimar su importancia, dado que tal daño no se reflejó únicamente en su salud y la pérdida de su forma de vida e ingresos, sino en la ruptura de su núcleo familiar y el consecuente sufrimiento de sus hijos.

En consecuencia, los últimos mencionados, como reiteradamente ha sostenido la corte, deben valorizarse como daño inmaterial, ya que a juicio de ésta, el mismo *"puede comprender tanto los sufrimientos y las aflicciones causados a las víctimas directas y a sus allegados, el menoscabo de valores muy significativos para las personas, así como tanto los sufrimientos y las aflicciones causados a las víctimas directas y a sus allegados, el menoscabo de valores muy significativos para las personas."*[251]

Sumado a esto, igualmente como daño inmaterial, porque así lo considera la Corte, comprende en principio, en el caso concreto, el trato degradante inferido a la víctima. Igualmente, el caso reflejó que pese al tiempo transcurrido desde el término de la dictadura, los ciudadanos seguían sufriendo el menoscabo de sus derechos humanos mediante la vigencia de legislación claramente atentatoria a estos, sin embargo la Corte no puede condenar al estado a cambiar la ley, pero sí como lo hizo a reparar el daño patrimonial y el inmaterial, desafortunadamente todo ello se traduce en indemnización económica y la reposición del proceso.

B.   Guatemala
Guatemala es otro país emblemático en materia de construcción de los derechos humanos, en virtud de lo difícil que ha resultado la edificación de una mejor sociedad con alto grado de marginación y pobreza, como otros países de Latinoamérica cuyos estragos siguen quedando como heridas abiertas, frente a un sentimiento de impunidad e injusticia.

Analizaremos uno de los casos que marcaron un parteaguas en Guatemala, reivindicando los derechos de los niños y el acceso a la justicia de los más desvalidos cuyos homicidios quedan muchas veces impunes.

---

[250] I*bídem*, Consideraciones de la Corte, párr. 30.
[251] Í*dem*.

Caso Niños de la Calle (Villagrán Morales) vs Guatemala

El caso plantea violaciones a los derechos humanos consistentes en secuestro, tortura y asesinato aparentemente por elementos del estado, en perjuicio de Henry Giovanni Contreras, Federico Clemente Figueroa Túnchez, Julio Roberto Caal Sandoval y Jovito Josué Juárez Cifuentes; así como el asesinato de Anstraum Aman Villagrán Morales; derivándose de estos hechos la omisión del estado por no activar los mecanismos necesarios para sancionar dichas violaciones en cumplimiento a la Convención, negándoles el acceso a la justicia tanto a las víctimas como a sus familiares.

De las mencionadas víctimas tres eran menores de edad y en consecuencia la Comisión estimó que a la ausencia de acceso a la justicia había que añadir la violación de los derechos del niño; en consecuencia, la Comisión[252] determinó la admisibilidad de la denuncia y que el estado de Guatemala había violado los derechos humanos del niño, los derechos a la vida, integridad personal, libertad personal, a un proceso justo y a la protección judicial consagrados en los artículos 4°, 5°, 7°, 19, 8° y 25 de la Convención Americana, también concluyó que igualmente el estado incumplió con sus obligaciones prescritas en el artículo 1 de la Convención y violó los artículos 1°, 2° y 6° de la Convención Interamericana para Prevenir y Sancionar la Tortura.

La Comisión exigió al estado realizar las investigaciones pertinentes y someter a los responsables a proceso judicial y reparar las consecuencias de las violaciones. Al no cumplir con las observaciones realizadas en el informe, la Comisión presentó la demanda ante la Corte el 30 de enero de 1997.

Analizados los hechos y las pruebas, la Corte estimó entre otros puntos esenciales de la resolución que:

> [...] los malos tratos y torturas fueron practicados por las mismas personas que secuestraron y dieron muerte a los jóvenes. La Corte al haber establecido que los responsables de estas últimas conductas eran miembros de la Policía Nacional (*supra*, párrs. 128 y 142) es del caso concluir que los autores de los malos tratos y torturas que se produjeron en el lapso que medió entre la captura y la muerte, fueron agentes del Estado, ya se trate de los

---

[252] 93° Período Ordinario de Sesiones, en sesión celebrada el 16 de octubre de 1996, la Comisión aprobó el Informe No. 33/96, decretando la admisibilidad de la demanda.

investigados y acusados en los procesos internos, o de otros.[253]

En consecuencia, tuvo por demostrados los actos de tortura y homicidio, perpetrados por agentes del estado y asimismo, con ello estimó vulnerados los derechos a que hemos hecho referencia, y en cuanto a los familiares determinó que habían sido objeto de un trato cruel e inhumano, ya que:

> [...] entre las conductas de los agentes estatales que intervinieron en los hechos del caso y que produjeron un impacto sobre sus familiares, la correspondiente al tratamiento que se dio a los cuerpos de los jóvenes cuyos cadáveres aparecieron en los Bosques de San Nicolás, Henry Giovanni Contreras, Federico Clemente Figueroa Túnchez, Julio Roberto Caal Sandoval y Jovito Josué Juárez Cifuentes. Estas personas no sólo fueron víctimas de la violencia extrema correspondiente a su eliminación física, sino que, además, sus cuerpos fueron abandonados en un paraje deshabitado, quedaron expuestos a las inclemencias del tiempo y a la acción de los animales y hubieran podido permanecer así durante varios días, si no hubieran sido encontrados fortuitamente. En el presente caso, es evidente que el tratamiento que se dio a los restos de las víctimas, que eran sagrados para sus deudos y, en particular, para sus madres, constituyó para éstas un trato cruel e inhumano.[254]

Resulta claro que en el caso en estudio, a diferencia del anterior, los actos no se realizan como delitos de lesa humanidad, se dan sin una razón de ninguna índole, salvo tal vez, el tratarse de lo que en Latinoamérica llamamos "niños de la calle," de ahí la gravedad de los actos y la conclusión de la Corte de tener por demostradas las violaciones a la Convención invocadas por la Comisión en la demanda, dado el desinterés del estado y las anomalías mostradas en los procesos judiciales iniciadas con motivo de los hechos materia de la demanda, partiendo incluso de autopsias realizadas en forma deficiente e incompleta.

La sentencia de reparaciones y costas condenó al estado de Guatemala al pago de indemnizaciones compensatorias, costas y gastos,

---

[253] *Caso Villagrán Morales y otros (caso de los "niños de la calle"*) vs* Guatemala, Sentencia de 19 de noviembre de 1999 (fondo), párr. 130, disponible en: http://www.corteidh.or.cr/docs/casos/articulos/seriec_63_esp.pdf, accedida el 9 de julio de 2013.

[254] *Ibídem*, párr. 174.

C. *México*

En nuestro país, pese a la ausencia de dictaduras, tampoco ha resultado fácil edificar sobre bases firmes los derechos humanos y dar cabal cumplimiento a la Convención, omitiremos examinar casos como el de Campo Algodonero, por haber sido ampliamente estudiados por la doctrina, por lo que seleccionamos un diverso caso de gran relevancia y cuyas repercusiones han sido importantes en la construcción de jurisprudencia interna e interpretación de los relativos preceptos constitucionales por la Suprema Corte, muy en particular en lo relativo al fuero militar.

Caso Fernández Ortega y otros vs México

Inés Fernández, es una mujer indígena que fue víctima de violación sexual, perpetrada por elementos del ejército mexicano, en el año 2002, al parecer molestos porque la mujer no respondía a los cuestionamientos realizados por dichos elementos en relación con el paradero de su esposo, pese a que dicha mujer no entiende ni habla el castellano.

La Comisión emitió el informe de admisibilidad[255] el 30 de octubre de 2008, y aprobó el Informe de Fondo No. 89/08, realizando recomendaciones al estado mexicano y estimó que el mismo era responsable de:

> [...] violaciones de los derechos a las garantías judiciales y a la protección judicial consagrados en los artículos 8.1 y 25 de la Convención Americana en relación con el artículo 1.1 de la misma; los artículos 5.1 y 11 de la Convención Americana, en relación con el artículo 1.1 de dicho instrumento internacional. Asimismo, concluyó que el Estado [era] responsable por la violación del artículo 7 de la Convención [Interamericana para Prevenir, Sancionar y Erradicar la Violencia contra la Mujer], y los artículos 1, 6 y 8 de la Convención Interamericana para Prevenir y Sancionar la Tortura, en perjuicio de [la señora] Fernández Orte-ga. Con respecto a los familiares, concluyó que el Estado [era] responsable de violaciones al artículo 5.1 de la Convención Americana en relación con la obligación general de respetar y garantizar los derechos previstos en el artículo 1.1 de ese

---

[255] *Caso Fernández Ortega y otros vs México*, Sentencia de 30 de agosto de 2010 (Excepción preliminar, fondo, reparaciones y costas, disponible en: http://www.corteidh.or.cr/docs/casos/articulos/seriec_215_esp.pdf, accedida el 9 de julio de 2013.

instrumento internacional.[256]

Ante lo que la Comisión estimó como escasos avances del estado mexicano en el cumplimiento de las recomendaciones, presentó la demanda ante la Corte el 7 de mayo de 2009.

La Corte, a su vez, determinó invocando la Convención Interamericana para Prevenir, Sancionar y Erradicar la Violencia contra la Mujer que:

> La violencia contra la mujer no sólo constituye una violación de los derechos humanos, sino que es "una ofensa a la dignidad humana y una manifestación de las relaciones de poder históricamente desiguales entre mujeres y hombres", que "trasciende todos los sectores de la sociedad independientemente de su clase, raza o grupo étnico, nivel de ingresos, cultura, nivel educacional, edad o religión y afecta negativamente sus propias bases.[257]

3. Alcances y avances
A. Alcances

En México la jurisprudencia tiene fuerza obligatoria[258], en los términos de lo previsto por el artículo 94 de nuestra carta fundamental que en lo conducente determina:

[…]La ley fijará los términos en que sea obligatoria la jurisprudencia que establezcan los Tribunales del Poder Judicial de la Federación y los Plenos de Circuito sobre la interpretación de la Constitución y normas generales, así como los requisitos para su interrupción y sustitución.[259]

Los efectos de la jurisprudencia pueden ser de tres tipos: confirmatorios, supletorios e interpretativos y en algunos países delegatorios. Los tres primeros están permitidos en nuestro régimen mexicano.

La Corte por su parte, sustenta la definitividad de sus fallos en el artículo 67 de la Convención, numeral que expresamente establece la misma y es del siguiente tenor literal:

---

[256] *Ibídem*, expediente de anexos a la demanda, apéndice 1, folio 720.

[257] Convención Interamericana para Prevenir, Sancionar y Erradicar la Violencia contra la Mujer, preámbulo.

[258] Lo cual no ocurre en todos los países.

[259] Constitución Política de los Estados Unidos Mexicanos, publicada en el D.O.F. el 5 de febrero de 1917, art. 94, décimo párrafo.

Artículo 67.

El fallo de la Corte será definitivo e inapelable. En caso de desacuerdo sobre el sentido o alcances del fallo, la Corte lo interpretará a solicitud de cualquiera de las partes, siempre que dicha solicitud se presente dentro de los noventa días a partir de la fecha de notificación del fallo.

Igualmente el artículo 68 determina la obligación de los estados a someterse al fallo de la Corte en los siguientes términos:

Artículo 68[260]

1. Los Estados Partes en la Convención se comprometen a cumplir la decisión de la Corte en todo caso en que sean partes.

2. La parte del fallo que disponga indemnización compensatoria se podrá ejecutar en el respectivo país por el procedimiento interno vigente para la ejecución de sentencias contra el Estado.

La Corte en repetidas jurisprudencias ha determinado la obligación de reparar el daño causado estimando que se trata de *"un principio de derecho internacional que toda violación de una obligación internacional que haya producido un daño comporta el deber de repararlo adecuadamente."*[261]

De igual forma ha establecido con meridiana claridad la obligación de cubrir intereses moratorios al tipo bancario para el caso de incumplimiento,[262] ambos supuestos implican que los alcances de las resoluciones son claramente vinculatorios y que el sentido de esa vinculación va desde la reposición de procedimientos judiciales en los que no se respetaron los derechos humanos, especialmente el debido proceso, hasta la desaparición de normas contrarias a la Convención.

Como ya se dijo la propia Convención establece la obligatoriedad de las sentencias emitidas por la Corte, y su regulación interna, concretamente el Reglamento de la misma, prevé en el artículo 69 los mecanismos con los que ésta puede supervisar el cumplimiento de las resoluciones, dicho precepto es del siguiente tenor:

Artículo 69. Supervisión de cumplimiento de sentencias y otras decisiones   del Tribunal

---

[260] De la Convención Americana sobre derechos Humanos.

[261] Caso de los "Niños de la Calle" (caso *Villagrán Morales y otros vs. Guatemala*), Sentencia de 26 de mayo de 2001 (Reparaciones y costas), disponible en: http://www.corteidh.or.cr/docs/casos/articulos/seriec_77_esp.pdf, accedida el 9 de julio de 2013.

[262] Véase, verbigracia *Ibídem*, párr. 121.

1. La supervisión de las sentencias y demás decisiones de la Corte se realizará mediante la presentación de informes estatales y de las correspondientes observaciones a dichos informes por parte de las víctimas o sus representantes. La Comisión deberá presentar observaciones al informe del Estado y a las observaciones de las víctimas o sus representantes.

2. La Corte podrá requerir a otras fuentes de información datos relevantes sobre el caso, que permitan apreciar el cumplimiento. Para los mismos efectos podrá también requerir los peritajes e informes que considere oportunos.

3. Cuando lo considere pertinente, el Tribunal podrá convocar al Estado y a los representantes de las víctimas a una audiencia para supervisar el cumplimiento de sus decisiones, y en ésta escuchará el parecer de la Comisión.

4. Una vez que el Tribunal cuente con la información pertinente, determinará el estado del cumplimiento de lo resuelto y emitirá las resoluciones que estime pertinentes.

5. Estas disposiciones se aplican también para casos no sometidos por la comisión.

Bástenos para sustentar las afirmaciones realizadas en los párrafos antecedentes, con invocar fallos como el del Caso *Castillo Petruzzi y otros vs Perú*,[263] o el caso de *Radilla Pacheco vs México*,[264] que llevó a la corte a ordenar a nuestro país, la reforma del artículo 57 del Código de Justicia Militar, a efecto de que los militares que cometieran delitos del fuero común fuesen juzgados en este.

Cabe igualmente, mencionar en este apartado las repercusiones que las resoluciones de la corte han tenido en relación con la pena de muerte, baste citar el caso de *Hilaire, Constantine, Benjamín y otros vs Trinidad y Tobago*[265] esta-

---

[263] Caso *Castillo Petruzzi y otros*, Cumplimiento de sentencia, Resolución del 17 de Noviembre de 1999, Corte I.D.H. (Ser. C) No. 59 (1999).

[264] Caso *Radilla Pacheco vs Estados Unidos Mexicanos*, Sentencia de 23 de noviembre de 2009, Excepciones preliminares, fondo, reparaciones y costas.

[265] *Hilaire, Constantine, Benjamín y otros vs Trinidad y Tobago*, Sentencia de 21 de junio de 2002, Fondo, reparaciones y costas, disponible en: http://www.corteidh.or.cr/docs/casos/articulos/seriec_94_esp.pdf, accedida el 10 de julio de 2013.

do que establecía la pena de muerte "obligatoria" para el delito de homicidio intencional, la Comisión solicita la conmutación de la pena aludida a 28 víctimas, la corte una vez analizadas las pruebas aportadas, determinó entre otros puntos de relevancia:

> En virtud de la orientación general que acoge el artículo 4 de la Convención Americana, si se analiza como un todo, la Corte ha establecido que [q]uedan [...] definidos tres grupos de limitaciones para la pena de muerte en los países que no han resuelto su abolición. En primer lugar, la imposición o aplicación de dicha pena está sujeta al cumplimiento de reglas procesales cuyo respeto debe vigilarse y exigirse de modo estricto. En segundo lugar, su ámbito de aplicación debe reducirse al de los más graves delitos comunes y no conexos con delitos políticos. Por último, es preciso atender a ciertas consideraciones propias de la persona del reo, las cuales pueden excluir la imposición o aplicación de la pena capital.[266]

Luego entonces, debemos reconocer que las decisiones de la Corte poseen alcances transnacionales de gran importancia al grado que la doctrina jurídica moderna empieza a cuestionarse al respecto y algunos Estados Miembros de la Convención han manifestado su inconformidad con lo que consideran intromisiones en su soberanía, sin embargo, los avances en materia de derechos humanos son innegables y resulta claro que el control de la convencionalidad ejercido por la Corte Interamericana ha desempeñado una labor que ha permitido los avances significativos alcanzados, ante los cuales, ha quedado claro, que no se puede dejar a la voluntad unilateral de los estados el cumplimiento de los instrumentos internacionales.

B. Avances

Existen muchos tópicos que podríamos examinar en cuanto a los avances en la construcción de los derechos humanos en Latinoamérica, mencionaremos algunos de ellos de particular importancia en la materia de nuestro análisis.

a) Acceso a la justicia

Es este, uno de los puntos en los que más frecuencia interviene la corte, toda vez que, sin respeto a este derecho humano, no existe la posibilidad de la tutela de la mayoría de los derechos humanos.

---

[266] *Ibídem*, párr. 100, en el mismo sentido *Restricciones a la pena de muerte* (arts. 4.2 y 4.4 Convención Americana sobre Derechos Humanos), Corte Interamericana de Derechos Humanos, Opinión Consultiva OC-3/83.

Al respecto la corte ha afirmado desde los inicios de su labor jurisdiccional los alcances de este derecho, ya que como atinadamente asevera Ventura Robles[267], desde sus primeras sentencias contenciosas en los casos *Velásquez Rodríguez y Godínez Cruz*[268], que para cumplir con lo dispuesto por el artículo 25 no basta con la existencia formal de los recursos, sino que estos deben ser adecuados y efectivos para remediar la situación jurídica infringida. O sea, cualquier norma o medida que impida o dificulte hacer uso del recurso de que se trata, constituye una violación del derecho de acceso a la justicia, según lo dispone el artículo 25 de la Convención.

Estas interpretaciones de la corte en su jurisprudencia han permitido la delimitación y contenido del derecho mencionado, lo que sin duda ha contribuido a una mejor tutela del mismo.

b) Debido proceso

Al igual que el derecho anterior, el debido proceso constituye una de las preocupaciones esenciales en la jurisprudencia de la Corte e incluso, como afirma García Ramírez[269] en sus opiniones consultivas, ya que, agrega, todo hace suponer que la reflexión jurisdiccional acerca del debido proceso, constituye un concepto crucial para la tutela de los derechos humanos, colocado en la difícil convergencia entre el interés individual y el apremio social y no disminuirá a corto plazo.

Entre los casos representativos en la materia podemos citar el de *Tibi vs Ecuador*[270], en dicho caso la víctima es detenida de manera arbitraria e ilegal

---

[267] Ventura Robles, Manuel E., "La jurisprudencia de la Corte Interamericana de Derechos Humanos en materia de acceso a la justicia e impunidad", Ponencia presentada en el *Taller Regional sobre Democracia, Derechos Humanos y Estado de Derecho*, organizado por la Oficina del Alto Comisionado de las Naciones Unidas para los Derechos Humanos (OACDH), del 5 al 7 de septiembre de 2005, disponible en: www2.ohchr.org/spanish/issues/ democracy/.../PonenciaMVentura.doc, accedida el 10 de julio de 2013.

[268] Caso Velásquez Rodríguez, Sentencia de 29 de julio de 1988, Corte Interamericana de Derechos Humanos, y Caso Godínez Cruz, Sentencia de 20 de enero de 1989, Corte Interamericana de Derechos Humanos.

[269] García Ramírez Sergio, "El debido proceso en la jurisprudencia de la Corte Interamericana de Derechos Humanos", Instituto de la Judicatura Federal, disponible en: http://www.ijf.cjf.gob.mx, accedida el 10 de julio de 2013.

[270] Caso *Tibi vs Ecuador*, Sentencia de 7 de septiembre de 2004, Corte Interamericana de Derechos Humanos, Excepciones preliminares, fondo, reparaciones y costas.

durante 28 meses, sometido a vejaciones y tortura, desposeído de su patrimonio y posteriormente puesto en libertad sin devolverle este último.

La Corte determina de manera reiterada que:

> [...] nadie puede verse privado de la libertad sino por las causas, casos o circunstancias expresamente tipificadas en la ley (aspecto material), pero, además, con estricta sujeción a los procedimientos objetivamente definidos en la misma (aspecto formal). En el [...] artículo 7.3 de la Convención], se está en presencia de una condición según la cual nadie puede ser sometido a detención o encarcelamiento por causas y métodos que -aun calificados de legales- puedan reputarse como incompatibles con el respeto a los derechos fundamentales del individuo por ser, entre otras cosas, irrazonables, imprevisibles o faltos de proporcionalidad.[271]

Resoluciones en casos como el apuntado, ha contribuido sin lugar a dudas a un mayor respeto del debido proceso y, a una más adecuada regulación tanto en la carta fundamental como en los respectivos ordenamientos procesales del mismo, derivándose reformas tan importantes como la toral modificación del proceso penal en México.

c) Derechos de los niños

Un gran paso, lo ha sido el control de la convencionalidad ejercido por la corte en esta materia, gracias a ello en países como el nuestro se ha legislado al respecto y encontramos leyes protectoras de los derechos de los niños, estimándose una tutela diferenciada de tales derechos por estimarse que debe prevalecer "el interés superior del menor".

La corte se ha pronunciado reiteradamente al respecto y ha determinado que *"los niños y las niñas son titulares de todos los derechos consagrados en la Convención Americana, además de contar con las medidas especiales de protección contempladas en el artículo 19 de la Convención, las cuales deben ser definidas según las circunstancias particulares de cada caso concreto."*[272]

Con lo que da pie a las diversas interpretaciones de los derechos de los niños y no de poca relevancia una interpretación sesgada de los demás derechos humanos cuando el sujeto de los mismos es un menor.

---

[271] *Ibídem*, párr. 98, véase también Caso de los *Hermanos Gómez Paquiyauri vs Perú*, Corte Interamericana de Derechos Humanos, Sentencia de 8 de julio de 2004, Fondo reparaciones y costas.

[272] Caso *Gelman vs. Uruguay*, Corte Interamericana de Derechos Humanos, Sentencia de 24 de febrero de 2011, *Fondo y Reparaciones*, párr. 121.

d) Equidad de género

Así como reconocemos los avances que se han gestado a derechos tan importantes como los analizados, debemos reconocer que las resoluciones con enfoque de género diferenciado no han sentado aún un verdadero precedente que geste una diferencia en este sentido.

Si bien es cierto que los instrumentos internacionales han buscado tutelar los derechos de las mujeres, y que la violencia contra estas ha sido objeto de condena expresa por la corte, en situaciones como el caso de Fernández Ortega ya analizado, la construcción se ha centrado en la violencia de género asociada a conductas delictivas, especialmente los feminicidios y violaciones sexuales y la respuesta de los estados miembros, no ha sido suficiente para lograr avances sustanciales en este sentido.

No desconocemos los adelantos que estas resoluciones han permitido alcanzar, especialmente, por el surgimiento de legislaciones ordinarias tales como la Ley General de Acceso de las Mujeres a una Vida Libre de Violencia,[273] empero estimamos que los niveles de violencia de género son aún muy altos en Latinoamérica.

López Pons[274] asegura que *"América Latina es una de las regiones más afectadas por el problema del feminicidio y la violencia de género; donde las construcciones sociales y culturales perpetúan una sociedad patriarcal que llega a sus extremos máximos en casos como el de Ciudad Juárez en México."*

Debemos concluir que son muchos los avances pero mayores aún los retos que el cúmulo de asuntos sometidos a su consideración plantean a la Corte Interamericana en su incansable lucha por una mayor y mejor salvaguarda de los derechos humanos.

---

[273] Publicada en el D.O.F. el 1 de febrero de 2007.

[274] López Pons, María Magdalena, "La violencia de género en el territorio Latinoamericano, a través de la ocurrencia creciente de los feminicidios en la región", *Revista Latino-americana de Geografia e Gênero*, Ponta Grossa, v. 1, No. 1, jan. / jul. 2010, pp. 78-88

FUENTES DE CONSULTA

BAZÁN CHACÓN, Iván Arturo, "El impacto de la jurisprudencia de la Corte Interamericana de Derechos Humanos en el Perú. Una evaluación preliminar", *Revista Ars Boni et Aequi*, año 7, No. 2, 2011, pp. 283-317

CASO CASTILLO PETRUZZI y otros, Corte Interamericana de Derechos Humanos Cumplimiento de sentencia, Resolución del 17 de Noviembre de 1999, párr. 59

CASO DE LA CRUZ FLORES *vs* Perú, Corte Interamericana de Derechos Humanos, Sentencia de 18 de noviembre de 2004, Fondo, reparaciones y costas, disponible en: http://www.corteidh.or.cr/docs/casos/articulos/seriec_115_esp.pdf

CASO DE LOS HERMANOS GÓMEZ PAQUIYAURI *vs* Perú, Corte Interamericana de Derechos Humanos, Sentencia de 8 de julio de 2004, Fondo reparaciones y costas

CASO FERNÁNDEZ ORTEGA y otros *vs* México, Corte Interamericana de Derechos Humanos Sentencia de 30 de agosto de 2010 (Excepción preliminar, fondo, reparaciones y costas, disponible en: http://www.corteidh.or.cr/docs/casos/articulos/seriec_215_esp.pdf

CASO GELMAN *vs.* Uruguay, Corte Interamericana de Derechos Humanos, Sentencia de 24 de febrero de 2011, *Fondo y Reparaciones*, párr. 121

CASO RADILLA PACHECO *vs* Estados Unidos Mexicanos, Corte Interamericana de Derechos Humanos, Sentencia de 23 de noviembre de 209, Excepciones preliminares, fondo, reparaciones y costas

CASO TIBI *vs* Ecuador, Sentencia de 7 de septiembre de 2004, Corte Interamericana de Derechos Humanos, Excepciones preliminares, fondo, reparaciones y costas

CASO VELÁSQUEZ RODRÍGUEZ, Sentencia de 29 de julio de 1988, Corte Interamericana de Derechos Humanos, y Caso Godínez Cruz, Sentencia de 20 de enero de 1989, Corte Interamericana de Derechos Humanos

CASO VILLAGRÁN MORALES Y OTROS (caso de los "niños de la calle"*) *vs* Guatemala, Corte Interamericana de Derechos Humanos Sentencia de 19 de noviembre de 1999 (fondo), párr. 130, disponible en: http://www.corteidh.or.cr/docs/casos/articulos/seriec_63_esp.pdf

COBOS CAMPOS, Amalia Patricia, *Breves notas de la jurisdicción constitucional transnacional en México,* Ed. Académica Española LAP Lambert Academic Publishing GmbH&, Saarbrücken, Germany, 2012

Constitución Política de los Estados Unidos Mexicanos

Estatuto de la Corte Interamericana de Derechos Humanos

Convención Americana sobre Derechos Humanos

Convención Interamericana para Prevenir, Sancionar y Erradicar la Violencia contra la Mujer

GARCÍA MÁYNEZ, Eduardo, *Introducción al estudio del Derecho,* 56ª Reimp. México, Porrúa, 2004

GARCÍA RAMÍREZ, Sergio, *et al, La libertad de expresión en la jurisprudencia de la Corte Interamericana de Derechos Humanos,* Corte Interamericana de Derechos Humanos/Comisión de Derechos Humanos del D.F., México, 2007

GARCÍA RAMÍREZ Sergio, "El debido proceso en la jurisprudencia de la Corte Interamericana de Derechos Humanos", Instituto de la Judicatura Federal, disponible en: http://www.ijf.cjf.gob.mx

HILAIRE, CONSTANTINE, BENJAMÍN Y OTROS *vs* Trinidad y Tobago, Sentencia de 21 de junio de 2002, Fondo, reparaciones y costas, disponible en:
http://www.corteidh.or.cr/docs/casos/articulos/seriec_94_esp.pdf

Ley de Amparo Reglamentaria de los Artículos 103 y 107 de la Constitución Política de los Estados Unidos Mexicanos

LÓPEZ PONS, María Magdalena, "La violencia de género en el territorio Latinoamericano, a través de la ocurrencia creciente de los feminicidios en la región", *Revista Latino-americana de Geografía e Gênero,* Ponta Grossa, v. 1, No. 1, jan. / jul. 2010, pp. 78-88

PÉREZ VÁSQUEZ, Rodolfo, "La jurisprudencia vinculante como norma jurídica", *Justicia Juris,* Barranquilla, Colombia, v. 7, Abril-Sept. 2007, pp. 9-14

RADBRUCH, Gustav, *Introducción a la Filosofía del Derecho,* Breviarios 24, 9ª Reimp., México, Fondo de Cultura Económica, 2005

Restricciones a la pena de muerte (arts. 4.2 y 4.4 Convención Americana sobre Derechos Humanos), Corte Interamericana de Derechos Humanos, Opinión Consultiva OC-3/83

Reglamento de la Corte Interamericana de Derechos Humanos

Tesis Aislada, 9a. Época, T.C.C., *Seminario Judicial de la Federación y su Gaceta*, t. XVIII, octubre de 2003

VENTURA ROBLES, Manuel E., "La jurisprudencia de la Corte Interamericana de Derechos Humanos en materia de acceso a la justicia e impunidad", Ponencia presentada en el *Taller Regional sobre Democracia, Derechos Humanos y Estado de Derecho*, organizado por la Oficina del Alto Comisionado de las Naciones Unidas para los Derechos Humanos (OACDH), del 5 al 7 de septiembre de 2005, disponible en: www2.ohchr.org/spanish/issues/ democracy/.../PonenciaMVentura.doc

CAPÍTULO SEXTO

ANÁLISIS DE LA RESPONSABILIDAD PATRIMONIAL DEL
ESTADO EN MÉXICO, A LA LUZ DEL NUEVO PARADIGMA
CONSTITUCIONAL EN MATERIA DE DERECHOS HUMANOS

Roberto Díaz Romero.[275]

Sumario:

*I. Antecedentes de la responsabilidad patrimonial del Estado en
México. II. La responsabilidad patrimonial del estado y su ascenso a nivel constitucional. III. Las bases de la responsabilidad patrimonial del
Estado en la Constitución Política De Los Estado Unidos Mexicanos.
IV. La responsabilidad patrimonial del Estado a la luz de los tratados
internacionales en materia de derechos humanos suscritos por el Estado
mexicano. V. Examen jurídico del régimen de responsabilidad patrimonial del Estado en México a la luz del nuevo paradigma constitucional
en materia de derechos humanos. VI. El régimen de responsabilidad patrimonial del Estado en las legislaciones locales. VII. Conclusiones*

I.   ANTECEDENTES DE LA RESPONSABILIDAD PA-
TRIMONIAL DEL ESTADO EN MÉXICO

La responsabilidad patrimonial del Estado fue en México una
institución soslayada hasta la entrada en vigor del Código Civil del Distrito

---

[275] Doctor en Derecho por el IIDE Campus Chihuahua. Catedrático de la Facultad de Derecho de la UACH.

Federal en materia común y para toda la República en materia federal (publicado en el Diario Oficial de la Federación el 26 de marzo de 1928). Fue el numeral 1928 de dicho plexo normativo, el primer dispositivo de todo el sistema jurídico mexicano que estableció la obligación del Estado de responder por los daños que el ejercicio de sus funciones ocasione a un particular. El precepto en ciernes consignaba literalmente lo siguiente:

Artículo 1928.- El Estado tiene obligación de responder de los daños causados por sus funcionarios en el ejercicio de las funciones que les estén encomendadas. Esta responsabilidad es subsidiaria y sólo podrá hacerse efectiva contra el Estado, cuando el funcionario directamente responsable no tenga bienes, o los que tenga no sean suficientes para responder del daño causado.

Como se podrá apreciar, la disposición anterior nos muestra una responsabilidad patrimonial del Estado sumamente acotada; al constituir la primera aproximación del legislador al reconocimiento de la obligación estatal de resarcir las pérdidas o menoscabos sufridos por un ciudadano, la regulación fue bastante circunspecta.

El citado artículo 1928 desdeña la responsabilidad directa, constriñendo al particular a reclamar la indemnización que en derecho proceda primero al servidor público que en ejercicio de sus funciones hubiese cometido el ilícito y sólo en caso de que éste no pueda cubrir el monto de la reparación, entonces se le podrá reclamar al Estado.

Evidentemente la institución de la responsabilidad patrimonial del Estado, tal y como la normó el Código Civil, resulta poco efectiva y en los hechos los ciudadanos afectados por la actividad estatal hicieron escaso uso de ella.

La ley de Depuración de Créditos, publicada en el Diario Oficial de la Federación el 31 de diciembre de 1941, buscó llevar al ámbito del derecho público la responsabilidad patrimonial del Estado, reconociendo una responsabilidad de tipo directa, pero dejando de lado la responsabilidad por riesgo creado. El ordenamiento anterior resultó del todo inoperante y generó vitriólicas críticas por parte de los más encumbrados administrativistas mexicanos.

Surgieron otros intentos legislativos que buscaron darle operatividad y vigencia a la institución de la responsabilidad patrimonial estatal, consignando en ordenamientos diversas regulaciones en torno al particular, tal fue el caso de la Ley Aduanera, la Ley de Responsabilidad Civil por Daños Nucleares, la Ley del Servicios Postal Mexicano, entre otras, empero realmente se trataron de esfuerzos dubitantes y pusilánimes que no brindaban una respuesta satisfactoria a los particulares que sufrían graves daños como consecuencia del despliegue de la actividad estatal.

Tampoco tuvo buena acogida la Ley Federal de Responsabilidad de los Servidores Públicos (publicada en el Diario Oficial de la Federación el 10 de enero de 1994) en cuyo artículo 77 bis estableció la posibilidad de reclamación por parte de los particulares que hubieren sufrido daños y perjuicios como resultado de una actividad ilegal de un servidor público.

En este contexto, las detracciones hacia la regulación de la responsabilidad patrimonial del Estado eran numerosas e implacables, pues se aducía, con absoluta razón, que en México no se vivía un auténtico Estado de Derecho, toda vez que para que éste tuviera verdadera vigencia resultaba indispensable un sistema efectivo de responsabilidad estatal.

No fue sino hasta la reforma del artículo 113 constitucional de fecha 12 de junio de 2002, que verdaderamente se dio un paso importante (aunque insuficiente desde nuestro punto de vista) hacia la configuración de una responsabilidad patrimonial del Estado que diera respuesta efectiva a los reclamos de la ciudadanía en torno al particular.

Como consecuencia de la reforma constitucional, el 31 de diciembre de 2004, se publicó en el Diario Oficial de la Federación la Ley Federal de Responsabilidad Patrimonial del Estado, reglamentaria del segundo parágrafo del artículo 113 constitucional. Dicho cuerpo legal tuvo por objeto fijar las bases y procedimientos para reconocer el derecho a la indemnización a quienes, sin obligación jurídica de soportarlo, sufran daños en cualquiera de sus bienes o derechos como consecuencia de la actividad administrativa irregular del Estado (artículo 1°).

Con la entrada en vigor de este nuevo ordenamiento jurídico el 1° de enero de 2005, se derogó el artículo 1927 del Código Civil Federal y los artículos 33 y último párrafo del 34 de la Ley Federal de Responsabilidades Administrativas de los Servidores Públicos.

II. LA RESPONSABILIDAD PATRIMONIAL DEL ESTADO Y SU ASCENSO A NIVEL CONSTITUCIONAL

Para el desarrollo social y económico del Estado, el régimen de responsabilidad ha adquirido una gran relevancia tanto en el ámbito del público como en el privado, por ello es lógico que el Derecho Administrativo haya acogido a la responsabilidad como una institución jurídica de importancia nodal en el marco de los derechos fundamentales del gobernado.

En efecto, concomitantemente a la tremenda expansión de la actividad e intervención estatal en la vida privada de los gobernados, de manera gradual, y no sin ciertas resistencias, ha ido emergiendo un sistema a través del cual el Estado responde por las pérdidas y menoscabos que sus excesos, deficiencias e irregularidades produce en el patrimonio jurídico de los ciudadanos. Sobre la base de este supuesto, las distintas legislaciones nacionales han ido dando cabida, de manera cada vez más amplia, a la institución de la responsabilidad patrimonial del Estado.

México se mantuvo un tanto aletargado en el reconocimiento de este instituto como garantía del ciudadano: la subsidiariedad de la responsabilidad estatal y el criterio de culpa para la determinación de su existencia mantenían al país a la saga en relación con otras legislaciones más modernas. Y si a lo anterior le añadimos la dispersión de la normatividad en este tema y los obstáculos que el intrincado legal imponía los particulares, el letargo se agudizaba, pues resultaba empíricamente imposible reclamar con éxito al Estado el resarcimiento económico que en derecho le pudiera corresponder al gobernado, dejando a éste en un total estado de indefensión.

Sin embargo, el 12 de junio 2002 se llevó a cabo una importante reforma constitucional que transformó sustancialmente la situación prevaleciente, y resolvió dos dicotomías: responsabilidad subjetiva *versus* responsabilidad objetiva y responsabilidad subsidiaria *versus* responsabilidad directa.

En seguida expondremos, de manera sucinta, la forma en que se desarrolló el procedimiento de reforma constitucional que daría origen al Título Cuarto de la Carta Magna y al segundo párrafo del artículo 113 constitucional.

1. *Iniciativas de Reforma*

La iniciativa de reforma del Partido Revolucionario Institucional y la iniciativa de reforma del Partido Acción Nacional (respectivamente publicadas en la Gaceta Parlamentaria los días 22 de abril de 1999 y 21 de junio del mismo año) tuvieron como finalidad proponer la incorporación a nuestro Máximo Código Político de un sistema de responsabilidad patrimonial estatal de índole objetivo y directo.

En la iniciativa presentada por el Partido Revolucionario Institucional se planteó, en la parte que nos interesa, lo siguiente:

A ochenta y dos años de la promulgación de la Constitución Política de 1917, no hemos logrado consolidar un mecanismo que permita resolver satisfactoriamente el problema que se presenta cuando, a consecuencia de la actividad que realiza el Estado - sea ésta regular o irregular, lícita o ilícita- se ocasionan daños y perjuicios a un particular o gobernado, sin que éste tenga la obligación jurídica de soportarlos; es decir, no se ha edificado un auténtico sistema de responsabilidad patrimonial de carácter objetiva y directa, que colme tal deficiencia.

Así mismo, en la iniciativa de marras se establecen las razones por las cuales se volvió necesario cambiar el sistema de responsabilidad patrimonial del Estado prevaleciente, haciendo patente el imperativo de normar jurídicamente la nueva responsabilidad objetiva y directa, una vez aprobada la reforma constitucional.

En efecto, entre las dificultades que la teoría de la culpa ha encontrado respecto de su pretendida aplicación a las acciones u omisiones ilícitas de la administración pública, y más precisamente dicho de sus servidores públicos, son las siguientes:

1) La imposibilidad de identificar a los autores materiales tratándose de 'daños impersonales o anónimos' -casos cada vez más frecuentes en una administración pública compleja y tecnificada- ha dado lugar a que dichas acciones u omisiones queden impunes;

2) La dificultad para los particulares lesionados, de probar el actuar ilícito de los servidores públicos del Estado, es decir, su culpabilidad, así como acreditar la insolvencia de éstos, lo cual propicia que a los particulares no les quede más remedio que sufrir injustas consecuencias, en lugar de promover las acciones jurídicas correspondientes que por otra parte son largas y difíciles, o bien ejercer presiones en vía de hecho;

3) La teoría de la culpa no comprende la responsabilidad por la producción de daños como consecuencia del actuar lícito o normal de la administración pública, a diferencia de la teoría de la lesión antijurídica que funda la responsabilidad sobre el concepto de patrimonio dañado y pone el acento sobre este término de la relación, y no sobre la conducta dañosa del servidor público, como en la construcción tradicional; de tal suerte que esta nueva concepción permite imputar responsabilidad al Estado, incluso por el funcionamiento normal de la actividad administrativa, habida cuenta de que tal daño ha afectado negativamente el patrimonio del particular, y

4) La teoría de la culpa sólo puede predicarse de personas físicas con voluntad propia y no del Estado.

...Por ello, resulta impostergable incorporar a la Constitución Política de los Estados Unidos Mexicanos, una garantía de integridad patrimonial en favor de los particulares contra la actividad lesiva que sea consecuencia del funcionamiento regular o irregular del Estado, toda vez que esta incorporación constituiría la base para establecer el deber del Estado de indemnizar al particular que haya sufrido una lesión en su patrimonio, lo cual sería a su vez el fundamento expreso para que en los ordenamientos legales secundarios se desarrollen y pormenoricen los mecanismos a partir de los cuales los particulares podrán reclamar la indemnización correspondiente, en contra de aquellas lesiones patrimoniales causadas por la autoridad estatal que no tengan la obligación jurídica de soportar.

...

Estas modificaciones constitucionales permitirían desarrollar más adelante, a través de una ley reglamentaria de la materia, un sistema de responsabilidad directa y objetiva del Estado, en mérito del cual se reconocería la obligación de éste, de resarcir los daños y perjuicios que cause a los particulares, cuando éstos no tengan la obligación jurídica de soportarlos y, al mismo tiempo, impulsar la eficiencia y el control de las actividades estatales en su conjunto.

Por lo que respecta al Partido Acción Nacional, sus manifestaciones fueron las siguientes:

... Sea cual fuere la conducta del servidor público, normal o anormal, con culpa o sin culpa, lícita o ilícita, el Estado debe responder por los daños que ocasionen sus agentes, pues sólo debe tomarse en cuenta para ello el daño objetivo que lesione los derechos de los particulares, con motivo de la actividad del Estado.

...

Nuestra propuesta es a favor, desde luego, de establecer un régimen de responsabilidad patrimonial del Estado para que éste indemnice a toda persona que se vea afectada en sus bienes y derechos con motivo de la actividad del Estado, sin importar que ésta sea lícita o ilícita, regular o irregular (excepto cuando exista causa de fuerza mayor), y que tal responsabilidad sea directa en todos los casos.

2. *Dictamen de la Cámara de Diputados*

Del dictamen de la Cámara de Diputados debe destacarse lo que a continuación se transcribe:

Dictamen. Honorable Asamblea: ... De acuerdo con los antecedentes anteriores estas comisiones unidas que dictaminan pasan a exponer sus consideraciones. A. Los miembros de estas comisiones que someten el presente dictamen a la aprobación de la Cámara de Diputados, como órgano integrante del Poder Revisor de la Constitución, según lo establece el artículo 135 constitucional, pre-

sentan primeramente, en este apartado, dos consideraciones generales. I. Coincidimos plenamente con el sentido de las iniciativas en comento, y consideramos que es plausible el propósito de integrar en nuestro ordenamiento jurídico un sistema de responsabilidad patrimonial del Estado, advirtiendo que esto se ha convertido en una exigencia cada vez más reiterada; primeramente, porque la compleja conformación de la actividad del Estado requiere de sistemas sencillos y ágiles para proteger a los particulares, y en segundo término, porque la responsabilidad patrimonial, establecida de manera directa, se traduce en un mecanismo de equidad en las cargas públicas, evitando que quien sufre un daño, tenga que soportarlo inequitativamente. Así pues, a los miembros de estas comisiones nos parece que la reforma propuesta contribuye, sin lugar a dudas, al fortalecimiento del Estado de derecho en México. ... Así pues, la doctrina moderna y los sistemas jurídicos de otros países nos han llevado a la conclusión de que la responsabilidad del Estado debe regirse por los principios propios del derecho público, en concreto del derecho administrativo, estableciendo una responsabilidad directa y objetiva, sin necesidad de demostrar la culpa del servidor público, siendo, en cambio, indispensable la prueba del daño ocasionado y el nexo causal con la actividad del Estado. En opinión de estas comisiones, las iniciativas en dictamen consiguen este propósito. B. Hechas estas consideraciones generales, los miembros de estas comisiones advertimos necesario puntualizar en las siguiente observaciones particulares: I. Ambas iniciativas proponen reformar diversos artículos de la Constitución Política de los Estados Unidos Mexicanos, para establecer la responsabilidad patrimonial del Estado a nivel constitucional. Los miembros de estas comisiones dictaminadoras coinciden en este punto con las iniciativas, no obstante que en algunos países la responsabilidad del Estado toma su fundamento en las leyes secundarias, sin estar consagrada en sus Constituciones. Estamos ciertos de que el efecto de establecerlo en la Constitución, es el de darle carácter de norma superior, que obligue y limite al legislador ordinario; de esta forma se garantiza que la responsabilidad directa y objetiva del Estado será regulada tanto en la legislación federal como en la de las entidades federativas ... VI. El objeto de la presente iniciativa, como se ha mencionado ya en este dictamen, es establecer la garantía de integridad patrimonial a favor de los particulares, y el correspondiente deber de la autoridad de indemnizar por los daños causados. Con el fin de lograr este propósito consideramos necesario, como se propone en una de las iniciativas en comento, que en el texto del artículo se señale que la responsabilidad patrimonial del Estado será directa y objetiva, de manera que el legislador quede obligado por el Texto Constitucional a establecer en ley la responsabilidad directa del Estado, no pudiendo establecer un régimen de responsabilidad patrimonial subsidiaria o indirecta, pues éste es precisamente el status quo que pretende modificarse. Los particulares no tienen la obligación jurídica de soportar el daño que sufran por la actividad administrativa del Estado, ya que tal daño es antijurídico por sí mismo, al quebrantar los principios de equidad, bien común e igualdad; por un imperativo de justicia se debe resta-

*blecer la igualdad que se vulnera, por lo que el Estado debe repararlo. VII.
Otra acotación que consideramos necesaria incluir, es que la responsabilidad del
Estado sólo surge tratándose de daños causados en su actividad pública, distin-
guiéndola de la actividad privada, en donde no se aplican los principios del derecho público, y en ese caso el régimen de responsabilidad adecuado sería el de responsabilidad civil, conforme a la legislación de derecho privado. Queda claro,
conforme se señala en la exposición de motivos de una de las iniciativas, que al
establecer la responsabilidad patrimonial del Estado, no se derogarían los principios civiles de responsabilidad objetiva por riesgo creado, por actos ilícitos, etcétera, que rigen las relaciones entre personas jurídicas de derecho privado. VIII.
Los miembros de estas comisiones, después de haber hecho los análisis pertinentes y sopesado las consecuencias de las modificaciones legales y constitucionales
que se plantean, buscando como primer objetivo el respeto de la justicia en nuestro Estado, consideran conveniente proponer que la responsabilidad patrimonial
del Estado se aplique exclusivamente a los actos de la administración pública,
por lo siguiente: a) No obstante que el Estado puede causar daños por la actuación de cualquiera de sus órganos, es evidente que la mayor parte de ellos, el sector que requiere de mayor protección, es el que corresponde al órgano ejecutivo, a
la actividad de la administración pública; b) La institución de la responsabilidad patrimonial del Estado se ha ubicado y ha avanzado preferentemente en el
ámbito del derecho administrativo, debido a que se hace recaer sobre los actos
administrativos, que son aquellos que producen efectos singulares y tienen como
finalidad la aplicación de una ley. No se niega que se puedan causar daños por
actos legislativos, o incluso judiciales, esta es la razón de que en algunas legislaciones extranjeras se contemple la responsabilidad del Estado por 'error judicial'; sin embargo la naturaleza y caracteres de los actos legislativos y judiciales,
nos lleva a proponer excluirlos, cuando menos por ahora, de la responsabilidad
patrimonial. ... De cualquier suerte, los miembros de estas comisiones juzgamos
que la prudencia aconseja esperar el desarrollo de la doctrina y de la experiencia
jurídica, tanto nacional como extranjera, antes de ampliar el régimen de responsabilidad a los actos legislativos y judiciales. Por lo analizado y expuesto en estas líneas, concluimos que es preferible no incluir los actos legislativos ni los actos judiciales dentro de la responsabilidad patrimonial del Estado. Es pertinente hacer la aclaración de que sí quedarían incluidos los daños causados por los
actos administrativos que realizan los órganos legislativo y judicial, ya que el
criterio de separación seguido es en razón de su naturaleza y de sus efectos, no
así del órgano que lo expide. Por otra parte, los miembros de estas comisiones,
después de haber deliberado sobre la pertinencia de establecer un régimen amplio
y general de responsabilidad patrimonial del Estado, es decir, incluir como susceptible de responsabilidad del Estado, y por ende, de las indemnizaciones respectivas, a toda actividad lesiva de la administración pública que fuese consecuencia del funcionamiento ya sea regular o irregular de la actividad administrativa del Estado, se ha considerado conveniente restringir, cuando menos por*

algún tiempo, la responsabilidad del Estado exclusivamente a su actividad administrativa irregular; máxime que se encuentran resistencias a aceptar que el Estado pudiese ser responsable de los daños y perjuicios que con su actuar irrogue a los particulares en el caso de haber actuado de acuerdo a los estándares medios de los servicios públicos, es decir, que sean consecuencia de su actividad administrativa regular o normal. En tal virtud, estas comisiones han estimado que por el alcance nacional de esta iniciativa, es prudente evaluar transcurrido algún tiempo, la operatividad del instituto jurídico de la responsabilidad patrimonial del Estado, en los términos que más adelante se indican, para posteriormente reexaminar la posibilidad de ampliar la cobertura de la responsabilidad del Estado a su actividad lesiva de carácter regular, cuando se generen lesiones patrimoniales que los particulares no tuvieran la obligación jurídica de soportar y que, honrando el principio de solidaridad social, pudiesen también ser motivo de indemnización. Así pues, se precisa que el alcance de la responsabilidad patrimonial del Estado debe circunscribirse a la lesividad de su actividad irregular, con lo cual además se cubriría el mayor número de incidencias de afectación patrimonial del Estado. ... XII. Como final consideración, estas comisiones unidas se hacen conscientes de la problemática financiera y presupuestal que puede significar establecer la obligación del Estado, de indemnizar directamente a los particulares a los que cause un daño, independientemente de si su actuación es lícita o ilícita. No obstante esta realidad, consideramos, como lo señala la iniciativa, que no se busca convertir al patrimonio público en una especie de aseguradora universal. ... Es por ello que el artículo transitorio del proyecto que se somete a consideración de la H. Cámara de Diputados, señala el plazo de dos años para que la Federación y las entidades federativas expidan las leyes reglamentarias correspondientes, y a su vez los Municipios lleven a cabo las modificaciones necesarias en sus respectivos ordenamientos normativos para proveer el debido cumplimiento de la garantía constitucional que se propone; en el entendido de que en las tres instancias de Gobierno -Federal, Estatal y Municipal- deberá incluirse una partida en sus presupuestos para hacer frente a las indemnizaciones que se deriven de los daños ocasionados en los bienes o derechos de los particulares.

3. *Dictamen de la Cámara de Senadores*

En el dictamen de la Cámara de Senadores encontramos que además de llevar a cabo una reiteración de los conceptos de responsabilidad objetiva y directa, referidos en el dictamen de la Cámara de Diputados, se subraya el imperativo de no soslayar el nexo que debe existir entre responsabilidad patrimonial del Estado y su actividad irregular.

El dictamen respectivo indica, en la parte que nos interesa, lo siguiente:

Será directa, en virtud de que la administración no responderá subsidiariamente por el servidor público relacionado con el daño, sino que podrá exigirse al Estado, de manera inmediata la reparación del mismo, por supuesto, dejando a salvo el derecho de repetición en contra del funcionario por parte de la autoridad.

En cuanto a la responsabilidad objetiva, con ella nos referimos a que, ajena a la responsabilidad subjetiva, no dependerá de un actuar doloso o ilegal de un funcionario en particular.

Las anteladas definiciones son de capital importancia, ya que clarifican lo que debe entenderse por responsabilidad objetiva y responsabilidad directa, señalando que lo propio de la primera es la presencia del daño producido por la irregularidad en la actividad administrativa del Estado. La premisa precedente se sostuvo en los términos que a continuación se exponen:

> *No pasa inadvertido a esta comisión, el hecho de que en el dictamen elaborado por la Cámara de Diputados se haya precisado que 'el alcance de la responsabilidad del Estado se circunscribe a la lesividad de su actividad administrativa irregular'. Dicha precisión es relevante, pues de esta manera se logra conjugar, en forma por demás atinada, la noción de 'daños' y el concepto de 'responsabilidad objetiva y directa.'. ... Como lo afirma certeramente la colegisladora, el marco jurídico con que contamos en la materia actualmente no es suficiente, exponiendo que: 'Una de las razones que explican esta situación es, precisamente, que los principios en que se funda la actual responsabilidad del Estado, son los de la teoría de la culpa civil y los de la responsabilidad subsidiaria.'. Tomando en cuenta esa situación, se plantea dejar atrás la necesidad de demostrar la culpabilidad del servidor público, para requerir de manera indispensable, la prueba del daño ocasionado, y el nexo causal con la actividad estatal.*

Cabe mencionar que el dictamen a que venimos haciendo mérito refiere, varias veces, el imperativo de que la Federación y los Estados expidan leyes secundarias en la materia, de manera tal que quede debidamente normado el nuevo régimen de responsabilidad patrimonial del Estado.

> *Por otro lado, un dato relevante de esta modificación constitucional consiste en que establece un verdadero sistema de responsabilidad, donde la misma se irradia a las autoridades estatales y municipales que, de acuerdo a los artículos transitorios del decreto, deberán crear las disposiciones y mecanismos necesarios para responder sobre los daños que produzcan las actividades a su cargo.*
> *... Finalmente corresponderá a la ley secundaria establecer los márgenes de estos montos (indemnizatorios) atendiendo a las circunstancias particulares del caso.*

Conclusiones:

6. Por último, consideramos apropiado no limitar estas disposiciones al ámbito de la administración federal, sino irradiar esta obligación a todos los niveles de gobierno, mismos que se encargarán de establecer los mecanismos necesarios para la protección de los gobernados, en un esfuerzo nacional por afrontar esta problemática.

Concluido en todas sus partes el procedimiento legislativo respectivo, el día 14 de junio de 2002 se publicó en el Diario Oficial de la Federación la reforma constitucional que establece la responsabilidad patrimonial objetiva y directa del Estado, como consecuencia de los daños que ocasione su actividad administrativa irregular.

La citada reforma constitucional se consignó en el segundo parágrafo del artículo 113 constitucional que a la letra dice:

Artículo 113.

La responsabilidad del Estado por los daños que, con motivo de su actividad administrativa irregular, cause en los bienes o derechos de los particulares, será objetiva y directa. Los particulares tendrán derecho a una indemnización conforme a las bases, límites y procedimientos que establezcan las leyes.

La vigencia de la disposición constitucional transcrita, se difirió hasta el 1° de enero de 2004, con el objetivo de brindarles tiempo a las legislaturas estatales y el Congreso Federal para llevar a cabo las modificaciones normativas pertinentes a la luz del nuevo precepto.

La medida anterior se estableció expresamente en el único artículo transitorio de esta reforma constitucional, el cual consignó:

Único. El presente decreto entrará en vigor el 1o. de enero del segundo año siguiente al de su publicación en el Diario Oficial de la Federación.

La Federación, las entidades federativas y los Municipios contarán con el periodo comprendido entre la publicación del presente decreto y su entrada en vigor, para expedir las leyes y realizar las modificaciones necesarias, según sea el caso, a fin de proveer el debido cumplimiento del mismo, así como para incluir en sus respectivos presupuestos, una partida para hacer frente a su responsabilidad patrimonial.

La aprobación de la reforma constitucional implicará necesariamente la adecuación a las disposiciones jurídicas secundarias, tanto en el ámbito federal como en el local, conforme a los criterios siguientes:

a) El pago de la indemnización se efectuaría después de seguir los procedimientos para determinar que al particular efectivamente le corresponde dicha indemnización, y

b) El pago de la indemnización estará sujeto a la disponibilidad presupuestaria del ejercicio fiscal de que se trate.

Para la expedición de las leyes o la realización de las modificaciones necesarias para proveer al debido cumplimiento del decreto, se contaría con el periodo comprendido entre la publicación del decreto y su entrada en vigor. Según la fecha de aprobación del decreto y su consiguiente publicación, el citado periodo no sería menor a un año ni mayor a dos.

III. LAS BASES DE LA RESPONSABILIDAD PATRIMO-NIAL DEL ESTADO EN LA CONSTITUCIÓN POLÍTICA DE LOS ESTADO UNIDOS MEXICANOS

Expuesto el procedimiento legislativo que dio origen al segundo párrafo del artículo 113 constitucional, es menester precisar, a la luz de los planteamientos aducidos en los antecedentes legislativos, la doctrina y la jurisprudencia, cuáles son las bases de la responsabilidad patrimonial del Estado en nuestra Constitución, lo que implica el estudio de tres aspectos fundamentales: la Responsabilidad Directa del Estado; la Responsabilidad Objetiva del Estado; la Actividad Administrativa Irregular.

1. *Responsabilidad Directa del Estado*

El que la responsabilidad patrimonial del Estado sea directa implica la posibilidad de que el particular afectado por la actividad administrativa de un órgano público demande directamente al Estado, por ser éste el único obligado a cubrir la indemnización, sin perjuicio del derecho que tenga de repetir en contra del funcionario o funcionarios responsables. En este sistema no es necesario haber incoado previamente un procedimiento de responsabilidad en contra del servidor público involucrado en el ilícito, ni tampoco se requiere acreditar la insolvencia de éste para poder reclamar el resarcimiento respectivo al órgano estatal.

El Pleno de la Suprema Corte de Justicia de la Nación se ha pronunciado sobre el particular en el siguiente criterio:

RESPONSABILIDAD PATRIMONIAL DEL ESTADO OBJETIVA Y DIRECTA. SU SIGNIFICADO EN TÉRMINOS DEL SEGUNDO PÁRRAFO DEL ARTÍCULO 113 DE LA CONSTITUCIÓN POLÍTICA DE LOS ESTADOS UNIDOS MEXICANOS.

Del segundo párrafo del numeral citado se advierte el establecimiento a nivel constitucional de la figura de la responsabilidad del Estado por los daños que con motivo de su actividad administrativa irregular cause a los particulares en sus bienes o derechos, la cual será objetiva y directa; y el derecho de los particulares a recibir una indemnización conforme a las bases, límites y procedimientos que establezcan las leyes. A la luz del proceso legislativo de la adición al artículo 113 de la Constitución Política de los Estados Unidos Mexicanos, se advierte que la "responsabilidad directa" significa que cuando en el ejercicio de sus funciones el Estado genere daños a los particulares en sus bienes o derechos, éstos podrán demandarla directamente, sin tener que demostrar la ilicitud o el dolo del servidor que causó el daño reclamado, sino únicamente la irregularidad de su actuación, y sin tener que demandar previamente a dicho servidor; mientras que la "responsabilidad objetiva" es aquella en la que el particular no tiene el deber de soportar los daños patrimoniales causados por una actividad irregular del Estado, entendida ésta como los actos de la administración realizados de manera ilegal o anormal, es decir, sin atender a las condiciones normativas o a los parámetros creados por la propia administración.[276]

Antes de la reforma constitucional, la responsabilidad del Estado era subsidiaria, lo cual obligaba al ciudadano agraviado a demandar primero al servidor público causante de la afectación patrimonial, y sólo en caso de demostrar que éste no contaba con bienes bastantes para responder de los daños, podía entonces demandarse al Estado. La subsidiariedad que antes prevalecía *colocaba al derecho público en una situación de atraso respecto del derecho civil que reconoce la responsabilidad administrativa por riesgo creado.*[277]

En casos excepcionales se admitía la responsabilidad solidaria del Estado, en virtud de la cual éste respondía, por sí y a elección del particular afectado, de la totalidad de la indemnización reclamada; sin embargo, este supuesto solamente operaba en los casos en que el daño se generara por actos ilícitos y dolosos.

---

[276] Tesis P./J. 42/2008, Semanario Judicial de la Federación y su Gaceta, Novena Época, t. XXVII, Junio de 2008, p. 722.

[277] Fraga, Gabino, *Derecho Administrativo*, 39ª ed., México, Porrúa, 1999, p. 420.

En el anterior régimen de responsabilidad, el particular se tenía que enfrentar a numerosos y difíciles obstáculos para poder lograr la reparación del daño ocasionado por Estado, pues tenía que demostrar que el acto que la ocasionó la pérdida o menoscabo en sus bienes hubiese sido realizado de manera ilícita y dolosa por un funcionario público, o bien seguir el procesos en contra del servidor público para demostrar fehacientemente su insolvencia y sólo entonces poder demandar al Estado.

En lo atinente a la responsabilidad subsidiaria, el Administrativista Gabino Fraga formula una aguda crítica que merece ser reproducida:

> *Además, el establecimiento de una responsabilidad directa del empleado y subsidiaria del Estado, hace nugatoria la garantía para los administrados, pues aparte de que la complejidad de la organización administrativa con la intervención de varios funcionarios o empleados en el mismo acto hace casi imposible determinar quién de ellos es culpable, existe la circunstancia de que normalmente los empleados públicos son insolventes...*[278]

El sistema de responsabilidad directa adoptado por nuestra Ley Fundamental, le allana el camino al ciudadano para poder reclamar el pago de una indemnización al Estado, liberándolo de un intrincado legal que le dificultaba enormemente el acceso efectivo a una reparación justa. Este sistema, sin lugar a dudas, constituye un importante paso hacia la consolidación del tan anhelado Estado Constitucional y Democrático de Derecho en nuestro país, pero como veremos más adelante, la regulación de la responsabilidad patrimonial estatal aún tiene asignaturas pendientes que deben ser atendidas en aras de garantizar plenamente los derechos fundamentales del individuo.

2. Responsabilidad Objetiva del Estado

La responsabilidad objetiva o teoría del riesgo creado ha sido ampliamente estudiada por la doctrina civilista, la cual, para explicarla, ha acuñado diversos conceptos. Así, encontramos la noción que en torno al particular nos brinda al Maestro Ernesto Gutiérrez y González:

> *Es la conducta que impone el derecho de reparar un detrimento patrimonial, causado por objetos o mecanismos peligrosos en sí mismos, al poseedor legal de éstos, aunque no haya obrado ilícitamente.*[279]

---

[278] *Ídem.*

[279] Gutiérrez y González, Ernesto, *Derecho de las Obligaciones*, 12ª ed., México, Porrúa, 1998, t. I, p. 796.

De la definición anterior podemos apreciar que en la responsabilidad objetiva se desdeña el elemento subjetivo (negligencia, dolo o culpa) para considerar exclusivamente aspectos de índole estrictamente objetivos (uso de objetos peligrosos, la causación de un daño patrimonial y la necesaria relación causalidad entre el hecho y el daño).

En esta tesitura, la responsabilidad objetiva se distingue de la subjetiva en que aquella se apoya en la teoría de riesgo creado, según la cual deviene intrascendente considerar si el agente dañoso obró o no con dolo, bastando la existencia de una afectación patrimonial que la persona agraviada no tenga el deber jurídico de tolerar, para que entonces nazca esta clase de responsabilidad; en tanto que para la configuración de la responsabilidad subjetiva se parte de un elemento estrictamente personal: la negligencia, el dolo o la culpa.

De las consideraciones expuestas en los antecedentes legislativos resumidos con antelación, la responsabilidad objetiva es aquella que le es atribuible al Estado cuando el particular que sufre el daño no tiene la obligación legal de soportarlo; empero, es necesario puntualizar que cuando el órgano revisor señala que la responsabilidad estatal debe ser directa y objetiva, no está contemplando la existencia de un extenso sistema de responsabilidad, que suponga la mera existencia de un daño ocasionado, sino que según se destacó en los dictámenes reseñados, esta responsabilidad debe ponderarse como directa y objetiva cuando la afectación en los bienes del particular es producto de la actividad administrativa irregular del Estado, vista bajo el prisma de la llamada teoría del riesgo creado, como actos de la administración llevados a cabo contraviniendo la ley.

Según analizamos con anterioridad, en el procedimiento de reforma constitucional se buscó en un inicio establecer un régimen amplio de responsabilidad objetiva, en virtud del cual bastaría la generación de un menoscabo en el patrimonio del gobernado, para que el Estado tuviese la obligación de resarcir la afectación causada; empero, después se optó (equivocadamente desde nuestro punto de vista) por acotar la responsabilidad objetiva del Estado a aquellos actos que siendo de naturaleza administrativa se llevasen a cabo de manera irregular.

Estimamos que la acotación que nuestro Constituyente efectuó al régimen de responsabilidad objetiva, constituye un contrasentido, ya que si partimos de la premisa de que en esta clase de responsabilidad el deber de indemnizar surge cuando se ocasiona un daño que no se tiene la obligación legal de soportar, resulta irrelevante que la actividad del Estado sea regular o irregular, e iría más allá, también tendría que ser irrelevante que se trate de una actividad estatal de naturaleza administrativa, legislativa o jurisdiccional.

En este orden de ideas, podemos concluir que bajo el régimen de responsabilidad establecido por nuestra Constitución Federal, *es la irregularidad de una actividad estatal de naturaleza administrativa lo que hace indemnizable el daño causado y no el daño lo que hace irregular una actividad administrativa.* Para el órgano reformador, la irregularidad de la actividad administrativa es la condición *sine qua non* para que la afectación patrimonial sufrida por un particular sea susceptible de indemnizarse. Lo anterior, da al traste con la teoría del riesgo creado, puesto que, se reitera, en ésta el funcionamiento normal o anormal de la administración es absolutamente indiferente para determinar la imputación de la obligacional a cargo del Estado.

No obstante lo dicho, la Suprema Corte de Justicia de la Nación se ha manifestado en torno al particular, aceptando el régimen restringido de responsabilidad patrimonial objetiva del Estado, según se puede ver en la tesis jurisprudencial *P./J. 43/2008*, anteriormente transcrita.

3. ***Actividad Administrativa Irregular***

Por actividad administrativa irregular ha de entenderse un obrar del Estado de naturaleza materialmente administrativa que se lleva a cabo violentando la ley, los estándares normativos o parámetros confeccionados por la propia administración. Se trata, pues, de un actuar anormal o defectuoso que no colma los requisitos impuestos por la normativa aplicable.

Así, la *ratio essendi* de la responsabilidad patrimonial del Estado es favorecer y asegurar que la actividad administrativa sea regular y que la gestión pública se preste conforme a ciertos parámetros de calidad o la *lex artis* de la profesión cuando se trata de prestación de servicios públicos, lo que en sí mismo encierra un derecho fundamental a una administración pública eficiente, pues si se inobservan esos parámetros se tendrá garantizado el derecho a la indemnización. En otras palabras, la responsabilidad patrimonial del Estado no tiene como única función la compensación, sino también que la administración se estructure de manera tal que cumpla cabalmente todas sus funciones, puesto que el bien jurídicamente protegido con dicha figura es una administración eficiente, y en el supuesto de que no colme esa condición deberá resarcirse al afectado.

La responsabilidad patrimonial del Estado, se restringió por el legislador a través de la condición que venimos analizando, esto es, la "actividad administrativa irregular", pues a través de ella la imputación obligacional de indemnizar solamente emergerá cuando el órgano estatal genere un daño mediante la realización de un acto que tenga las siguientes características: A. sea de naturaleza objetivamente administrativa; B. que incumpla la condiciones normativas o parámetros establecidos en la ley o en los reglamentos administrativos (irregularidad del acto).

A continuación, analizaremos cada una de estas características:

A.   *Naturaleza materialmente administrativa del acto*

Es necesario precisar que cuando se examina la naturaleza material de un acto del Estado, no interesa qué órgano lo emitió, sea éste legislativo, ejecutivo o jurisdiccional, lo que importa es su carácter intrínseco, su realidad objetiva.

Un acto materialmente administrativo es aquel de carácter unilateral que emite un ente público en ejercicio de su competencia y que crea situaciones jurídicas particulares tendentes a satisfacer las necesidades colectivas.

Dada la flexibilidad de nuestro sistema de separación de poderes, es perfectamente admisible que un órgano legislativo o judicial emita actos materialmente administrativos, de suerte tal que, desde nuestra óptica y atendiendo a los antecedentes legislativos de la reforma constitucional, si un juzgador o el propio Congreso llevan a cabo actos irregulares de naturaleza materialmente administrativa que causen un daño al particular, éste tiene posibilidad de reclamar a tales entes públicos la indemnización de la afectación sufrida.

Por lo tanto, cuando la Constitución habla de actividad administrativa, ésta no debemos limitarla a los actos del Poder Ejecutivo, sino que se extiende a todos los entes estatales que realicen actos de naturaleza objetivamente administrativa. Sin embargo, esta extensión no llega a los actos de naturaleza material diversa a la administrativa, es decir los actos materialmente jurisdiccionales y materialmente legislativos que causen daño, según el texto constitucional, no pueden dar lugar a responsabilidad patrimonial del Estado.

A este respecto, vale la pena transcribir en lo conducente lo que el dictamen de la reforma constitucional señala:

> *Los miembros de estas Comisiones, después de haber hecho los análisis pertinentes y sopesado las consecuencias de las modificaciones legales y constitucionales que se plantean, buscando como primer objetivo el respeto de la justicia en nuestro Estado, consideran conveniente proponer que la responsabilidad patrimonial del Estado se aplique exclusivamente a los actos de*

la administración pública, por lo siguiente: a) no obstante que el Estado puede causar daños por la actuación de cualquiera de sus órganos, es evidente que la mayor parte de ellos, el sector que requiere de mayor protección, es el que corresponde al órgano ejecutivo, a la actividad de la administración pública, b) la institución de la responsabilidad patrimonial del Estado se ha ubicado y ha avanzado preferentemente en el ámbito del Derecho Administrativo, debido a que se hace recaer sobre los actos administrativos, que son aquellos que producen efectos singulares y tienen como finalidad la aplicación de una ley. No se niega que se puedan causar daños por actos legislativos, o incluso judiciales, esta es la razón de que en algunas legislaciones extranjeras se contemple la responsabilidad del Estado por "error" judicial; sin embargo la naturaleza y caracteres de los actos legislativos y judiciales, no lleva a proponer excluirlos, cuando menos por ahora, de la responsabilidad patrimonial. Tratándose de los actos legislativos, tanto leyes como decretos que producen efectos generales, si se hiciera proceder acción de responsabilidad por los daños que causaran, de aquí se podrían derivar grandes inconvenientes, por un lado se estaría creando una acción paralela a la de la inconstitucionalidad de leyes y decretos, pues para que una acción de responsabilidad proceda requiere de un presupuesto de antijuridicidad, al menos en su resultado; y por otro lado podrían sobrevenirse demandas de indemnización masivas, que difícilmente serían soportables con el presupuesto real. Un ejemplo puede ayudar a entender esto: si debido a la aprobación del presupuesto de egresos, o a la expedición de la ley de ingresos, y en general a la política fiscal y económica, se originaran daños en el patrimonio de los particulares, como de hecho podría alegarse, y se entablaran demandas de responsabilidad patrimonial por los actos legislativos, esto legitimaría a casi todos los particulares, poniendo en peligro la capacidad presupuestal de cualquier entidad.

Como se puede advertir, la propuesta excluye explícitamente la responsabilidad patrimonial por daños derivados de las actuaciones judiciales, particularmente el supuesto de sentencias.

Abundando en la exclusión, el dictamen a que venimos haciendo mérito realiza las siguientes consideraciones:

En el caso de los actos judiciales, existe el riesgo de estar creando una instancia más de revisión, pues el objeto de la acción tendría que ser el fondo de la sentencia que cause, toda vez que si la sentencia es conforme a derecho, no se puede considerar que su dictado, ni su ejecución, sean antijurídicas ni dañinas.

Por lo analizado y expuesto en estas líneas, concluimos que es preferible no incluir los actos legislativos ni los actos judiciales dentro de la responsabilidad patrimonial del Estado. Es pertinente hacer la aclaración de que sí quedarían incluidos los daños causados por los actos administrativos que realizan los órganos legislativo y judicial, ya que el criterio de separación seguido es en razón de su naturaleza y de sus efectos no del órgano que lo expide.

La doctrina administrativa, distingue, de ordinario, tres funciones del Estado: Legislativa, Ejecutiva y Judicial, empero un amplio sector reconoce la existencia de una cuarta función, a saber: la gubernativa o política.

La función gubernativa o política, es aquella *actividad de orden superior encaminada a la dirección suprema y general del Estado; señala las directrices de las otras funciones para coordinarlas.*[280]

Estimamos que, a la luz de los antecedentes legislativos de la reforma constitucional, la irregularidad o defecto en el ejercicio de la función política no dará lugar a responsabilidad patrimonial por parte del Estado, aunque desde nuestro punto de vista también tendría que estar comprendida, junto con la legislativa y jurisdiccional como fuente generadora de obligaciones imputables a los entes públicos, cuando su ejercicio derive en un daño al gobernado.

A este respecto, resultan ilustrativas las consideraciones del Maestro José Roldán Xopa:

> ... *De esta suerte, si las funciones políticas y de gobierno pueden ser diferenciables de las administrativas, dado el carácter decisorio o de dirección de asuntos públicos que revisten las primeras, entonces podría sostenerse que cuando exista deficiencia o irregularidad en las funciones políticas o de gobierno no habría responsabilidad patrimonial. Un caso prototípico que se colocaría en la hipótesis es el célebre error de diciembre, en el que parte de la literatura económica está de acuerdo en que no se tomaron las decisiones debidas con la oportunidad indicada lo que originó una devaluación de la moneda mexicana frente al dólar y que pudo evitarse; como consecuencia vimos disminuida nuestra riqueza de un momento a otro. Bajo el supuesto de que las acciones u omisiones se trataron de decisiones de política económica, o de gobierno, no se surtiría la obligación de indemnizar, el supuesto contrario, generaría un pasivo al Estado difícilmente soportable.*[281]

a.   Actividad Irregular

Como ya lo mencionamos, por actividad administrativa irregular debemos entender la actuación del Estado desplegada sin satisfacer la

---

[280] Delgadillo, Luis Humberto, *Elementos de Derecho Administrativo*, 4ª ed., México, Porrúa, 2002, p 36.

[281] Roldán Xopa, José, *"La Responsabilidad Patrimonial del Estado en México: hacia una interpretación constitucional alternativa"*, México, Porrúa-ITAM, 2004, p. 186.

normatividad propia para la realización del acto.

Esta condición impuesta por el legislador constitucional, como supuesto para que pueda surgir la responsabilidad patrimonial, choca con el sistema de responsabilidad objetiva en el que debiera resultar intrascendente la normalidad o anormalidad de actividad estatal para hacer surgir la obligación de indemnizar, bastando la generación de un daño en la esfera de derecho del gobernado para que éste pudiera demandar la responsabilidad relativa.

La reforma constitucional tiene su inspiración en la legislación española, que a diferencia de nuestra regulación prescribe:

> *Los particulares tendrán derecho a ser indemnizados por las Administraciones públicas correspondientes, de toda lesión que sufran en cualquiera de sus bienes y derechos, salvo en los casos de fuerza mayor, siempre que la lesión sea consecuencia del funcionamiento normal o anormal de los servicios públicos.*[282]

Como se podrá apreciar, la transcripción del dispositivo español pone claramente de relieve la diferencia con nuestra regulación constitucional, puesto que aquella abarca tanto el funcionamiento normal como el anormal de la actividad administrativa estatal; mientras que en nuestra Constitución se restringe a la actividad administrativa irregular.

La irregularidad de la actividad administrativa del Estado es en nuestro régimen condición indispensable para que haya responsabilidad estatal.

A este respecto, el Dictamen de la Cámara de Diputados fue contundente en sus consideraciones, expresando con meridiana claridad lo siguiente:

> *No se considera prudente, por el momento, incluir la actividad normal o regular de la administración, dado que ese criterio no ha cobrado gran aceptación en nuestro derecho; sin perjuicio, por supuesto, de que el rumbo que tomen estas nuevas disposiciones permitan una revisión posterior sobre este punto.*
>
> *Así pues, se precisa que el alcance de la responsabilidad patrimonial del Estado debe circunscribirse a la lesividad de su actividad irregular, con lo cual además se cubriría el mayor número de incidencias de afectación patrimonial del Estado.*

---

[282] Artículo 139, 1. de la Ley del Régimen Jurídico de las Administraciones Públicas.

De la transcripción anterior, podemos desprender que el órgano revisor no quiso establecer un régimen amplio de responsabilidad, tal y como se encuentra en los sistemas más modernos, y su argumento fue que *ese criterio* [el del régimen amplio de responsabilidad] *no ha cobrado gran aceptación en nuestro derecho*, desconocemos que estudios estadísticos habrá efectuado el legislador constitucional para llegar a esta conclusión, pero estamos seguros de que en caso de haberlos hecho (lo cual dudamos absolutamente) están totalmente errados. Es evidente que de haberse consultado a los especialistas en el tema y en general al foro de abogados, el régimen acotado que plantea el segundo párrafo del artículo 113 constitucional hubiese sido desdeñado, pugnándose por un régimen amplio de responsabilidad estatal.

Por otro lado, no puede estimarse argumento válido para soslayar el régimen amplio de responsabilidad el razonamiento aducido por el legislador en el sentido de que la mayor cantidad de incidencias de afectación patrimonial del Estado se dan por su actividad irregular; existen numerosas lesiones a la órbita jurídica de los ciudadanos provenientes de la actividad regular desplegada por la Administración y aún y cuando fueran pocas, ello no podría considerarse como elemento suficiente para excluirlas de la posibilidad de ser indemnizadas.

Lo que en realidad sucedió, fue que el constituyente se aproximó con tibieza al establecimiento del régimen de responsabilidad patrimonial del Estado; no quiso abrir demasiado la puerta a legítimos reclamos de ciudadanos afectados por los órganos públicos, por que ello evidentemente representaría un costo económico mayor con serias repercusiones al erario público.

Empero, reiteramos, un verdadero régimen de responsabilidad objetiva del Estado, implicaría centrar la atención exclusivamente en el daño causado al particular que no tiene el deber jurídico de soportarlo, con indiferencia de la anormalidad de la actividad estatal.

En todo caso, consideramos que la irregularidad de la actividad del Estado debiera configurarse con la sola causación del daño, independientemente de que el acto se haya desplegado ajustándose a las prescripciones legales y reglamentarias del caso; es decir, la anormalidad de la actuación administrativa debe radicar en que ésta, aun plegándose a los estándares legales, cause una lesión antijurídica, entendiendo por ésta aquella que no se tiene el deber jurídico de soportar.

Nuestras consideraciones son respaldadas por el ilustre Maestro Julio Altamira Gigena que al hablar de la indemnización y responsabilidad del Estado señala:

> *Puede haber hecho ilícito de parte de los agentes y representantes del Estado, pero esto no es esencial para que la indemnización tenga lugar. Ésta corresponde sin que sea necesario tener aquello en cuenta y hasta por actos completamente legítimos, por lo que la indemnización surge sin necesidad de normas que expresamente la determinen.*[283]

En suma, estimamos que si deseamos un régimen moderno de responsabilidad estatal, respetuosa de los derechos humanos, sería necesario que la calificación del acto estatal fuese irrelevante para efectos del establecimiento de la imputación de la obligación resarcitoria, lo que implicaría situar en su justa dimensión el sistema de responsabilidad objetiva que la Constitución adopta.

Además, un régimen amplio de responsabilidad patrimonial del Estado, exento de las condicionantes fijadas en el segundo párrafo artículo 113 constitucional (1. Actividad materialmente administrativa, 2. Irregularidad de la acto estatal), sería congruente con el nuevo paradigma constitucional de respeto a los derechos humanos, armonizando la normativa nacional y la internacional, según veremos más adelante.

IV. LA RESPONSABILIDAD PATRIMONIAL DEL ESTADO A LA LUZ DE LOS TRATADOS INTERNACIONALES EN MATERIA DE DERECHOS HUMANOS SUSCRITOS POR EL ESTADO MEXICANO

Los tratados internacionales firmados por nuestro país en materia de reconocimiento de derechos humanos, son muchos y muy variados. En todos ellos se establece la obligación del Estado de velar permanentemente por el respeto irrestricto de los derechos humanos, e incluso en algunos se contempla categóricamente el imperativo de reparar mediante una indemnización las afectaciones que sufran los ciudadanos como consecuencia del despliegue de las funciones estatales.

Examinemos, por ejemplo, la Convención Americana sobre de Derechos Humanos, publicado en el Diario Oficial de la Federación el 07 de mayo de 1981.

En el numeral 1° de la Convención se estipula la obligación a cargo de los Estados de respetar los derechos reconocidos por la propia convención,

---

[283] Altamira Gigena, Julio I., *Responsabilidad del Estado*, Argentina, Astrea, 1973, pp.46 y 47.

siendo su tenor literal el siguiente:

Artículo 1.- Obligación de Respetar los Derechos

1. Los Estados Partes en esta Convención se comprometen a respetar los derechos y libertades reconocidos en ella y a garantizar su libre y pleno ejercicio a toda persona que esté sujeta a su jurisdicción, sin discriminación alguna por motivos de raza, color, sexo, idioma, religión, opiniones políticas o de cualquier otra índole, origen nacional o social, posición económica, nacimiento o cualquier otra condición social.

2. Para los efectos de esta Convención, persona es todo ser humano.

Por su parte, el artículo 2° establece el deber de los Estados de tomar las medidas internas correspondientes a efecto de garantizar los derechos y libertades reconocidos en el tratado.

Artículo 2.- Deber de Adoptar Disposiciones de Derecho Interno

Si el ejercicio de los derechos y libertades mencionados en el Artículo 1° no estuviere ya garantizado por disposiciones legislativas o de otro carácter, los Estados Partes se comprometen a adoptar, con arreglo a sus procedimientos constitucionales y a las disposiciones de esta convención, las medidas legislativas o de otro carácter que fueren necesarias para hacer efectivos tales derechos y libertades.

El artículo 10 del tratado que venimos examinando contempla explícitamente el derecho de toda persona a ser indemnizada cuando se han lesionado sus derechos por error judicial.

Artículo 10.- Derecho a Indemnización

Toda persona tiene derecho a ser indemnizada conforme a la ley en caso de haber sido condenada en sentencia firme por error judicial.

El artículo 63 de la convención de trato consigna:

Artículo 63.-

1. Cuando decida que hubo violación de un derecho o libertad protegidos en esta Convención, la Corte dispondrá que se garantice al lesionado en el goce de su derecho o libertad conculcados. Dispondrá, asimismo, si ello fuera procedente, que se reparen las consecuencias de la medida o situación que ha configurado la vulneración de esos derechos y el pago de una justa indemnización a la parte lesionada.

Como se puede apreciar, el ordinal anterior consagra expresamente el derecho de la persona a que le sean resarcidos los daños que sufra como consecuencia de la violación de sus derechos, en la inteligencia de que el sujeto obligado frente a ese derecho es el Estado Mexicano.

De los artículos transcritos se puede colegir que la Convención propone un régimen amplio de responsabilidad patrimonial del Estado, exento de acotaciones. Resulta suficiente la existencia de una lesión a los derechos de la persona que ésta no tenga el deber jurídico de soportar, para que la obligación de indemnizatoria a cargo del Estado surja.

Merece mención también el Pacto Internacional de Derechos Civiles y Políticos publicado en el Diario Oficial de la Federación el 20 de mayo de 1981, el cual constituye otro instrumento internacional que reconoce el derecho a la reparación de daño que ha sufrido un ciudadano cuando ha sido ilegalmente detenido o preso (artículo 9°). Asimismo, establece que ninguna de sus disposiciones podrá interpretarse en el sentido de conceder derecho alguno a un Estado para emprender acciones encaminadas a limitar los derecho y libertades reconocidos en el propio pacto; incluso puntualiza que no podrá admitirse restricción o menoscabo de ningún derecho reconocido en virtud de leyes o reglamentos (artículo 5°).

Basta la referencia a los dos acuerdos internacionales anteriores para que quede patentizado el deber del Estado Mexicano de responder, sin cortapisas, de las lesiones que su actuación provoque en el patrimonio del ciudadano. Lo anterior, teniendo en cuenta que los Estados que se adhirieron a los tratados internacionales aludidos, deben adoptar todas las medidas necesarias que permitan hacer efectivos los derechos y libertades reconocidos en las propias convenciones.

V.   EXAMEN JURÍDICO DEL RÉGIMEN DE RESPONSA-BILIDAD PATRIMONIAL DEL ESTADO EN MÉXICO A LA LUZ DEL NUEVO PARADIGMA CONSTITUCIONAL EN MA-TERIA DE DERECHOS HUMANOS.

Antes de proceder al examen del régimen de responsabilidad patrimonial del Estado a la luz del nuevo paradigma constitucional en materia de derechos humanos, resulta imprescindible señalar, aunque sea de manera breve, algunas de las implicaciones más importantes que la trascendental reforma constitucional publicada el 10 de junio de 2011 ha traído consigo.

La referida reforma, modificó el artículo 1° de la Constitución Política de los Estados Unidos Mexicanos, rediseñándose la manera en que los órganos jurisdiccionales deberán ejercer el control de la constitucionalidad, surgiendo el llamado control difuso de la Constitución, en virtud del cual todas las autoridades del Estado mexicano tienen la obligación de respetar, salvaguardar y garantizar los derechos humanos reconocidos tanto en la Constitución como en los tratados internacionales suscritos por México, lo que también comprende el llamado control de convencionalidad.

Así pues, podemos estimar que el sistema jurídico mexicano tiene dos fuentes primigenias: la Constitución y los tratados internacionales en materia de derechos humanos suscritos por México. En consecuencia, las normas provenientes de ambas fuentes tendrán el carácter de supremas dentro del orden jurídico mexicano. Lo anterior, implica que los principios y valores que enarbolan deben penetrar en todo el sistema legal, constriñendo a todas las autoridades a su cumplimiento y aplicación.

Ahora bien, en el caso de que un mismo derecho fundamental esté reconocido tanto en la Constitución como en los tratados internacionales (fuentes supremas de nuestro orden jurídico) la elección de la norma que deberá aplicarse se sujetará al principio *pro persona*, es decir al criterio que mas favorezca al individuo, de acuerdo a lo dispuesto por el segundo parágrafo del artículo 1° constitucional. En virtud de este criterio de interpretación, en el supuesto de que existe una diferencia entre la tutela o alcance reconocido por las normas de estas distintas fuentes, tendrá primacía aquella que represente una protección mayor para la persona o que implique menos restricción para ésta.

En esta tesitura, es claro que los tratados internacionales en materia de derechos humanos han generado un nuevo bloque de constitucionalidad, que nutre y dota de dinamismo a nuestra Carta Magna, adaptándola a las nuevas realidades políticas y sociales imperantes en el contexto mundial.

Lo expuesto pone de relieve que nuestra Constitución Nacional se ha decantado por nuevo paradigma, un nuevo modelo de ponderación de la realidad jurídica, que busca asegurarle al ciudadano un ejercicio amplio de sus derechos y libertades, en aras de la consolidación de un Estado Constitucional y Democrático de Derecho.

Habiendo conocido qué involucra el nuevo paradigma constitucional en materia de derechos humanos, estamos en condiciones de examinar el régimen de responsabilidad patrimonial que establece el artículo 113, segundo párrafo, de la Constitución Federal. Dicho precepto es del tenor literal siguiente:

Artículo 113. ...

> *La responsabilidad del Estado por los daños que, con motivo de su actividad administrativa irregular, cause en los bienes o derechos de los particulares, será objetiva y directa. Los particulares tendrán derecho a una indemnización conforme a las bases, límites y procedimientos que establezcan las leyes.*

Según expusimos en el apartado III de la presente colaboración, el dispositivo transcrito fija las bases de la responsabilidad patrimonial del Estado en nuestra Constitución, a saber: la Responsabilidad Directa del Estado; la Responsabilidad Objetiva del Estado; la Actividad Administrativa Irregular.

Por Responsabilidad Directa del Estado debemos entender la posibilidad de que el particular afectado por la actividad administrativa de un órgano público demande directamente al Estado, por ser éste el único obligado a cubrir la indemnización, sin perjuicio del derecho que tenga de repetir en contra del funcionario o funcionarios responsables.

La Responsabilidad Objetiva del Estado es aquella imputable al ente público cuando el particular que padece la lesión jurídica no tiene el deber legal de soportarla.

La Actividad Administrativa Irregular se configura cuando una actuación del Estado de naturaleza materialmente administrativa se lleva a cabo sin satisfacer los parámetros de la normatividad que la rige.

Conociendo ya cuáles son los fundamentos en que se apoya la regulación de la Responsabilidad Patrimonial del Estado en nuestro Código Supremo, estamos en condiciones de ponderar, a la luz del nuevo paradigma constitucional, si la normación relativa se yergue en un instituto capaz de garantizar y proteger en toda su extensión los derechos humanos del ciudadano, particularmente el derecho a obtener un justa indemnización cuando se ha visto afectado por la acción estatal.

Comenzando por la obligación constitucional impuesta al Estado de responder directamente de la reparación de los daños que cause su actividad a los gobernados, estimamos que constituye un importante avance hacia la protección efectiva de los derechos del particular; es una medida congruente con la corriente derecho humanista internacional que busca asegurarle a todo individuo la posibilidad de obtener una indemnización adecuada cuando una acción estatal ha vulnerado su esfera jurídica.

Por lo que concierne a la responsabilidad objetiva del Estado, sin duda resulta otra medida sumamente adecuada, pues la obligación de reparar el daño causado emergerá independientemente de que el representante del Estado hubiese actuado o no con dolo, culpa o negligencia; bastará para imputar la obligación resarcitoria que el sujeto sufra un daño que no tenga la obligación legal de tolerar. Con lo anterior, se allana el camino hacia una justa reparación del daño que el particular sufra por la acción del Estado, pues el elemento subjetivo (culpa, negligencia o dolo) se deja de lado, siendo suficiente demostrar la existencia de una afectación patrimonial originada por el obrar del Estado, para que éste se encuentre obligado a indemnizar.

Sin embargo, según los expusimos anteriormente, el constituyente desnaturalizó la noción de responsabilidad objetiva, condicionado su nacimiento a que la acción dañosa del Estado tuviese su origen en una actuación administrativa irregular, con lo cual se limita el régimen de responsabilidad estatal, en perjuicio de los derechos y libertades del ciudadano.

Efectivamente, el condicionamiento de la responsabilidad estatal a que exista irregularidad en su actuación, desvirtúa el carácter objetivo que debe tener; debiera surgir con la sola existencia de un daño en el patrimonio del gobernado, no importando si tal daño fue ocasionado por una acción administrativa normal o anormal.

Si a la limitación anterior le agregamos que el Estado sólo tendrá obligación de indemnizar los daños causados como consecuencia de la realización de actos materialmente administrativos -lo que implica la exclusión de los actos cuya naturaleza objetiva sea de índole judicial, legislativa o política- es evidente que el derecho humano del individuo a obtener del Estado una reparación adecuada se acota en exceso.

Así pues, la imputación de la obligación indemnizatoria a cargo del Estado, se ve sustancialmente limitada por dos condicionantes, a saber: la calificación de irregularidad del acto estatal y el carácter materialmente administrativo que debe tener la actuación.

Las condicionante anteriores, restringen el régimen de responsabilidad en mayor medida que los tratados internacionales en materia de Derechos Humanos, lo cuales, como vimos con anterioridad, brindan un ámbito de protección más amplio a favor del individuo.

La Convención Americana sobre de Derechos Humanos, estipula en su artículo 63 lo que sigue:

Artículo 63.-

1. Cuando decida que hubo violación de un derecho o libertad protegidos en esta Convención, la Corte dispondrá que se garantice al lesionado en el goce de su derecho o libertad conculcados. Dispondrá, asimismo, si ello fuera procedente, que se reparen las consecuencias de la medida o situación que ha configurado la vulneración de esos derechos y el pago de una justa indemnización a la parte lesionada.

Como se podrá advertir, el antelado precepto fija que la Corte Interamericana de Derechos Humanos dispondrá una justa indemnización para aquella parte que se hubiese sufrido la vulneración de sus derechos; nótese como, para la procedencia de la indemnización, la irregularidad de la actuación estatal no tiene relevancia alguna, es decir, a la Corte no le interesa si la lesión que sufrió el individuo fue producto de la anormalidad en la confección o ejecución del acto estatal, basta que se haya dado una violación a los derecho o libertades, para que el deber de indemnizar surja.

El mencionado artículo 63 tampoco hace distinción alguna en torno a si la violación del derecho se generó como consecuencia de un acto de naturaleza administrativa, legislativa, jurisdiccional o política; es suficiente que el Estado haya transgredido con su actuar los derechos humanos del sujeto para que se le condene a la reparación del daño ocasionado.

Es más, el artículo 10 de la Convención estipula expresamente el deber del Estado de indemnizar al individuo que ha sufrido una afectación en su esfera de derecho como consecuencia de un fallo judicial errado. Vale la pena reproducir el contenido del numeral en comento:

Artículo 10.- Derecho a Indemnización

Toda persona tiene derecho a ser indemnizada conforme a la ley en caso de haber sido condenada en sentencia firme por error judicial.

En este tenor, resulta inconcuso que la Convención Americana sobre de Derechos Humanos, establece un régimen amplio de responsabilidad patrimonial, pues la calificación del acto del Estado en normal o anormal deviene intrascendente para efectos de la imputación obligacional respectiva; asimismo, resulta indiferente la naturaleza material del acto estatal, si éste causó un daño que el sujeto no tenía el deber de soportar, la obligación de indemnizar la afectación patrimonial habrá de nacer, no importando la función que lo haya producido (Legislativa, Ejecutiva, Judicial o Política).

Ahora bien, habiéndose evidenciado con lo expuesto que el segundo párrafo del artículo 113 constitucional establece un régimen de responsabilidad patrimonial del Estado más restringido que el fijado por la Convención Americana sobre de Derechos Humanos, surge la siguiente interrogante: ¿qué deberá hacer el órgano jurisdiccional competente cuando se encuentre frente al reclamo de un particular provocado por un acto estatal que no encuadré dentro de la regulación del artículo 113 constitucional, pero sí dentro de la normación internacional?, o formulada de otra manera, ¿qué deberá hacer el Juzgador si se demanda ante él el pago de una indemnización por error judicial, o el resarcimiento económico por un daño derivado de una actividad administrativa regular?

Estimamos que la respuesta a las interrogante anterior, la encontramos en el nuevo arquetipo constitucional que en materia de derecho humanos se configuró con la reforma del 10 de junio de 2011. En efecto, según lo mencionamos en líneas precedentes, la referida reforma constitucional trajo consigo el establecimiento del criterio interpretativo *pro persona* (artículo 1°, segundo párrafo, de la Constitución Política de los Estado Unidos Mexicanos), en virtud del cual, en el supuesto de que existe una diferencia entre la protección o alcance reconocido por la Constitución Federal y los tratados internacionales en materia de derechos humanos suscrito por el Estado Mexicano, tendrá preeminencia aquella regulación que reconozca una salvaguarda mayor para el individuo o que implique menos restricción para éste.

En relación al principio *pro persona* como criterio de selección de la norma de derecho fundamental aplicable, la Suprema Corte de Justicia de la Nación ha dictado la siguiente jurisprudencia que estimamos pertinente reproducir para ilustrar nuestra postura:

> PRINCIPIO PRO PERSONA. CRITERIO DE SELECCIÓN DE LA NORMA DE DERECHO FUNDAMENTAL APLICABLE.
>
> *De conformidad con el texto vigente del artículo 1o. constitucional, modificado por el decreto de reforma constitucional publicado en el Diario Oficial de la Federación el 10 de junio de 2011, en materia de derechos fundamentales, el ordenamiento jurídico mexicano tiene dos fuentes primigenias: a) los derechos fundamentales reconocidos en la Constitución Política de los Estados Unidos Mexicanos; y, b) todos aquellos derechos humanos establecidos en tratados internacionales de los que el Estado mexicano sea parte. Consecuentemente, las normas provenientes de ambas fuentes, son normas supremas del ordenamiento jurídico mexicano. Esto implica que los valores, principios y derechos que ellas materializan deben permear en todo el orden jurídico, obligando a todas las autoridades a su aplicación y, en aquellos casos*

en que sea procedente, a su interpretación. Ahora bien, en el supuesto de que un mismo derecho fundamental esté reconocido en las dos fuentes supremas del ordenamiento jurídico, a saber, la Constitución y los tratados internacionales, la elección de la norma que será aplicable -en materia de derechos humanos-, atenderá a criterios que favorezcan al individuo o lo que se ha denominado principio pro persona, de conformidad con lo dispuesto en el segundo párrafo del artículo 1o. constitucional. Según dicho criterio interpretativo, en caso de que exista una diferencia entre el alcance o la protección reconocida en las normas de estas distintas fuentes, deberá prevalecer aquella que represente una mayor protección para la persona o que implique una menor restricción. En esta lógica, el catálogo de derechos fundamentales no se encuentra limitado a lo prescrito en el texto constitucional, sino que también incluye a todos aquellos derechos que figuran en los tratados internacionales ratificados por el Estado mexicano.[284]

Por lo tanto, el Juzgador, al amparo del criterio *pro persona*, tendrá la obligación de aplicar el régimen de responsabilidad patrimonial del Estado que más favorezca los derechos humanos del ciudadano demandante, esto es, el establecido en la normativa internacional que el Estado Mexicano ha asumido y que, por disposición constitucional, debe estimarse como Ley Suprema de toda la Unión.

De esta guisa, consideramos que, independientemente de que nuestra Constitución Federal excluya la posibilidad de reclamar una indemnización por error judicial o por actividad administrativa regular, ello no debe ser óbice para que el órgano resolutor, atendiendo a la normatividad internacional en materia de derechos humanos, así como al principio *pro persona* consignado en la propia Constitución, de cause a la demanda respectiva y en caso de acreditarse los extremos correspondientes (1. La existencia de una actividad del Estado, sin importar la naturaleza material de ésta o su carácter normal o anormal; 2. Un daño o perjuicio causado en el patrimonio del gobernado; 3. La Relación causa-efecto entre la actividad del Estado y la lesión jurídica sufrida por el particular), condene al Estado la indemnización que en derecho proceda.

Debemos resaltar que la conformación y plena vigencia de un Estado Constitucional y Democrático de Derecho, necesariamente supone la existencia de un régimen amplio de responsabilidad patrimonial del Estado, pues sólo de esta manera se puede proscribir efectivamente la impunidad

---

[284] Tesis 1ª/J. 107/2012, Semanario Judicial de la Federación y su Gaceta, Décima Época, t. II, octubre de 2012, p. 799.

estatal y se le asegura al gobernado el irrestricto respeto a sus libertades y derechos fundamentales. Un Estado que limita injustificadamente su obligación de responder por los daños que el ciudadano no tiene el deber jurídico de soportar, asume un papel arbitrario, lo cual trastoca su naturaleza, subvirtiendo los fines estatales.

Por ello, estimamos que a partir de los planteamientos expuestos, los órganos públicos, principalmente el judicial, podrán atemperar las restricciones que, a nuestro juicio, indebidamente establece el sistema de responsabilidad estatal en el segundo párrafo del artículo 113 constitucional; lo anterior, mientras se llevan a cabo la modificaciones legislativas que armonicen la regulación nacional con la internacional, garantizando así el respeto a los derecho humanos, conforme a los principios de universalidad, interdependencia, indivisibilidad y progresividad que nuestra propia Constitución enarbola (artículo 1° párrafo tercero).

VI. EL RÉGIMEN DE RESPONSABILIDAD PATRIMO-NIAL DEL ESTADO EN LAS LEGISLACIONES LOCALES

Debemos partir de la premisa de que las Constituciones de las Entidades Federativas técnicamente son reglamentarias, a nivel local, de la Constitución Federal. Lo que supone la posibilidad de que los constituyentes estatales desarrollen y pormenoricen, para fines estrictamente de índole local, los institutos contenidos en la Constitución General. Por lo tanto, el ejercicio de dicha facultad reglamentaria se encuentra sujeto a los mismos principios que la norman, a saber: principio de indelegabilidad, principio de reserva de ley y principio de subordinación jerárquica.

Ahora bien, los anteriores principios de ninguna manera son obstáculo para que el poder constituyente local vaya más allá de lo expresamente establecido por la Constitución Federal, ya que mientras no la contravenga, es perfectamente admisible que cree instituciones y regulaciones que la rebasen, particularmente tratándose del reconocimiento de derechos subjetivos públicos en términos más amplios que los estatuidos por la propia Carta Magna General.

En torno al punto en cuestión, el Maestro Elisur Arteaga Nava nos dice lo siguiente:

> ... *Con base en el principio de autonomía que regula la existencia y el funcionamiento de los estados, no hay impedimento constitucional para que los legisladores locales, en uso de su facultad constituyente, excedan, sin*

contrariarla, a la carta magna general. Los estados no están constreñidos a establecer como poderes únicamente los previstos o indicados en la general; pueden, según sus necesidades, crear cuantos poderes u órganos consideren indispensables para su desarrollo, atribuirles las facultades y establecerles las limitaciones que consideren pertinentes, sin invadir el campo natural y propio de los órganos de existencia obligatoria.[285]

La Suprema Corte de Justicia de la Nación también se ha pronunciado a este respecto en el siguiente criterio:

DERECHOS DE LOS INDÍGENAS. LOS ESTABLECIDOS EN LA CONSTITUCIÓN POLÍTICA DE LOS ESTADOS UNIDOS MEXICANOS PUEDEN SER AMPLIADOS POR LAS LEGISLATURAS LOCALES DENTRO DEL MARCO DE AQUÉLLA.

El artículo 1o. de la Constitución Federal establece que las garantías que otorga no podrán restringirse ni suspenderse, sino en los casos y con las condiciones que ella misma establece, de lo que deriva que ninguna ley secundaria puede limitar las disposiciones constitucionales correspondientes; sin embargo, sí son susceptibles de ser ampliadas por el legislador ordinario, ya sea federal o local, en su reglamentación, al pormenorizar la norma constitucional que prevea el derecho público subjetivo a fin de procurarse su mejor aplicación y observancia. En consecuencia, los Congresos Locales, al legislar sobre la materia indígena y regular las instituciones relativas, en términos de lo dispuesto en el artículo 2o. de la Constitución Política de los Estados Unidos Mexicanos, deben hacerlo bajo el criterio de que los que se otorgan en ella a la población indígena son derechos mínimos que deben ser respetados para garantizar su efectividad, pero que pueden ser ampliados para imprimir las características propias que mejor expresen las situaciones y aspiraciones de sus pueblos indígenas, siempre que tal ampliación se realice sin vulnerar el marco constitucional al que dichos derechos se encuentran sujetos.[286]

Por consiguiente, si bien es cierto que el régimen de responsabilidad patrimonial del Estado establecido en el segundo parágrafo del artículo 113 constitucional, excluye tanto los daños causados por actividad administrativa regular, como los ocasionados por funciones diversas a la materialmente administrativa, como supuestos susceptibles de configurar el

---

[285] Arteaga Nava, Elisur, *Derecho Constitucional*, México, Oxford, 2006, p.375

[286] Tesis 2ª CXXXIX/2002, Semanario Judicial de la Federación y su Gaceta, Novena Época, t. XVI, Noviembre 2002, p. 446.

derecho del gobernado a recibir una indemnización, también es cierto que ello no constituye obstáculo alguno para que las legislaciones locales contemplen tales supuestos como generadores de responsabilidad patrimonial del Estado. Lo anterior, en virtud de que con el reconocimiento de dichos supuestos, el constituyente local estaría ampliando el ámbito protector que fija el citado artículo 113, lo cual, como vimos, es constitucionalmente válido, además de que se estaría adoptando una posición congruente con los tratados internacionales en materia de derechos humanos, particularmente con la Convención Americana sobre Derecho Humanos, la que, según evidenciamos líneas atrás, contempla una regulación mucho más garantista que la establecida en el segundo párrafo del artículo 113 constitucional.

En suma, los ordenamientos jurídicos de cada Entidad Federativa podrían y deberían establecer un régimen amplio de responsabilidad patrimonial del Estado, puesto que *los derechos reconocidos por la Constitución a favor de los particulares son mínimos que deben ser respetados para garantizar su efectividad, pero que pueden ser ampliados por el legislador ordinario -ya sea federal o local- en su reglamentación.*[287] Además, un régimen extendido de responsabilidad estatal, haría coherentes las legislaciones locales con la normativa internacional en materia de derechos humanos y las situaría en una posición de avanzada en relación con la Federación, la cual eventualmente tendrá que modificar el sistema de responsabilidad imperante, como consecuencia de las presiones internacionales y los criterios interpretativos que seguramente la Suprema Corte de Justicia de la Nación habrá de emitir próximamente a la luz del principio *pro persona* al que ya hemos hechos alusión.

VII. CONCLUSIONES

1.   Los aspectos básicos que fundamentan la regulación de la responsabilidad patrimonial del Estado en nuestra Constitución Federal son: la Responsabilidad Directa, la Responsabilidad Objetiva y la Actividad Administrativa Irregular.

2.   Por Responsabilidad Directa del Estado debemos entender la posibilidad de que el particular afectado por la actividad de un órgano público demande directamente al Estado, por ser éste el único obligado a cubrir la indemnización, sin perjuicio del derecho que tenga de repetir en contra del funcionario o funcionarios responsables.

---

[287] Tesis 2ª CXXXIX/2002, Semanario Judicial de la Federación y su Gaceta, Novena Época, t. XVI, Noviembre 2002, p. 446.

3. La Responsabilidad Objetiva del Estado es aquella imputable al ente público cuando el particular que padece la lesión jurídica no tiene el deber legal de soportarla.

4. La Actividad Administrativa Irregular se configura cuando una actuación del Estado de naturaleza materialmente administrativa se lleva a cabo sin satisfacer los parámetros de la normatividad que la rige.

5. La Actividad Administrativa Irregular como condicionante para el surgimiento de la Responsabilidad Patrimonial del Estado, es incompatible con la Teoría del Riesgo Creado, puesto que en ésta la calificación del acto en normal o anormal resulta irrelevante.

6. Bajo el régimen de responsabilidad establecido por nuestra Constitución Federal, es la irregularidad de una actividad estatal de naturaleza administrativa lo que hace indemnizable el daño causado y no el daño lo que hace irregular una actividad administrativa.

7. La responsabilidad patrimonial del Estado no tiene como única función la compensación, sino también que el ente público se estructure de manera tal que cumpla cabalmente todas sus funciones, puesto que el bien jurídicamente protegido con dicha figura es un gobierno eficiente, y en el supuesto de que no colme esa condición deberá resarcirse al individuo afectado.

8. La adopción de un nuevo arquetipo constitucional en materia de Derechos Humanos ha traído consigo diversas implicaciones, entre ellas, la incorporación al sistema jurídico de institutos y figuras tales como: el control difuso de la Constitución, el control de convencionalidad, un nuevo bloque de constitucionalidad y el criterio interpretativo *pro persona*.

9. En virtud del criterio de interpretación *pro persona*, en el supuesto de que existe una diferencia entre la protección o alcance reconocido por la Constitución Federal y los Tratados Internacionales en materia de Derechos Humanos, tendrá primacía el ordenamiento que represente una salvaguarda mayor para la persona o que implique menos restricción para ésta.

10. El segundo párrafo del artículo 113 de la Constitución General establece un acotado régimen de responsabilidad patrimonial del Estado, pues la interpretación de la Suprema Corte de Justicia de la Nación a dicho precepto es que el deber de indemnizar al particular solamente nace cuando el ente público le ocasione un daño como consecuencia de su actividad administrativa irregular.

11. La Convención Americana sobre de Derechos Humanos establece un régimen amplio de responsabilidad patrimonial, pues la calificación del acto del Estado en normal o anormal deviene intrascendente para efectos de la imputación obligacional respectiva; asimismo, le resulta indiferente la naturaleza material del acto estatal, si éste causó un daño que el sujeto no tenía el deber de soportar, la obligación de indemnizar la afectación patri-

monial habrá de nacer, no importando la función estatal que lo haya producido (Legislativa, Ejecutiva, Judicial o Política).

12. El segundo párrafo del artículo 113 constitucional establece un régimen de responsabilidad patrimonial del Estado más restringido que el fijado por la Convención Americana sobre de Derechos Humanos.

13. Independientemente de que en nuestra Constitución Federal se excluya la posibilidad de reclamar una indemnización por error judicial o por actividad administrativa regular, ello no debe ser óbice para que el órgano jurisdiccional, atendiendo a la normatividad internacional en materia de derechos humanos, así como al principio *pro persona* consignado en la propia Constitución, de cause a la demanda respectiva y en caso de acreditarse los extremos correspondientes, condene al Estado la indemnización que en derecho corresponda.

14. Los ordenamientos jurídicos locales tienen la posibilidad y el deber de establecer un régimen amplio de responsabilidad patrimonial del Estado, ya que los derechos reconocidos por la Constitución Federal a favor de los particulares son mínimos que deben ser respetados para garantizar su efectividad, pero que pueden ser ampliados por el legislador ordinario en su reglamentación.

15. Debe pugnarse por la instauración a nivel constitucional de un régimen amplio de Responsabilidad Patrimonial del Estado, pues constituye una premisa indispensable para la conformación y plena vigencia de un Estado Constitucional y Democrático de Derecho, en donde la impunidad estatal quede proscrita y se asegure al gobernado el irrestricto respeto a sus libertades y derechos fundamentales.

BIBLIOGRAFÍA.

ALTAMIRA GIGENA, Julio I., *Responsabilidad del Estado*, Astrea, Argentina, 1973.

ARTEAGA NAVA, Elisur, *Derecho Constitucional*, Oxford, México, 2006.

DELGADILLO, Luis Humberto, *Elementos de Derecho Administrativo*, 4ª ed., México, Porrúa, 2002.

GUTIÉREZ Y GONZÁLEZ, Ernesto, *Derecho de las Obligaciones*, 12ª ed., México, Porrúa, 1998.

FRAGA, Gabino, *Derecho Administrativo*, 39ª ed., México, Porrúa, 1999.

ROLDÁN XOPA, José, *"La Responsabilidad Patrimonial del Estado en México: hacia una interpretación constitucional alternativa"*, *La Responsabilidad Patrimonial del Estado*, México, Porrúa-ITAM, 2004.

CAPÍTULO SÉPTIMO

ANÁLISIS Y COMENTARIOS AL DECRETO DE REFORMA DE LOS ARTÍCULOS 104 Y 105 DE LA CONSTITUCIÓN POLÍTICA DEL ESTADO DE CHIHUAHUA."CREACIÓN DE LA SALA DE CONTROL CONSTITUCIONAL"

Octavio Carrete Meza[288]

Sumario:

I. Introducción. II. Análisis de los artículos 104 y 105 de la Constitución Política del Estado de Chihuahua. III. Comentarios a los artículos 61, 63 y 150 de la Ley Orgánica del Poder Judicial del Estado de Chihuahua. IV. Ley Reglamentaria del artículo 105 de la Constitución Política del Estado de Chihuahua. Breves comentarios al respecto. V. Conclusiones

I. INTRODUCCIÓN

Las recientes reformas a la Constitución Política de los Estados Unidos Mexicanos en materia de derechos humanos han venido a revolucionar

---

[288] Doctor en Derecho por el IIDE Campus Chihuahua. Secretario de Posgrado de la Facultad de Derecho de la UACH. Profesor de tiempo completo de la misma institución. Miembro del Cuerpo Académico "Derechos Humanos y Cultura de la Legalidad". Vicepresidente del Colegio San Felipe El Real de Doctores en Derecho A.C.

nuestro sistema jurídico en todos los ámbitos, siendo desde luego, parte de ello el referente a las entidades federativas por lo que en lo relativo al derecho constitucional local, y en particular en lo concerniente al Estado de Chihuahua ha tenido su aporte en materia de protección a los derechos humanos, pero ahora desde el ámbito del derecho procesal constitucional en un enfoque estatal.

Es así como el 11 de enero del año en curso, se emite el decreto 1182/2013 IX P. E., mismo que a su vez fue aprobado mediante decreto 1218/2013 de fecha 4 de marzo del año en curso, a través del cual se reforman los artículos 104 y 105 de la Constitución Política del Estado, para la creación de la Sala de Control Constitucional a la cual corresponderá conocer de la revisión de las resoluciones emitidas por los jueces de primera instancia y de las salas unitarias del Supremo Tribunal de Justicia, cuando éstas determinen la inaplicación de normas jurídicas, federales o locales pero aplicadas por las autoridades mencionadas, por considerarlas que son contrarias a la Constitución Política de los Estados Unidos Mexicanos, la Constitución del Estado o los Tratados internacionales que haya celebrado y ratificado el Estado Mexicano y que desde luego lo sean en materia de derechos humanos, aunque con la salvedad de que dicha Sala de Control constitucional no podrá conocer de aquellos asuntos resueltos por otra sala colegiada, ya que en estos casos la revisión la asume el pleno del Supremo Tribunal de Justicia del Estado.

Junto con la reforma que abarcaría a la Constitución del Estado de Chihuahua, también se proponen algunas reformas a las leyes locales, como la Ley Orgánica del Poder Judicial del Estado en sus artículos 63, fracción XIII y 150 fracción II, en cuanto a las facultades que corresponden a los Magistrados de las Salas de apelación y a los jueces de primera instancia de acuerdo a su ramo, respectivamente.

Se propone la adición también a los artículos 59 último párrafo; 61, último párrafo; 63 fracción XIV y 63 Bis, los cuales se refieren, el primero de los artículos citados, a que las Salas serán unitarias o colegiadas, agregándose como sala colegiada la de control constitucional mencionada; el segundo artículo se refiere a la conformación de dicha sala; el tercer artículo adicionado hace mención al resto de atribuciones que señalen las leyes y finalmente el último de los artículos adicionados mencionados, se refiere a las facultades específicas de la Sala de Control Constitucional Local.

De igual manera en este mismo decreto, se propone la creación de la Ley Reglamentaria del artículo 105 de la Constitución local ya mencionado, a fin de, como es propio de las leyes de este tipo, establecer las reglas en que habrá de llevarse a cabo el control constitucional a través de la sala creada y especificar el procedimiento a seguir.

No podemos dejar de comentar que la sola expedición de este documento de por sí, ya representa una contribución al desarrollo de la justicia constitucional local, además de que en nuestro país ya se ha venido trabajando en estos temas en otras entidades federativas, por lo que, como decíamos, ahora toca al Estado de Chihuahua aportar su parte en la materia, a fin de dar o seguir dando a la Constitución Local esa característica de supremacía en la entidad, que a veces parece perdemos de vista o que no damos la importancia que debe tener, por existir la tendencia o reflejo de acudir de inmediato a la Constitución Federal o al juicio de amparo ante la justicia federal, a fin de que sea este orden jurídico normativo, quien remedie cualquier violación que consideramos se cometa por los órganos jurisdiccionales locales.

La creación que se propone de la Sala Constitucional local, sin duda tiene en sus manos un papel importante, ya que entre otras cosas, será su actuación decisiva para confirmar en algunos casos o recuperar en otros, la confianza de la ciudadanía en la justicia ejercida por los órganos locales, además de abonar de alguna manera en el rompimiento con esa concentración del control de constitucionalidad por los órganos federales a través del juicio de amparo.

De todo lo anteriormente mencionado que se contiene en el decreto, haremos referencia en las siguientes líneas, analizando y comentando únicamente aquellos aspectos que consideramos importantes del referido documento y que pensamos merecen reflexión, quizá más detallada de lo que este espacio lo permite, pero que de alguna manera puede resultar interesante su análisis.

II. ANÁLISIS DE LOS ARTÍCULOS 104 Y 105 DE LA CONSTITUCIÓN POLÍTICA DEL ESTADO DE CHIHUAHUA.

En cuanto al artículo 104 de la Constitución local, podemos comentar que el mismo se encontraba derogado mediante decreto 603-97 II D.P. publicado en el Periódico Oficial del Estado con el número 71 de fecha 3 de septiembre de 1997; y lo relacionado a las salas colegiadas y unitarias se encontraba en el artículo 105 de dicho documento normativo, mismo que fue reformado mediante decreto número 595-06 II P.O. publicado en el Periódico Oficial del Estado con el número 46 de fecha 10 de junio de 2006, recordemos que este artículo en la Constitución original se refería a las faltas absolutas o temporales de los Magistrados y cómo debían cubrirse éstas por elección que hiciera el Congreso, hasta que el mismo fue derogado por el decreto mencionado anteriormente.

De acuerdo con el documento que aquí se analiza, el funcionamiento del Supremo Tribunal de Justicia funcionando en pleno, en salas colegiadas o unitarias y lo referente al informe que debe rendir el Presidente en el mes de enero de cada año ante el pleno y que anteriormente se encontraba en el artículo 105 de la Constitución del Estado, pasa ahora a este artículo 104, dejando en el artículo 105 lo correspondiente a la Sala de Control Constitucional.

Por lo que hace a la propuesta de creación de la Sala mencionada, lo primero que llama nuestra atención es que dicha instancia de control constitucional se refiere a revisión de resoluciones de los jueces de primera instancia y de las Salas Unitarias del Supremo Tribunal de Justicia; es decir, no podrá conocer de revisiones a resoluciones que se pronuncien por autoridades administrativas, como pudiera ser en actos que impliquen alguna sanción como multas amparadas en normas jurídicas inconstitucionales, o bien actos por ejemplo de la Junta de Conciliación y Arbitraje, que aplica una legislación federal como la Ley Federal del Trabajo y que eventualmente algún numeral pudiera también resultar contrario a la Constitución Federal, a la Local o algún instrumento internacional, lo cual en nuestra opinión la está limitando, toda vez que aquí cabe mencionar que la protección de los derechos humanos de acuerdo con la reforma del 10 de junio del 2011 al artículo 1º de la Constitución Política de los Estados Mexicanos se refiere a que corresponde a todas las autoridades en el ámbito de sus competencias el promover, respetar, proteger y garantizar los derechos humanos, además de prevenir, investigar, sancionar y reparar las violaciones a dichos derechos, lo cual significa que incluye a las autoridades de todo tipo, de donde podríamos deducir que por lo que hace a las autoridades legislativas ya están haciendo una parte con la emisión de dicho decreto, pero se considera que quizá dicha sala podría incluir autoridades de tipo administrativo en su competencia en los mismos supuestos de que se determinara la inaplicación de las normas jurídicas por considerarlas contrarias a los contenidos en la Constitución tanto federal como local o de los tratados internacionales, siendo conscientes de que también puede darse en los órganos administrativos, situación tal que no sería novedoso para el Supremo Tribunal de Justicia del Estado ya que de hecho en la actualidad lo hace en tratándose de los juicios de oposición, en donde examina la aplicación de normatividades de tipo fiscal, en los cuales desde luego, pudiera estarse en el supuesto de que en ese ámbito se inaplicara una norma por considerarla contraria a la Constitución Federal o local o los tratados internacionales, y quién mejor que la Sala de Control constitucional para conocer de dicha inaplicación por las autoridades administrativas; además se trataría de una Sala Colegiada, lo cual consideramos que le da más autoridad al respecto.

Con la ampliación en la competencia de los asuntos por la Sala de control constitucional, consideramos que se daría una cobertura mayor en la protección de los derechos humanos, a fin de estar acordes con la reforma a la Constitución Federal en los términos en que la misma se señala, ya que no hay a nivel local un tribunal especializado en la materia y por tanto se dejan un tanto descubiertas las resoluciones administrativas en dicha protección, no obstante que como ya se dijo la obligación de protección implica a todas las autoridades sin excepción alguna.

Si bien es cierto ya han sido ampliadas las facultades del Tribunal Estatal Electoral para conocer de actos en materia administrativa, según decreto 1135/ 2012 de fecha 20 de diciembre del 2012, por el que se reforma el artículo 31, primer párrafo, fracción III; la denominación del Título VI; los artículos 36,párrafos tercero y duodécimo; 37; 45; 46; 64, fracciones XV, incisos B), C) y D); XVI y XIX; 82, fracción VIII; 99; 102; 103; 106; 109, fracciones VIII, IX, XII y XVI; la denominación del Capítulo III, del Título IX; 117; 166; 179, párrafo segundo, fracción III; y 202, fracción II, párrafos cuarto y sexto; se adiciona con los apartados A y B el artículo 37; y se derogan las fracciones XXVI del artículo 64; XX del 93, y V del 179; todos de la Constitución Política del Estado Libre y Soberano de Chihuahua, y que lo constituye como Tribunal de Justicia Electoral y Administrativa del Estado, el cual a su vez fue aprobado mediante decreto 1215/2013, de fecha 27 de febrero del año en curso, dichas facultades que se le confieren, de acuerdo con lo que se señala en el artículo 37 reformado de la Constitución local, son de legalidad y nada refiere en cuanto al control de constitucionalidad en materia administrativa, ya que únicamente conocerá de juicios y controversias administrativas pero, como ya se dijo, en cuanto a la legalidad de las mismas, sin hacer referencia a la inaplicabilidad de normas jurídicas por inconstitucionalidad o inconvencionalidad. Claro está que no obstante que en el mencionado decreto no se le otorguen esas facultades, nada impediría que en un momento dado lo pudiera hacer, atendiendo a la supremacía de la Constitución Federal, concretamente a lo dispuesto por el artículo 1° párrafo tercero, en cuanto a que, como toda autoridad en el ámbito de su competencia, puede ejercer un control difuso de la constitucionalidad o convencionalidad de considerar que alguna norma sea contraria a la Constitución en materia de derechos humanos, sin embargo, eso ya sería materia de otro estudio aparte del decreto en cuestión y que es distinto del que aquí nos ocupamos.

Siguiendo con el análisis al numeral en comento, en el mismo se indica que se trata de casos en que se determine la inaplicación de las normas jurídicas por considerarlas contrarias a la Constitución local, federal o de los tratados internacionales celebrados y ratificados por el Estado Mexicano; sobre lo cual podríamos comentar que aún y cuando no se refiriera a los tratados internacionales celebrados y ratificados por el Estado mexicano en forma expresa, y sólo hablara de contradecir las Constituciones mencionadas, esto sería suficiente, ya que cuando una norma jurídica contraviene un tratado, automáticamente está contraviniendo la Constitución Federal en su artículo 1° y la Local en su artículo 4°, por lo que el hecho de que se incluyan los tratados de manera expresa aunque en nada perjudica, pudiera resultar innecesario.

Además cuando hablamos del término inconvencionalidad lo hacemos para referirnos a que una determinada norma contraviene un tratado internacional; sin embargo el hecho de que una norma resulte inconvencional, implica necesariamente que es inconstitucional, por lo que el control puede denominarse solamente de constitucionalidad, porque la inconvencionalidad se subsume en la constitucionalidad.

Debemos decir que tal argumento se mencionó por el Ministro Arturo Zaldívar Lelo de la Larrea en la discusión sobre el control difuso en el caso de Rosendo Radilla Pacheco, cuando manifestó que el control de convencionalidad precisamente se subsume en el control de constitucionalidad, de ahí que comentemos en este apartado que el artículo 105 pudiera referirse únicamente a que la norma jurídica que dejara de aplicarse sería aquella que contraviniera la Constitución Federal o Local.

Así mismo en la parte final del artículo aquí analizado, encontramos que señala que cuando la inaplicación la determinen las salas colegiadas del Supremo Tribunal de Justicia, las atribuciones de la Sala de Control Constitucional serán ejercidas directamente por el pleno; lo cual indica que dicha sala de control constitucional únicamente revisará asuntos que resuelvan las salas unitarias, pero aún más, estas revisiones que hará el pleno, de resoluciones de salas colegiadas, se refieren a salas distintas de la de control constitucional según señalará más adelante la ley reglamentaria del artículo que aquí se comenta, además de establecer que las resoluciones de la sala de control constitucional son inatacables, como se comentará al analizar ley reglamentaria de este artículo de la Constitución del Estado.

III. COMENTARIOS A LOS ARTÍCULOS 61, 63 Y 150 DE LA LEY ORGÁNICA DEL PODER JUDICIAL DEL ESTADO DE CHIHUAHUA.

En cuanto hace al primer artículo de la ley orgánica que aquí se señala, diremos que del mismo se desprende que quien presidirá y administrará la Sala Constitucional será únicamente un magistrado especializado en la materia, ya que los dos restantes que la conformarán serán uno en materia penal y otro en la materia civil, lo cual en principio parece congruente, ya que el control jurisdiccional se va a realizar únicamente en esas dos materias –y no en materia administrativa como sugeríamos que podría ser- por lo que en todo caso será el que de alguna manera tendrá el voto de calidad, por llamarlo de alguna manera; además de que la duración de los magistrados penal y civil será únicamente por el término de un año, lo cual consideramos es poco el tiempo de su encomienda, si tomamos en cuenta que quizá por ser el inicio de este órgano jurisdiccional el número de asuntos de que conozcan no será alto, esto partiendo de la base de que son muy pocos los asuntos que se dan de inaplicabilidad de leyes por inconvencionalidad o inconstitucionalidad, ya que si bien es cierto aún no entra en vigor la reforma que aquí comentamos, no menos cierto es que también puede realizarse ese control difuso de convencionalidad por los órganos jurisdiccionales, con independencia de la existencia de la Sala de Control de Constitucionalidad, como de hecho a ocurrido ya en otras entidades federativas, por lo que la existencia de la sala mencionada podría alentar a las partes para que soliciten mediante esta vía este tipo de inaplicación como una impugnación más dentro de los procedimientos que tramitan - ya que no solo será de oficio, según se verá al analizar la ley reglamentaria, por lo que tal situación en la actualidad a dos años de su vigencia y de poder realizarse la inaplicación referida, sin embargo prácticamente no se hace por los tribunales jurisdiccionales locales, de ahí que se considere que quizá serán pocos los casos de los que conocerá la citada Sala de control constitucional y cuya creación aquí se comenta.

Llama también la atención que la colegiación de la Sala no será permanente, sino transitoria, según se desprende del artículo 61 de la ley orgánica que hemos mencionado, colegiación que durará únicamente por el tiempo que dure el trámite de su competencia, volviendo nuevamente a quedar como Sala unitaria hasta en tanto se requiera nuevamente de su colegiación por llegar otra resolución de inaplicación de una norma jurídica en los términos que señala la ley, lo cual también indica quizá que serán en principio pocos los asuntos de que conocerá dicha instancia constitucional local, como considerábamos en el párrafo que antecede.

En cuanto al artículo 63 de la Ley Orgánica del Poder Judicial del Estado, en la fracción XIII, se señala que corresponde a los Magistrados de las Salas de Apelación realizar de oficio un control de la constitucionalidad y de la convencionalidad de las normas jurídicas del fuero común al momento de su aplicación en los asuntos de su competencia, en los términos de la ley de la materia. Como se verá, tal dispositivo de la ley orgánica únicamente prevé la posibilidad de que el control de constitucionalidad y convencionalidad se haga de oficio, sin prever que pudiera darse ese control a petición de parte, lo cual consideramos que sí debiera considerarse en este artículo, si tomamos en cuenta que esto sí lo prevé la ley reglamentaria del artículo 105 de la Constitución local, ya que incluso lo señala como una excepción que podrán oponer las partes, como se analizará más adelante en el punto respectivo, de ahí que válidamente creemos que pudo haberse considerado en este numeral de la Ley Orgánica mencionado.

Por lo que hace al artículo 63 Bis, el mismo se agrega a fin de estar acorde con la reforma constitucional local, ya que establece la competencia de manera específica que tendrá la Sala Constitucional del Estado, además de contener lo que señala la reforma al 105 de la Constitución de la Entidad, en el sentido de que cuando la inaplicación de normas jurídicas se haga por Salas colegiadas, las atribuciones de la Sala Constitucional se ejercerán por el Pleno, desde luego y como ya señalábamos se trata de Salas Colegiadas distintas a la de Control Constitucional, ya que estas resoluciones no pueden ser recurridas en el ámbito local.

Por lo que toca al artículo 150 en su fracción II, de la ley en comento, el mismo se refiere a las mismas facultades que en el anterior artículo se señalan para los Magistrados, únicamente que en este caso hace mención a los jueces de primera instancia, como se decía a fin de estar acorde con la reforma constitucional local, en donde tampoco se señala la posibilidad de que dichos jueces conozcan a petición de alguna de las partes, sino únicamente de oficio, sin embargo, el comentario sería en el mismo sentido, de que la ley reglamentaria del artículo 105 de la Constitución local sí prevé esa posibilidad de que pueda darse ese control a petición de alguna de las partes y no solamente de oficio.

IV. LEY REGLAMENTARIA DEL ARTÍCULO 105 DE LA CONSTITUCIÓN POLÍTICA DEL ESTADO DE CHIHUAHUA. BREVES COMENTARIOS.

1. Artículo 1°

Como primer comentario en este artículo de la ley reglamentaria, diremos que se refiere por primera vez en este decreto de manera expresa, al "control difuso" de la constitucionalidad y convencionalidad de las normas jurídicas, un término que ya había sido muy comentado por la doctrina al interpretar el artículo 133 de la Constitución Política de los Estados Mexicanos, toda vez que se había dicho, entre otras muchas cosas, que de la segunda parte del artículo constitucional mencionado podía inferirse que sí estaba permitido ese control de manera difusa por los jueces locales, ya que dicha segunda parte refiere textualmente que: "Los jueces de cada Estado se arreglarán a dicha Constitución, leyes y tratados, a pesar de las disposiciones en contrario que pueda haber en las Constituciones o leyes de los Estados" situación tal que aun y cuando la doctrina consideraba esa posibilidad, la Suprema Corte de Justicia de la Nación había de alguna manera "cerrado" esa posibilidad al considerar que el control de la Constitucionalidad debía hacerse de manera concentrada por dicho órgano de Control constitucional; sin embargo, como es sabido a raíz del caso Radilla Pacheco, se extendió la discusión sobre el cumplimiento a dicha resolución de carácter internacional, que llevó a la Suprema Corte a pronunciarse, no sólo por la discusión original que era lo referente al fuero militar, sino que entró en dicha discusión la aplicación del control difuso, pesando de alguna manera la opinión de la doctrina que existía al respecto, culminando como es sabido, con la posibilidad de que se pudiera llevar a cabo dicho control por las autoridades locales; por lo que ahora con la reforma a la constitución local en el Estado de Chihuahua en los artículos que aquí se comentan, y la ley reglamentaria que se analiza, se formaliza o cristaliza de alguna manera el ejercicio de ese control difuso -en este caso por autoridades jurisdiccionales- de esa decisión adoptada por nuestro máximo órgano de impartición de justicia en el derecho interno.

2. Artículo 2º

En este artículo se refiere al Glosario, lo que implica aquello que debemos entender por los distintos términos que se utilizan en la legislación en comento, situación que no es menor, ya que surgen de este numeral, aclaraciones importantes. Por ejemplo, en la fracción III, en cuanto a las normas jurídicas sobre cuya inaplicabilidad se van a pronunciar los jueces y magistrados locales, se establece que las mismas comprenden cualquier ley o decreto de los Poderes Legislativos federal o local; así como bandos de policía y buen gobierno, reglamentos, circulares y cualquier otra disposición administrativa, norma u acto de observancia general emanadas de las autoridades de la Federación, del Estado o de los Municipios que, en ejercicio de sus atribuciones, les corresponda aplicar a dichos jueces y magistrados.

De lo anterior, se derivan algunas cosas sobre las que consideramos importante insistir, como es el caso de que en dicho artículo se establece que los jueces locales van a conocer de inaplicación de normas emanadas de la federación y que se puede tratar de disposiciones de tipo administrativo; por lo que pudiera darse lo que ya habíamos comentado en el sentido de que pudiera contemplarse la amplitud a la Sala de Control Constitucional, para que conociera de asuntos de tipo administrativo pronunciados por autoridades también administrativas en su aplicación primigenia o primaria y sin necesidad de su judicialización, distintas de los jueces locales y magistrados del fuero común; incluso pudiera considerarse la posibilidad de que conociera de inaplicación de normas jurídicas que realizaran las juntas locales de conciliación en materia laboral, puesto que se trata de una norma jurídica de carácter federal, aplicada por una autoridad del fuero común, únicamente que distinta a un juez y magistrado del poder judicial, pero que no sería óbice para que por ello conociera la Sala de Control Constitucional, pues como se ha dicho, eso le daría más amplitud a su competencia.

Por otro lado en la fracción IV, se refiere de manera expresa a que ese control constitucional se aplicará a la materia de derechos humanos, lo cual desde luego que delimita su campo de aplicación, ya que antes de esto únicamente hace alusión a control de constitucionalidad y de convencionalidad por considerarse contraria la norma jurídica a dichas normas o a los tratados firmados y ratificados por México, sin esa especificación expresa, la que ahora se aclara en la fracción de este artículo que se comenta, lo que desde luego elimina que se trate de un control constitucional o convencional sobre derechos de otro tipo, además en la fracción V aclara que los tratados internacionales serán aquellos que se refieran a la materia de los derechos humanos, y no de otras, como podrían ser los que se contienen en tratados comerciales por ejemplo, toda vez que dichos instrumentos internacionales deben sujetarse incluso a otras reglas para su interpretación y aplicación, además de acotar que ese control será únicamente el que ejerzan las autoridades judiciales, sin dar posibilidad a que se conozca sobre resoluciones distintas.

3. Artículo 5°

En este numeral se señala que cuando sea una sala colegiada del Supremo Tribunal de Justicia quien emita una resolución, le corresponderá resolver al Pleno del Tribunal, sin embargo se hace la aclaración que serán las resoluciones de una Sala colegiada diferente a la Sala de control constitucional; de lo que se advierte, primero, que a la fecha únicamente en la materia penal, actúan Salas Colegiadas cuando se trata del recurso de casación, pero el resto de las Salas de apelación funcionan en forma unitaria, por lo que todas las Salas pudieran resolver sobre inaplicación de normas jurídicas en los términos de esta ley reglamentaria, siendo competente la Sala de Control Constitucional para conocer de resoluciones de las Salas unitarias que ejerzan control de constitucionalidad o de convencionalidad, y será competencia del Pleno cuando la resolución se emita por una Sala colegiada. Por otro lado, deja claro que las resoluciones que emita la Sala de Control Constitucional resultarían irrecurribles, adquiriendo con ello un carácter definitivo sus resoluciones en ese sentido.

4. Artículo 8º

Este artículo resulta de especial relevancia su comentario, porque se refiere al parámetro de análisis en que se desarrollará el control de constitucionalidad que llevarán a cabo las autoridades judiciales al determinar la posible inaplicación de las normas jurídicas en los términos de esta ley reglamentaria; señalando primeramente que al hablar de derechos humanos se refiere a todos aquellos que se contengan en la Constitución General de la República y en la Local, así como la jurisprudencia emitida por el Poder Judicial de la Federación.

En esta parte resulta interesante decir que aquí quedan incluidos los derechos humanos contenidos en los tratados internacionales firmados y ratificados por el Estado mexicano, ya que esto se encuentra expresamente en el artículo 1º de la Constitución General de la República y en el artículo 4º de la Constitución Local, por lo que resulta entonces ocioso el contenido de la fracción II de este artículo que se comenta, donde señala precisamente dentro de ese parámetro, los derechos humanos contenidos en los tratados internacionales, ya que al referirse en la fracción I, a este tipo de derechos contenidos en las Constituciones Federal y Local, resulta innecesario mencionar los contenidos en los tratados internacionales; a menos que al declarar la fracción II, de manera abierta "Los derechos humanos contenidos en los tratados internacionales, se interpretará cualquier derecho humano contenido en un tratado, más allá de la firma y ratificación por el Estado mexicano, porque si bien es cierto esta acotación se hace en las Constituciones Federal y Local, no se hace en la fracción II del artículo que aquí se comenta y quizá pudiera entenderse así en una interpretación extensiva y atentos a la mayor protección de tales derechos en términos del párrafo segundo del artículo 1º de la Constitución Federal.

Llama también la atención la inclusión en este artículo, de que dentro de ese parámetro de análisis se incluyan los derechos humanos contenidos en la jurisprudencia emitida por el Poder Judicial de la Federación, lo cual parece bastante lógico por resultar ésta de aplicación obligatoria en términos del artículo 217 de la Ley de amparo, pero además se agrega en dicho numeral en la fracción IV, que también deben tomarse en cuenta los derechos humanos que se establezcan en los criterios orientadores de la jurisprudencia y precedentes de la Corte Interamericana, correspondientes a los casos en los que el Estado mexicano no haya sido parte; lo cual podría partir en primer término, de que la jurisprudencia de la Corte Interamericana tiene un carácter orientador, según se determinó por la Suprema Corte de Justicia de la Nación en sesión de siete de julio de 2011; es decir no es de aplicación obligatoria; sin embargo la misma adquiere ese carácter de obligatoriedad en el momento en que un caso del Estado mexicano se somete a dicha jurisdicción y al aplicarse la misma en ese caso en concreto que se contiene en dicha resolución, vuelve vinculante dicho criterio; por lo que en resumen pudiera considerarse que el parámetro de análisis sobre los derechos humanos sobre el cual podrá conocer la Sala Constitucional, se encuentra en un margen bastante amplio de protección para el gobernado.

5. Artículo 9°

En este artículo se refiere a las reglas de interpretación a que habrá de sujetarse la Sala de Control Constitucional que aquí se analiza, atendiendo a los criterios interpretativos de acuerdo con la fracción I, a la interpretación en sentido amplio, favoreciendo en todo tiempo a las personas; y una interpretación en sentido estricto, cuando existan varias interpretaciones jurídicamente válidas, partiendo de la presunción de constitucionalidad de las leyes; en donde los jueces y magistrados preferirán aquella que haga a la ley acorde con los derechos humanos a que se refiere la fracción I, a fin de incidir o vulnerar el contenido esencial de los hechos; esto último según lo señala la fracción II de este numeral 9°.

Sin embargo por nuestra parte consideramos que con independencia de lo anterior, deberá sin duda atenderse en tratándose de los derechos humanos contenidos en tratados internacionales, a las reglas de interpretación que para tal efecto se señalan en los artículo 31 al 33 de la Convención de Viena, ya que son referencia obligada en la interpretación de tratados de esta índole, mismos que para mayor ilustración se transcriben textualmente:

"Artículo 31

Regla general de interpretación

1. Un tratado deberá interpretarse de buena fe conforme al sentido corriente que haya de atribuirse a los términos del tratado en el contexto de éstos y teniendo en cuenta su objeto y fin.

2. Para los efectos de la interpretación de un tratado, el contexto comprenderá, además del texto, incluidos su preámbulo y anexos:

a) todo acuerdo que se refiere al tratado y haya sido concertado entre todas las partes con motivo de la celebración del tratado;

b) todo instrumento formulado por una o más partes con motivo de la celebración del tratado y aceptado por las demás como instrumento referente al tratado.

3. Juntamente con el contexto, habrá de tenerse en cuenta:

a) todo acuerdo ulterior entre las partes acerca de la interpretación del tratado o de la aplicación de sus disposiciones;

b) toda práctica ulteriormente seguida en la aplicación del tratado por la cual conste el acuerdo de las partes acerca de la interpretación del tratado;

c) toda norma pertinente de derecho internacional aplicable en las relaciones entre las partes.

4. Se dará a un término un sentido especial si consta que tal fue la intención de las partes.

Artículo 32

Medios de interpretación complementarios

Se podrá acudir a medios de interpretación complementarios, en particular a los trabajos preparatorios del tratado y a las circunstancias de su celebración, para confirmar el sentido resultante de la aplicación del artículo 31, o para determinar el sentido cuando la interpretación dada de conformidad con el artículo 31:

a) deja ambiguo u oscuro el sentido; o

b) conduzca a un resultado manifiestamente absurdo o irrazonable.

Artículo 33

Interpretación de tratados autenticados en dos o más idiomas

1. Cuando un tratado haya sido autenticado en dos o más idiomas, el texto hará igualmente fe en cada idioma, a menos que el tratado disponga o las partes convengan que en caso de discrepancia prevalecerá uno de los textos.

2. Una versión del tratado en idioma distinto de aquel en que haya sido autenticado el texto será considerada como texto auténtico únicamente si el tratado así lo dispone o las partes así lo convienen.

3. Se presumirá que los términos del tratado tienen en cada texto auténtico igual sentido.

4. Salvo en el caso en que prevalezca un texto determinado conforme a lo previsto en el párrafo 1, cuando la comparación de los textos auténticos revele una diferencia de sentido que no pueda resolverse con la aplicación de los artículos 31 y 32, se adoptará el sentido que mejor concilie esos textos, habida cuenta del objeto y del fin del tratado.[289]

Como podrá observarse, estas reglas de interpretación atienden a situaciones distintas a las de interpretación de otros ordenamientos jurídicos; como por ejemplo la buena fe, el contexto, el texto, y el objeto y fin del tratado, según se advierte del artículo primeramente transcrito, lo que no sería común tratándose quizá de la interpretación de la Constitución. Además debe atenderse a acuerdos previos celebrados entre las partes y que guarden relación con los tratados, incluso prácticas posteriores a la aplicación del tratado, así como a normas de derecho internacional aplicables en la relación de las partes.

También pueden tomarse en cuenta medios de interpretación complementarios como trabajos preparatorios o circunstancias de su celebración.

Aparte de lo anterior, se atiende más a la finalidad del tratado que a la intención de las partes.

Al respecto alguna doctrina ha señalado que:

En este dominio de protección no se busca obtener un equilibrio abstracto entre las partes, sino más bien remediar los efectos del desequilibrio y de las disparidades en la medida en que afectan los derechos humanos. No se nutre de las concesiones de la reciprocidad, sino que se inspira más bien en las consideraciones de *ordre public* en defensa de intereses comunes superiores. Se trata de un verdadero *derecho de protección*, marcado por una lógica propia, y dirigido a la salvaguardia de los derechos de los seres humanos y no de los Estados. Es éste el sentido propio del Derecho Internacional de los Derechos Humanos, cuyas normas jurídicas son interpretadas y aplicadas teniendo siempre presentes las necesidades apremiantes de protección de las víctimas, y reclamando, de ese modo, la humanización de los postulados

---

[289] www.ordenjuridico.gob.mx/tralnt/12.pdf (Consultado el 17 de mayo de 2013)

del Derecho Internacional Público clásico.

El hecho de ir el Derecho Internacional de los Derechos Humanos más allá del Derecho Internacional Público en materia de protección, al cubrir el tratamiento dispensado por los Estados a los seres humanos bajo sus jurisdicciones, no significa que una interpretación conservadora de sus normas deba por eso imponerse; todo lo contrario, lo que se impone es una interpretación en conformidad con el carácter innovador –en relación con dogmas del pasado, como el de la "competencia nacional exclusiva" o dominio reservado de los Estados–, de la normativa internacional de protección de los derechos humanos. En lo relativo a los principios y métodos de interpretación de estos tratados, desarrollados en la jurisprudencia de los órganos convencionales de protección, se debe tener siempre presente el carácter objetivo de las obligaciones que consagran el sentido autónomo (en relación con el derecho interno de los Estados) de los términos de tales tratados, la garantía colectiva de éstos, el amplio alcance de las obligaciones de protección y la interpretación de las restricciones permisibles.

De todo esto se desprende una nueva visión de las relaciones entre el poder público y el ser humano, que se resume, en último análisis, en el reconocimiento de que el Estado existe para el ser humano, y no viceversa.
También en el plano global (Naciones Unidas), ha habido ejemplos de recurrir a las reglas de interpretación propias del derecho de los tratados, junto con el reconocimiento del carácter especial de los tratados de derechos humanos.

Algunos de los tratados de derechos humanos –igual que la Convención Americana sobre Derechos Humanos y la Carta Africana de los Derechos Humanos y de los Pueblos– tuvieron a bien inclusive consagrar directrices específicas en cuanto a su interpretación, seguidas en la práctica por los respectivos órganos convencionales de protección. Así, se ha desarrollado una verdadera interacción interpretativa, por la cual se han reforzado los instrumentos de protección en beneficio último de los seres humanos.

Subyacente a la regla general de interpretación consignada en el artículo 31 de las dos Convenciones de Viena sobre Derecho de los Tratados (1969 y 1986) se encuentra el principio, con amplio respaldo en la jurisprudencia, según el cual se debe asegurar a las disposiciones convencionales sus efectos propios (el llamado *effet utile*). Este principio (*ut res magis valeat quam pereat*), por el cual la interpretación debe propiciar efectos apropiados a un tratado.

Los tratados de derechos humanos vinculan no sólo a los Gobiernos, sino a los propios Estados (Partes), y el incumplimiento de las obligaciones compromete la responsabilidad internacional del Estado, por actos u omisiones, sea del Poder Ejecutivo, sea del Legislativo, sea del Judicial.
Al volverse a los imperativos de protección del ser humano, los órganos de supervisión internacional –tales como los dos tribunales regionales (las Cortes Europea e Interamericana) de derechos humanos y los órganos convencionales establecidos por los tratados de derechos humanos de las Naciones Unidas, en el plano global– han construido una jurisprudencia convergente en cuanto a la naturaleza especial de los tratados de derechos humanos y las implicaciones y consecuencias de ahí derivadas.

En suma y conclusión, la interpretación y aplicación de los tratados de derechos humanos, afirman –como no podría dejar de ocurrir– el carácter especial de tales tratados, y con eso, el propio Derecho Internacional de los Derechos Humanos contribuye a desarrollar la aptitud del Derecho Internacional para asegurar, en el presente contexto, el fiel cumplimiento de las obligaciones internacionales de protección asumidas por los Estados en beneficio de todos los seres humanos bajo sus jurisdicciones.[290]

Por su parte y no obstante las consideraciones anteriores, también se estima que se deberá atender en materia interpretativa aunque no se señala expresamente por el artículo que aquí se comenta, a lo que al respecto señala la jurisprudencia tanto nacional como internacional, la primera de manera obligatoria como ya decíamos y la segunda como criterio orientador, por lo que en cuanto a la Suprema Corte de Justicia de la Nación ha señalado que la misma debe hacerse atendiendo a los artículo 31 y 32 de la Convención de Viena, como de hecho ya señalamos con antelación, pero además acudirse al sentido literal de las palabras utilizadas por las partes y

---

[290] CANCADO TRINDADE, Antonio A., *"La interpretación de Tratados en el Derecho Internacional y la especificidad de los Tratados de Derechos Humanos"* (Versión electrónica).

en todo caso adoptar la conclusión que sea lógica con el concepto y acorde con el objeto o fin del tratado, acudiendo a los métodos de interpretación literal, sistemática y teleológica, entre otras cosas que señala.[291]

Por su parte, en cuanto a las reglas que deben seguirse en la interpretación, la jurisprudencia de la Corte Interamericana a sostenido los siguientes criterios, mismos que por su trascendencia se transcriben textualmente:

A. *Normas de interpretación. Ámbitos en que se ha aplicado el art. 29 CADH por parte de la Corte Interamericana de Derechos Humanos.*

La jurisprudencia de la Corte ha utilizado el artículo 29 de la Convención en tres ámbitos diferentes. En primer lugar, la Corte ha invocado las —Normas de Interpretación del artículo 29 para precisar el contenido de ciertas disposiciones de la Convención. El literal a) ha sido utilizado para delimitar el alcance de las restricciones a las garantías establecidas en la Convención. De la misma forma, utilizando el literal b) de dicho artículo, la Corte ha interpretado las garantías de la Convención a la luz de estándares establecidos en otros instrumentos internacionales y en normas de derecho interno. Asimismo, se ha utilizado el literal c) para interpretar los derechos convencionales a la luz de los derechos que derivan de la forma democrática representativa de gobierno. En segundo lugar, el artículo 29 ha sido utilizado para fijar criterios de interpretación, tales como el principio de —interpretación evolutiva de los tratados de derechos humanos, que es —consecuente con las reglas generales de interpretación consagradas en dicho artículo.

Asimismo, se ha desarrollado el principio de —aplicación de la norma más favorable a la tutela de los derechos humanos como derivado del artículo 29.b) y la prohibición de privar a los derechos de su contenido esencial como derivado del artículo 29.a). En tercer lugar, la Corte ha utilizado el artículo 29 para determinar el alcance de su competencia consultiva. En este sentido se ha señalado que, de acuerdo al artículo 29.d), —al interpretar la Convención en uso de su competencia consultiva, puede ser necesario para la Corte interpretar la Declaración [Americana de Derechos y Deberes del Hombre]‖. [*Caso Apitz Barbera y otros ("Corte Primera de lo Contencioso Administrativo") Vs. Venezuela*. Excepción Preliminar, Fondo, Reparaciones y Costas. Sentencia de 5 de agosto de 2008. Serie C No. 182].

---

[291] Tesis 2º. CLXXI/2002, *Semanario Judicial de la Federación y su Gaceta*, Novena Época, t. XVI, Diciembre de 2002, p. 292.

B. *Métodos de interpretación de las normas sobre derechos humanos.*

Aunque el texto de una norma sobre derechos humanos parezca literalmente claro, es necesario analizarlo aplicando otros métodos interpretativos, de manera que, para el Tribunal interamericano, el —sentido corriente de los términos no puede ser una regla por sí misma, sino que debe involucrarse dentro del contexto y, en especial, dentro del objeto y fin del tratado, de forma que la interpretación de manera alguna debilite el sistema de protección consagrado en la Convención, lo que puede propiciarse mediante la aplicación de los métodos siguientes: i) Interpretación sistemática, según el cual, las normas deben ser interpretadas como parte de un todo cuyo significado y alcance deben fijarse en función del sistema jurídico al que pertenecen; ii) Interpretación teleológica, que busca analizar el propósito de las normas involucradas, para lo cual es pertinente analizar el objeto y fin del tratado y, de ser necesario, examinar los propósitos del sistema regional de protección; iii) Principio de efecto útil (*efett utile*), que precisa tener presente la especificidad de los tratados de derechos humanos, cuyo objetivo tiene que ver con la creación de un orden legal en el cual los Estados asumen obligaciones, no en relación con otros Estados, sino hacia los individuos bajo su jurisdicción; además de que estos tratados se aplican de conformidad con la noción de garantía colectiva; y, por último, es posible acudir a los IV Trabajos preparatorios de las normas sobre derechos humanos, aunque sólo en forma subsidiaria ante la insuficiencia de los métodos interpretativos antes enunciados [Caso González y otras ("Campo Algodonero") Vs. México. Excepción Preliminar, Fondo, Reparaciones y Costas. Sentencia de 16 de noviembre de 2009. Serie C No. 205.

C. *Principio de interpretación del derecho nacional conforme a los derechos reconocidos en la Convención Americana y a la jurisprudencia de la Corte Interamericana.*

El artículo 13 de la Constitución del Estado mexicano establece que: "(...) Subsiste el fuero de guerra para los delitos y faltas contra la disciplina militar; pero los tribunales militares -320- en ningún caso y por ningún motivo podrán extender su jurisdicción sobre personas que no pertenezcan al Ejército. Cuando en un delito o falta del orden militar estuviese complicado un paisano, conocerá del caso la autoridad civil que corresponda (...)". Como bien se ha señalado por la doctrina mexicana, esta parte del precepto constitucional contiene —la principal clave para entender las relaciones entre el poder militar y el poder civil y que en realidad el —fuero de guerra no implica una jurisdicción —especial, sino —especializada en materia castrense.

Al respecto, es necesario que las —interpretaciones constitucionales y —legislativas‖ referidas a los criterios de competencia material y personal de la jurisdicción militar en México, se adecuen a los principios establecidos en la jurisprudencia interamericana.

En tal sentido, el artículo 13 constitucional puede leerse de conformidad con los estándares internacionales que establecen que es indebido extender la jurisdicción militar a delitos que no tengan estricta conexión con la disciplina militar o con bienes jurídicos propios del ámbito castrense. Bajo ese entendido, es innecesario ordenar la modificación del artículo 13 de la Constitución nacional y lo que en realidad debe modificarse es el Código de Justicia Militar, así como las interpretaciones que los jueces mexicanos han realizado, con base en dicho Código y no a la luz de la Constitución; por lo que los jueces deben realizar un —control de convencionalidad‖ donde se atienda no sólo los derechos previstos en la CADH (y sus protocolos adicionales), sino también la jurisprudencia convencional (Caso Radilla Pacheco Vs. México. Excepciones Preliminares, Fondo, Reparaciones y Costas. Sentencia de 23 de Noviembre de 2009. Serie C No. 209).[292]

6. Artículo 11

En cuanto a este numeral y que se refiere de manera específica al procedimiento del control constitucional que se seguirá ante los jueces o magistrados, para declarar la inaplicabilidad de una norma jurídica que se estime contraria a la Constitución Federal o Local o a los Tratados internacionales; llama la atención que aquí se incluye que dicha declaración podrá hacerse de oficio o **a petición de parte**, es decir, ni en la reforma a la Constitución Local, ni a la ley orgánica del poder judicial del Estado, se habla en ninguna parte que tal inaplicación puede hacerse a petición de parte, lo cual desde luego que abre mayores posibilidades para que se de el pronunciamiento de la autoridad judicial de primera o segunda instancia en este sentido, por lo que a su vez, al realizarse el mismo da pauta para que la Sala de Control Constitucional también se pronuncie sobre dicha declaración de manera oficiosa, es decir, aunque la Sala Constitucional únicamente lo haga de oficio y no a petición de parte, de todas maneras si se permite a las partes soli-

---

[292] SILVA GARCÍA, Fernando, *Jurisprudencia Interamericana sobre Derechos Humanos, Criterios Esenciales,* México, Tirant lo Blanch, 2011, pp. 318 y 319.

citar su inaplicabilidad a la autoridad jurisdiccional, de alguna manera ya se asegura a que se manifieste en un sentido o en otro, pero de hacerlo en el sentido de declarar la inaplicabilidad de la norma, cabrá la posibilidad de que la Sala de Control Constitucional entre al estudio oficioso sobre dicha inaplicación.

Incluso en el segundo párrafo de este ordinal se habla de que las partes en un determinado juicio podrán oponer la inconstitucionalidad de la norma jurídica como una excepción, para que el juez decrete su inaplicación, de ahí que prácticamente se asegura que contra tal excepción opuesta, se obtiene la certeza, como ya decíamos, que de manera oficiosa la Sala de Control abordará el estudio contra dicho pronunciamiento por la autoridad judicial de primera o segunda instancia o ambas según sea el caso, siempre y cuando lo sea en el sentido de declarar procedente la inaplicación solicitada.

También en este artículo se establece algo especialmente importante, y que se refiere a que la resolución sobre la inaplicabilidad de una norma jurídica se dictará en la vía incidental, en donde se establece que deberá expresar la norma jurídica cuya constitucionalidad se cuestiona, el precepto de la Constitución Federal, Local o Tratado internacional que se estime violentado y además la medida en que la decisión de la causa dependa de la aplicación de dicha norma o acto, con las justificaciones precisas al respecto, es decir, debe fundarse y motivarse dicha resolución (como todo acto de autoridad), pero específicamente el porqué la decisión de dicha causa depende de la aplicación de dicha norma.

Habla también en el párrafo tercero del ejercicio de este control difuso, de los casos en que se analice la inconstitucionalidad por omisión, cuando la falta de norma requiera ser colmada o resuelta para garantizar la tutela judicial efectiva, es decir, aquí podría referirse a que pueda resultar inconstitucional el que no exista una norma jurídica que garantice que existe tutela constitucional, de ese recurso que debe existir en todo proceso y que tanto la Constitución como los tratados – de manera específica el Pacto de San José en el artículo 25- se refiere a que debe existir el mismo, como parte de la tutela judicial efectiva, entonces si fuera el caso de que no existiera, podría considerarse una violación incluso al debido proceso; o como ya se dijo, a la tutela judicial, por lo que tal omisión de norma sería el caso un análisis de incostitucionalidad por omisión.

Sin embargo y no obstante lo anterior, parece no disponerse en este precepto de la ley que aquí se analiza, qué ocurre si la autoridad judicial, de oficio a petición de parte, como ya hemos comentado, resuelve que no ha lugar a declarar la inaplicación, ya que ésta no contraviene, a su juicio, Constitución o Tratado internacional alguno; porque en este caso no queda muy claro si conocerá la Sala de Control Constitucional sobre tal manifestación, incluso podemos entender que no sería sujeto de conocimiento por la Sala de Control Constitucional un pronunciamiento de este tipo, sino que de la reforma tanto de la Constitución Local, como de la ley Orgánica del Poder Judicial del Estado, se desprende que puede conocerse cuando los jueces o magistrados se pronuncien sobre una no inaplicación de la norma jurídica, de ahí que entonces en esos casos no aplica el conocimiento de oficio por la Sala de Control Constitucional, sino cuando declare procedente la inaplicación, pero no cuando sea improcedente; pero en este último caso entonces la parte que lo solicitó al Juez o Magistrado se queda sin recurso en el ámbito Local, lo que ocasionará otra problemática que se abordará al comentar el artículo siguiente.

7. *Artículo 13*

En el presente numeral se habla de la resolución para la inaplicación de una norma jurídica y las reglas que deberán seguirse.

En la fracción I se establece que de iniciarse a petición de parte, esto debe hacerse ante quien conozca del asunto hasta antes de que se dicte el fallo definitivo en donde se aplique la norma que se está impugnando, señalando las razones por las que se considera fundada la inaplicación.

En la fracción II se refiere a que cuando el trámite ha iniciado, ya sea a petición de parte o de oficio, que la autoridad judicial dictará su resolución en incidente de previo y especial pronunciamiento y, en caso de determinar la inaplicación de la norma, deberá enviar dentro de los tres días siguientes su fallo a la Presidencia de la Sala de Control Constitucional o del Supremo Tribunal de Justicia, en tratándose de Salas Colegiadas, anexando las constancias y antecedentes pertinentes.

Por lo que hace a la fracción III, señala que en cuanto al procedimiento ordinario, éste seguirá su curso, pero sin que pueda fallarse en definitiva hasta que se resuelva la revisión de la resolución de inaplicación de la norma impugnada.

Sin embargo, y como ya comentábamos líneas arriba de todo el trámite señalado anteriormente, en ninguna parte del mismo se advierten los siguientes dos cuestionamientos: -¿qué ocurre si una vez planteada la solicitud a petición de parte para la inaplicación de una norma jurídica que se considere contraria a la Constitución Federal o Local o un Tratado internacional?-y-¿si esta inaplicación es resuelta en sentido negativo por el juez o magistrado que conoce del asunto?- ya que únicamente en los casos en que decrete su inaplicación se enviará de oficio a la Sala de Control Constitucional, pero si su resolución es negando esa inaplicación, no se establece recurso alguno para la parte que lo solicitó. Esto en principio pudiera advertirse simplemente como una resolución de carácter irrecurrible como otras tantas; sin embargo tal respuesta no resulta tan simple si tomamos en cuenta el derecho humano que se contiene en la Convención Americana sobre Derechos Humanos o Pacto de San José, que establece en el artículo 25.1 de dicho instrumento internacional, que se refiere a la tutela judicial, que todos tenemos a un recurso rápido, sencillo y efectivo, y de no ser así, podría entenderse que se viola también el debido proceso, pues si el numeral que se analiza está regulando el procedimiento que habrá de seguirse para el trámite de solicitud de inaplicación de una norma, lógico es que establezca un recurso en el ámbito local –ya que es de esa competencia la Sala de Control- que permita a la parte solicitante de dicha inaplicación, acudir a un órgano superior también local, que tenga la facultad de subsanar la posible inapreciación u omisión de la autoridad judicial, remediando el agravio que en su caso pudiera causarse a la parte solicitante de la inaplicación de la norma; pero al no resultar así, válidamente podría impugnarse dicha legislación reglamentaria del artículo 105 de la Constitución local que aquí se analiza, a su vez de inconstitucional e inconvencional, por no establecer recurso alguno en favor de las partes, y por tanto posiblemente contravenir precisamente el artículo 25.1 del Instrumento internacional ya mencionado.

8. *Artículo 16*

Por lo que hace al numeral 16 de la ley reglamentaria aquí analizada, este señala con toda claridad lo que comentábamos en párrafos precedentes, en el sentido de que las resoluciones que dicten tanto el Pleno del Supremo Tribunal de Justicia, como la Sala de Control Constitucional en su caso, son inatacables en el fuero común, lo cual decreta tajantemente lo irrecurrible de sus resoluciones, pero ahora de dichos órganos superiores; lo que de alguna manera nos lleva a determinar que la única vía o recurso posible en contra de tales resoluciones sería el juicio de amparo, de reunirse los requisitos que para ello señala la ley de la materia.

Al respecto de este juicio de control constitucional, para la procedencia del mismo se atenderá a que si con la negativa de inaplicación de la norma, se están violando precisamente derechos humanos contenidos tanto en la Constitución como en los tratados y que con dicha negativa de inaplicación se están afectando derechos sustantivos de imposible reparación; esto para buscar la procedencia de dicho juicio de competencia federal, porque de resultar reparables esos derechos en la sentencia definitiva, entonces se estaría ante la posibilidad de la improcedencia del juicio de amparo en la vía biinstancial, quedando desde luego en su momento, la posibilidad del amparo directo, aunque ya habría que analizar el caso concreto.

V. CONCLUSIONES

Una vez analizados algunos aspectos que consideramos de relevancia sobre el decreto de creación de la Sala de Control Constitucional en el Estado, podemos decir que una vez más el Estado de Chihuahua se pone a la vanguardia en temas trascendentales en el ámbito jurídico local y nacional, con la creación de esta Sala, a fin de estar acorde no sólo con la Constitución Federal a la luz de las reformas del 10 de junio del 2011 y con la resolución de la Suprema Corte de Justicia de la Nación en el sentido de la procedencia del control difuso por las autoridades jurisdiccionales locales en materia de derechos humanos, sino con los estándares internacionales a luz de los instrumentos de la materia que han sido firmados y ratificados por el Estado Mexicano y con las resoluciones por nuestro máximo tribunal supranacional en cuanto a estos derechos, como lo es la Corte Interamericana de Derechos Humanos.

La creación de una Sala de este tipo viene a dar un giro en la impartición de justicia local en materia Constitucional, lo que traerá a la mesa de discusiones en el ámbito jurídico, las decisiones que lleguen a adoptarse en esta materia tan actual.

Aunque consideramos que su competencia puede resultar limitada –según lo comentamos con anterioridad-, una vez que inicie sus operaciones y dependiendo del resultado que arroje quizá se podrían realizar las reformas necesarias a fin de ampliar esa competencia.

La creación de la ley reglamentaria para el trámite, y que ya hemos comentado, sienta en lo general las bases mínimas requeridas para hacer valer el control difuso en cuanto a la inaplicación de normas jurídicas que se llegaran a considerar contrarias a las Constituciones Federal y Local, así como a los tratados internacionales; sin embargo como toda obra humana no está exenta de críticas, como de hecho ya comentamos sobre algunos aspectos de la misma, pero a su vez no deja de ser un gran avance en la materia y consideramos que cuenta con los elementos procesales necesarios para su inmediata operación.

Una vez puesto en marcha dicho órgano de control constitucional local, sin duda van a surgir complicaciones y quizá algunas inconsistencias en su operatividad, pero también se irá perfeccionado conforme vaya operando, además de poder también hacerse las reformas que resulten necesarias para una mejor operación de dicho trámite.

FUENTES DE INFORMACIÓN

BUERGENTAL, Thomas, *Derechos Humanos Internacionales*, Trad. Ángel Carlos González Ruiz, 2° Ed. México, Gernika, 1996.

CANCADO TRINDADE, ANTONIO A., *"La interpretación de Tratados en el Derecho Internacional y la especificidad de los Tratados de Derechos Humanos"* (Versión electrónica).

ROBERTSON A. H., *La Protección Internacional de los Derechos del Hombre, Balances y Perspectivas*, México, UNAM, 1983.

SILVA GARCÍA, Fernando, *Jurisprudencia interamericana sobre Derechos Humanos, Criterios Esenciales*, México, s.e., 2011.

Decreto No. 1182/2013 IX P. E. Expedido por la sexagésima tercera legislatura del Congreso del Estado de Chihuahua de fecha 11 de enero del 2013.

Decreto No. 1218/2013 II. P. O. Expedido por la sexagésima tercera legislatura del Congreso del Estado de Chihuahua de fecha 4 de marzo del 2013.

Decreto No. 1135/2012 I. P. O. Expedido por la sexagésima tercera legislatura del Congreso del Estado de Chihuahua de fecha 20 de diciembre del 2012.

Decreto No. 1215/2013. PO. Expedido por la sexagésima tercera legislatura del Congreso del Estado de Chihuahua de fecha 27 de febrero del 2013.

www.cidh.oas.org/es/cidh/mandato/que.asp

www.ordenjuridico.gob.mx/tralnt/12.pdf

www.congresochihuahua.gob.mx

www.ingramcontent.com/pod-product-compliance
Lightning Source LLC
Chambersburg PA
CBHW021421170526
45164CB00001B/36